EN LA MIRA

Pedro Corzo

PUBLISHING HOUSE

MIAMI

© Pedro Corzo, 2017

Todos los derechos reservados

Library of Congress Cataloging-in-Publication Data

ISBN: 978-1544023939

Diseño: Kiko Arocha

www.alexlib.com

A Luz Martínez, Oky, mi esposa y compañera de vida, quien me apoya y alienta con sumo entusiasmo en cada una y todas las tareas en las que me comprometo.

Con mucho amor y respeto, Pedro

ÍNDICE

Prólogo: El viento en el follaje de los robles

> El totalitarismo busca, no la dominación despótica sobre los hombres, sino un sistema en que los hombres sean superfluos.
> *Hannah Arendt.*
> De la obra *La condición humana.*

En la mira, obra que en esta oportunidad nos entrega Pedro Corzo, el lector encontrará una selección de artículos y opiniones publicados durante sus largos años de exilio-destierro en los cuales la preocupación por la libertad, democracia en Cuba y otras naciones iberoamericanas, incluyendo el orbe, es una constante.

Periodista, ensayista analítico y realizador de documentales fílmicos sobre el exilio cubano; lucha y personalidades, algunas ya desaparecidas, que a lo largo de más de medio siglo no han cejado de batallar por retomar el sendero de la libertad secuestrada por el castrismo, forman parte de su quehacer político e intelectual.

En la mira no es un libro de sucesos pasados. Es un manual, siempre actual, de enseñanza y estudio sobre el comportamiento del ser humano, los pueblos, las clases políticas, dictaduras y regímenes de fuerza total que han asolado y aun lo hacen a muchas naciones de nuestro continente. Pedro Corzo, por su condición de cubano, que desde muy joven se enfrentó de manera frontal al totalitarismo castrista, en la mayoría de los escritos, contenidos en este volumen, previene sobre el peligro permanente que amenaza la libertad; todas las libertades del hombre, que muchas veces se agazapa en términos de patrioterismo de aldea y promesas de paraísos terrenales, rodeados de cadenas ideológicas y pan tarifado.

La obra dividida en cuatro partes comienza con la bautizada con el nombre de *Los robles*, donde se agrupan una serie de trabajos que recogen los tempranos y nunca depuestos esfuerzos que la oposición democrática cubana desarrolló, en todas las vertientes, para que Cuba se liberara del totalitarismo castro-comunista. Nombres inolvidables de hermanos caídos a lo largo de la lucha llenan estas páginas en las que los paredones de fusilamientos, presidio de Isla de Pinos y la monumental cárcel-isla en la que convirtieron a Cuba se materializan en memoria viva e insepulta que reclama justica y el derecho al justo descanso eterno en la tierra madre.

Los robles se inicia con un artículo titulado *La presencia ausente* en el cual Pedro Corzo con angustia que se ha convertido en patrimonio de varias generaciones de cubanos, sin mencionar el nombre de la madre ausente, la señora Elida Estrella Eves Ruiz, habla de ese momento en el que el ser amado enferma, padece y muere en la patria, sin que el deudo alejado del terruño por razones políticas, impuestas por la venganza infame del castrismo, pueda sostener la mano moribunda y acompañar el féretro hasta el camposanto en el que reposan y aguardan los ancestros que conocieron e hicieron suyas las palabras de José Martí: *Con todos y para el bien de todos.*

En una de las tantas reflexiones sensatas que Pedro Corzo desgrana en *La presencia ausente* leemos: *En el presente a muchos de los resentidos de oficio de una y otra vertiente, les ha vencido la realidad y se han percatado que las ideas nunca debieron vencer el amor ni la amistad.*

El capitulo o sección numero dos del libro titulada: *Deberes ciudadanos* se abre con un ensayo breve y enjundioso, que responde al encabezado de: *¿Agonizan las democracias en América Latina?*

En este análisis fruto del conocimiento que el autor tiene sobre nuestras naciones se patentiza *la ausencia de un liderazgo hemisférico que denuncie y actué en consecuencia contra las violaciones a la constitución de sus respectivos países.*

Y así, con ese mismo sentido de enjuiciamiento en *Valor de la memoria* hallamos la aseveración. *Los testimonios de los actores y/o testigos son la base de la memoria histórica, una fuente invaluable de conocimientos que aproxima al investigador a los acontecimientos.*

El observador parte tercera de la obra agrupa una serie de trabajos cuyos títulos, por si solos, nos anuncian el contenido: *Dialogo o confrontación, Intelectuales y dictadores, La epifanía del totalitarismo, El fundamentalismo islámico en América Latina, El hechizo de los redentores* y otros como *La* *concertación de los cesares*en el que Pedro Corzo, hombre fogueado en la lucha directa, nos alerta: *A la voluntad totalitaria se suma el oportunismo y simpleza de pensamiento y acción de muchos de los que se le oponen. La oposición al totalitarismo a veces queda por debajo de sus posibilidades. Afectan infinidad de factores: ambiciones personales, intereses políticos, espíritu sectario, aliados inseguros y la miopía estratégica de la que adolecen algunos dirigentes democráticos.*

Con *Cuba pasión y razón*, sección cuarta y la más nutrida se finaliza la obra *En la mira*. Esta parte se inaugura con *20.805 días de oscuridad*, artículo que en el momento en que fue escrito, contabilizaba el tiempo que el régimen llevaba desgobernando y oprimiendo al pueblo de Cuba. No obstante, la diferencia de tiempo que media hasta el presente en nada cambia o varía el estudio sobre la noche oscura que el castro-comunismo proyectó y aun continúa ensombreciendo el rostro del territorio nacional.

Análisis y reflexiones en relación a personalidades e instituciones de todo tipo, movimientos insurreccionales e influencias foráneas, acertadas o desacertadas en nuestra historia reciente llenan estas páginas. Tomando en cuenta las semblanzas de grandes cubanos que todo lo han dado por la libertad al mismo tiempo que otros, nacionales o extranjeros, optaban por alinearse con la dictadura totalitaria, presidida por los Castro Ruz, y hacer festines de paredones, sangre, prisiones y destierros.

Difícil resumir en espacio breve la totalidad de este libro de lectura esencial que ahonda y pondera con cabalidad los males que aquejan a nuestras naciones iberoamericanas, a la par que ofrece soluciones, producto del estudio y la razón que condujeron a Pedro Corzo a compartir con nosotros, los lectores, *En la mira*.

Al cerrar las páginas de *En La mira* no puedo dejar de cavilar, tal vez alguien más lo pensó o dijo antes que yo, que las ideologías totalitarias son manchas que maculan el alma humana. Y también me convenzo, con ideales renovados que, a pesar de contratiempos e infortunios que han empedrado el camino de varias generaciones de latinoamericanos y cubanos, el viento de la libertad seguirá susurrando en el follaje de los robles.

Jose A. Albertini

LOS ROBLES

La presencia ausente

A veces se escribe más con los sentimientos que con quieto razonamiento, y es cuando la angustia toma las riendas de los sentidos, y el decir frío y estudiado, es barrido por la abrumadora pena de perder un ser querido, a lo que se puede sumar el no estar en su cortejo porque un poder despótico lo impide o por propia voluntad, en base a convicciones, te niegas a implorar un derecho al que tienes derecho.

En el extenso y doloroso legado del totalitarismo cubano la separación familiar ocupa un lugar relevante y en consecuencia, los traumas emocionales que causa, inciden de alguna forma en las victimas de la ausencia y en la sociedad en las que estas se establecen.

Más de medio siglo de prisión política, exclusión, represión, sectarismo y persecución, han impuesto un alto precio a toda la familia cubana. La separación ha sido cruenta y dolorosa, incluido para aquellos que en el principio del castrismo afirmaban que la Revolución era más importante que su propia madre.

Dividir la familia física y espiritualmente fue un propósito que, aunque la dictadura no pudo concretar, si germinó y creció en muchas personas. Por década la utopía mezclada con el miedo, quebró muchos lazos de sangre y amistad, que, aunque hoy estén en proceso de recuperación, dejan en la conciencia de la víctima y del victimario, huellas que es de creer preferirían no cargar.

En el presente muchos de los resentidos de oficio de una y otra vertiente, les ha vencido la realidad y se han percatado que las ideas nunca debieron vencer el amor ni la amistad, lo que tal vez signifique que la única enseñanza positiva que deje el castrismo es que junto a las ideas pueden estar los sentimientos, y que cuando una ideología obliga a odiar o despreciar a quien has amado y respetado, debes desecharla.

Durante muchos años el control fue tan absoluto que los familiares conocían de la muerte de un ser querido meses después de ocurrida, situación que ha cambiado, pero no por decisión gubernamental, sino porque ya es imposible un control absoluto de los medios y los sicarios del presente no padecen la ceguera estúpida de los que les precedieron.

Hasta hace pocos años no era posible ayudar material y espiritualmente a la familia, pero a pesar del relajamiento de algunas prohibiciones, las restricciones que impone la dictadura siguen siendo de extrema severidad, porque el poder totalitario pretende sojuzgar los sentimientos, represar la pena, para que la familia piense que no se comparten las angustias comunes.

Son muchos los diseminados por todo el orbe. Nietos y abuelos, padres e hijos, parientes de cualquier grado de consanguinidad, han crecido, envejecidos, enfermados y muertos en la distancia de al menos un ser querido, algo que todos conocemos, pero que solo sentimos en su plenitud cuando la tragedia deja ser del otro y como ave de rapiña nos hace presa con sus garras.

No estar en la partida definitiva de la persona que amamos es devastador. La ultima visión de la persona querida y el tono de su voz, retumba en la conciencia y te cuestionas si tienes el derecho de faltar a una cita para la que no existe una segunda oportunidad.

Cierto que en el caso de los exiliados la dictadura tiene la última palabra, pero también cada uno de nosotros tiene la oportunidad de tomar una decisión al menos en el plano emocional, con la que tendrá que cargar lo que le reste de existencia, porque cualquier actuación repercutirá en lo más profundo de los sentimientos y convicciones, que dolorosamente no siempre son compatibles.

Se padece, ante la pérdida irreparable, un marasmo de ideas y sentimientos que tienen una gran semejanza al desconcierto que ocasiona el miedo cuando te consume.

Vives una situación que demanda voluntad y entereza para enfrentarla, y poder cumplir lo que entiendes son tus deberes con el amor y la palabra empeñada, porque si el despotismo determina el exilio, tus sentimientos e ideas son las que harán posible el punto de encuentro necesario para encontrar la paz sin remordimientos y poder acompañar, con la conciencia en paz, más allá de tu ausencia, el ultimo andar de quien amaste tanto.

1963: El año del cuero duro

El historiador cubano Enrique Encinosa, autor de Escambray la Guerra Olvidada, señala que fueron los esbirros más fieles del castrismo, los efectivos que integraban las tropas elites de las mal llamadas Lucha Contra Bandidos, los que bautizaron ese año de 1963 como el del cuero duro, porque fueron muchos los combates que se produjeron entre las guerrillas que enfrentaron el totalitarismo con las huestes que ayudaron a imponer en Cuba una dictadura de más de cinco décadas.

Encinosa rescató del olvido la gesta de un número de cubanos que lo dieron todo por la tierra en que nacieron. Fue un trabajo duro, que demandó mucha investigación y en la que el autor contó con la asistencia de varios alzados y colaboradores que sobrevivieron a la lucha, entre ellos Enrique Ruano.

Todas las semanas se producían combates y todas las noches se fusilaba al menos un cubano.

Cierto que la Sierra del Escambray es en alguna medida el símbolo de la lucha guerrillera contra el castrismo, pero alzados en armas hubo en todo el país, incluidos los llanos matanceros, camagüeyanos y habaneros, al igual que en las montañas de Oriente y Pinar del Rio.

Esta es una apretada síntesis de aquel aciago año, porque es imposible referir a todos los mártires.

A los cuatro días de enero, cerca del cementerio de Manicaragua, en las estribaciones del Escambray, once guerrilleros, incluido su jefe Porfirio Guillen, perdieron la vida en un cruento combate.

Febrero 28 cayó en el monte de las Cuarenta Caballerías con 12 de sus hombres el comandante Tomas San Gil, jefe de todos los insurgentes que operaban en el Escambray. Ese mismo día fue fusilado en Santiago de Cuba junto a otros dos guerrilleros Roberto Arias.

En marzo en un sitio conocido el Algarrobo cayeron 6 guerrilleros de la unidad que comandaba en capitán Ramón del Sol. Veinte días después es abatido en Limonares, Matanzas, el jefe guerrillero Juan José "Pichi" Catalá con cinco de sus hombres. En la misma provincia muere en combate Pedro "Perico" Sánchez con varios de sus hombres, entre ellos dos de sus hijos.

En Raisua, mayo 26, cerca de Encrucijada, Las Villas, muere en combate junto a nueve de los integrantes de su guerrilla el capitán Domingo González, "Mingo Melena".

En el enfrentamiento de La Sortija, al sur de Las Villas como resultado de dos días de combate mueren siete guerrilleros que comandaba Manuel Tito Otero. El resto de los guerrilleros, todos heridos, lograron escapar.

El trece de julio en La ceiba, Escambray, veintiún guerrilleros fueron asesinados. Todos habían estado presos por más de dos años en el presidio de Isla de Pinos y trasladados a Las Villas para su ejecución.

Aldo Chaviano, sobreviviente, recuerda la masacre con dolor. Primero fusilaron a dos, el resto con las manos atadas fue situado frente a un farallón. Recuerda que tres camiones alumbraron en lugar y que el fuego de fusilería no se hizo esperar, sesgando la vida de diecinueve hombres.

En septiembre la guerrilla que comandaba Demetrio "Nano" Pérez que operaba en el centro norte de Las Villas fue capturada. Dos meses después fue fusilado con seis de sus hombres. Ocho efectivos de la unidad que comandaba murieron en combate en un lapso de pocas semanas.

El 15 de octubre murió en combate, Palma Soriano, Oriente, el guerrillero Luis Arguello, unos días más tarde en Pinar del Rio, cayó el jefe de las guerrillas de la provincia, Diomedes Hernández Falero. El mismo día fusilaron en Camagüey a tres insurgentes.

En la finca San Pedro, Corralillo, es cercado Agapito "Guapo" Rivera resultando gravemente herido. Su hermano Francisco murió al igual que otro hermano suyo y nueve primos.

En Guasimal, Las Villas, se produjo uno de los combates más cruentos de aquella guerra campesina. El comandante Maro Borges con una veintena de guerrilleros mal armados y con menos municiones fue cercado. Once murieron en el combate. Muchos resultaron heridos. Su hermano Elías recibió 17 impactos de bala, Raúl García también resultó gravemente herido. Ambos fueron apresados, pero Maro, aunque recibió un impacto de fusil en el pecho, logró escapar con el resto de sus hombres.

El 19 de diciembre, en los cañaverales del Central Portugalete, Las Villas, el comandante Luis Molina, que había escapado herido de La Sortija cae junto a cuatro miembros de la familia Otero y otros tres guerrilleros.

Un apretado resumen de un año extremo en la lucha contra el totalitarismo castrista que se ha caracterizado por la crueldad del régimen y el desprecio a la vida y los derechos de los ciudadanos.

Lamentablemente la lucha sigue, y los que sobrevivan es de esperar siempre honren a los que cayeron.

Aquellos muchachos

Así los evocó el ex preso político Andes Isazi, al salir de un hospital donde estaba ingresado Manuel Villanueva, autor de la Montaña, el himno de los presos políticos cubanos, compuesto para recordar a los miles de compañeros muerto ante el paredón de fusilamiento, o en combates contra las fuerzas represivas de la dictadura.

Isazi y Kemel Jamis viajaron casi cincuenta años atrás en el tiempo. Visitaron los edificios del Reclusorio Nacional para Varones de Isla de Pinos, lugar de reclusión de miles de hombres que enfrentaron el totalitarismo.

Presidio, el Embere Mayor, así le decían los presos comunes, fue construido por el general Gerardo Machado y Morales. Cuentan que durante la inauguración un alto funcionario del gobierno comentó que el reclusorio era demasiado grande para la población penal de Cuba y que Machado, respondió, "no te preocupes, vendrá un loco y le quedará chiquito".

El gobernante fue profético. El castrismo empeñado en convertir a toda Cuba en una cárcel, construyó numerosos presidios, e Isla de Pinos no fue una excepción.

Cuando las circulares se abarrotaron, las celdas diseñadas para una persona, la mayoría albergaban tres, el régimen decidió construir campos de concentración.

En Isla de Pinos se construyeron entre otros campos La Reforma y Santa Bárbara. Hubo periodos en la década del 60, en el que la población penal del reclusorio superó la cantidad de seis mil quinientos prisioneros políticos.

Aquellos "muchachos", amigos de los tiempos en los que Isazi amenizaba las noches de presidio entonando canciones que acercaban al hogar, no les fue difícil recordar a sus camaradas que hoy cuentan más de setenta años

Cierto que algunos partieron para encontrarse con la tierra en que nacieron, otros con problemas de salud siguen bregando para vencer los años y terceros continúan en su afán de honrar los ideales que los condujeron a la cárcel, pero todos siempre evocan con orgullo y satisfacción, el haber cumplido con el deber y su estadía en prisión.

Caminaron por aquellas circulares. Ascendieron hasta el sexto piso. Tocaron con sus manos las rejas y escucharon los inolvidables gritos de "cubre" y el no menos siempre presente, "llegó la boba", un agua con macarrones, harina con parásitos y la "tricontinental", un caldo que ni Sherlock Holmes hubiera descubierto cuáles eran sus componentes.

En sus oídos resonó el llamado a "Requisa" y sus cuerpos se estremecieron al asociarlos con los golpes de bayonetas y el acoso de los sicarios.

En su andar rememoraron la dinamita. Los años que durmieron sobre miles de libras de explosivos que la dictadura había situado en los sótanos de las circulares con el fin de hacerla detonar, si se producía una situación que no pudieran controlar.

Ambos se sintieron una vez más junto a Ernesto Díaz Madruga, como si aún viviera, y no hubiera sido asesinado por el jefe del orden interior del presidio. Recordaron como Enrique Ruano junto a otros compañeros fue testigo del crimen, y de la entereza con la que Madruga enfrentó la muerte.

Anduvieron hasta los pabellones de castigo y fueron una vez más testigos mudos de la agonía de un compañero querido y respetado, Roberto López Chávez, quien con solo 25 años de edad, protagonizó una huelga de hambre de 70 días, durante la cual recibió golpes y maltratos y nunca asistencia médica.

Un tema de conversación fue el Plan de Trabajo Forzado Camilo Cienfuegos. Recordaron las decenas de camiones sin barandas en los que eran apiñados cientos de presos. Las curvas cerradas, los accidentes. Las 12 y 14 horas diarias de trabajo esclavo.

Los esbirros con bayonetas para clavarlas en los cuerpos indefensos de los reclusos y las muchas veces, a sabiendas que perderían la contienda, presos como Ramiro "Manino" Gómez Barrueco y Francisco "Paco" Talavera se enfrentaban a militares de la vesania de Sotuyo, el "Indio", Campeón o Brazo de Oro, llamado así por las brutales golpizas que propinaba.

Forzoso fue pensar en Alfredo Izaguirre, un notable periodista encarcelado que fue el primero en plantarle al plan de trabajo. Le siguieron muchos, entre ellos Adolfo Rivero Caro e Israel Abreu.

También recordaron los intensos estudios, las discusiones políticas, las reuniones para organizar la resistencia, las conferencias y el esfuerzo de conservar las creencias religiosas, una labor de extrema dedicación en la que el padre Loredo y Angelito de Fana junto a otros marcaron la pauta.

En el momento de la despedida se dijeron que sus obligaciones con Cuba no habían terminado, que anhelaban que en la patria común imperara la libertad y el derecho, que las penas padecidas no les habían amargado, que no sentían odio, pero que si era necesaria la justicia para que los errores del pasado no fueran a repetirse.

Boitel, muriendo a plazos

En ocasiones con solo evocar un nombre nos viene a la mente un suceso, una serie de acontecimientos o una conducta, porque el patronímico lo simboliza y eso es lo que sucede cuando se dice Boitel, porque Boitel es el sinónimo de la resistencia en el Presidio Político Cubano, que se extiende por más de cinco décadas. Pedro Luis Boitel fue una de las individualidades que logró en el presidio una plena madurez por su voluntad de sacrificio. Pedro Luis suscitaba sentimientos y valores encontrados.

Algunos sentían una profunda simpatía hacia su persona y otros rechazaban su carácter. Era un ser humano común, pero muy especial en lo que se refería a la defensa de sus convicciones y capacidad de sacrificio en la búsqueda de la materialización de sus ideales.

Boitel trabajó en la prestigiosa CMQ, una estación de radio y televisión. Fue dirigente sindical y al iniciar sus estudios de Ingeniería en la Universidad de La Habana, se transformó en dirigente estudiantil. Se opuso al gobierno del general Fulgencio Batista, militando en el Movimiento 26 de Julio. Participó en la huelga del 9 de abril de 1958, lo que motivó su exilio en Venezuela. Por su condición de dirigente del Movimiento 26 de Julio, la facción que comandaba el gobierno revolucionario, se esperaba que la nomenclatura le apoyaría en su propósito de convertirse en el presidente de la Federación Estudiantil Universitaria. No fue así. El liderazgo de la revolución respaldó al comandante Rolando Cubelas, uno de los líderes del Directorio Revolucionario. El totalitarismo estaba en marcha y Pedro Luis, consecuente con sus ideales, participó una vez más en la lucha por la democracia. Fue arrestado en noviembre de 1960.

La prisión fue intensa, cruda y dura. En diciembre de 1960, en la fortaleza de la Cabaña, convierte por primera vez su cuerpo en el arma de su espíritu. A partir de ese momento realizó numerosas huelgas de hambre. Algunas duraron semanas, otras, meses.

Pedro Luis inició la última batalla de su vida el 3 de abril de 1972 con su cuerpo como arma y escudo. Su agonía se extendió por 53 días. Eduardo Figueroa, "Maqueca" para sus compañeros de presidio, fue la persona más próxima a Boitel en los días finales de su existencia. Figueroa cuenta como Pedro Luis se preparó para enfrentar el nuevo reto, y pedía a sus compañeros que en ningún momento informaran a la dirección del penal sobre su estado de salud. Enflaquecía, vomitaba y orinaba sangre. El día 45 de la huelga pidió que le afeitaran. Dice Figueroa que el rostro de Boitel era piel y huesos, reflejaba la debilidad de un organismo que estaba en el umbral de la muerte, pero un espíritu dispuesto a la entrega total.

Describe cómo se le hundía el pecho, pedía su bastón y el reloj y solo quería estar cubierto con la colcha que le había enviado su madre. Su respiración era cada vez más lenta. Apenas bebía agua porque le daba más nauseas.

El día 50 vomitó sangre. Se enjuagó la boca, pero sus dientes seguían manchados del rojo líquido. Dice que le pidió un cigarro y le preguntó la hora. Eran las 8.10 de la mañana. Figueroa le pidió permiso para solicitar asistencia médica a lo que Pedro Luis rehusó, diciéndole en un murmullo que recordara su determinación, no olvidara hacerle llegar sus pertenencias a su madre y se hiciera amigo de su hermano. Ese día las moscas empezaron a acompañarle, las espantaba, pero retornaban con pesada insistencia.

El 22 de mayo trató de hablar y no pudo. Tampoco orinó ni tomó agua. Del cigarrillo que le puso en la boca solo aspiró tres o cuatro bocanadas para rechazarlo casi de inmediato.

Al día siguiente, contraviniendo la voluntad del huelguista y asumiendo toda la responsabilidad con el resto de los compañeros de la galera, Figueroa llamó a las autoridades del penal.

Horas más tarde llegaron dos funcionarios un sargento y un oficial de nombre Valdés, quien dijo: "Efectivamente está muy grave. Informaré que está muy mal, que está grave, se puede ver a simple vista. Ahora bien, ya nosotros estamos cansados de Pedro Luis Boitel y de sus huelgas... lo que él pide no se lo vamos a dar. Si fuera por mí, se moría ahí mismo. Pero como yo no decido en este asunto y este es un caso de arriba yo informaré al Ministro... pero llévate la impresión de que se va a joder".

A Boitel no lo encontró la muerte, la buscó. Marchó hacia ella con la conciencia de que el camino del deber es el más difícil.

Boza Masvidal misionero de su fe y de Cuba

En momentos en los que Monseñor Eduardo Boza Masvidal se encuentra en un proceso de beatificación en una diócesis venezolana, donde trabajó incansablemente hasta el 2003, año en que falleció, es justo evocar, aunque sea muy apretadamente, lo mucho que hizo por los cubanos, con independencia de la fe o la ausencia de ella, de quienes le consideraron su pastor, aunque no fueran creyentes.

Monseñor Eduardo Boza Masvidal, era un hombre comprometido con su fe, pero también con sus semejantes, factor determinante para que aun los que no practicaran ninguna religión, le admiraran y respetaran por sus extraordinarias condiciones de ser humano.

La fe y la dignidad de Boza Masvidal siempre estuvo por encima de cualquier conveniencia política o social, por eso escribió, "Los católicos, no nos hemos opuesto a la revolución, a la que hemos ayudado tremendamente, deseando los grandes cambios sociales que tan necesarios eran en Cuba. Pero no podemos aprobar o apoyar el materialismo y al totalitarismo comunistas, que están en completa oposición con las ideas por las cuales tantos cubanos han luchado y muerto".

Otras declaraciones de Monseñor hacían referencia a las violaciones de la dignidad humana y de las libertades fundamentales en las que incurría el régimen castrista, y demandaba de ese gobierno respetar los derechos ciudadanos.

Quien fuera obispo auxiliar de la Arquidiócesis de La Habana, titular de Vindas, rector de la Universidad Católica Santo Tomas de Villanueva y párroco de la iglesia Nuestra Señora de la Caridad, estuvo a la vanguardia en la lucha contra el totalitarismo, fue encarcelado y posteriormente desterrado de Cuba junto a otros 135 sacerdotes.

Expatriado, escogió a Venezuela para seguir sirviendo, amó tanto a ese país que dijo, "Si Dios dispone otra cosa y debo morir en el destierro, acepto su voluntad. Sólo mi corazón lo entierro en Cuba y Venezuela".

Por más de cuatro décadas fue Vicario General de los Teques, una ciudad próxima a Caracas, en la que es recordado y amado por quienes le conocieron.

Boza Masvidal sirvió a todos sin reparar en ninguna condición. Humilde, sincero y perseverante en sus compromisos y en la defensa de su fe. Hasta los no creyentes flaqueaban ante su bondad y solidaridad para con ellos.

Cuba y los cubanos nunca fueron ajenos a sus sentimientos. Patrocinó un Comité que tenía como objetivo obtener visas para que los cubanos, en particular los ex presos políticos, pudieran viajar a Venezuela.

Su prestigio hizo posible que sus gestiones resultaran en miles de visas que permitieron a otros tantos cubanos ingresar a Venezuela. Ese prestigio fue también determinante en conseguir la ayuda material para sostener un proyecto que se extendió por varios años y que nunca contó con ayuda oficial de gobierno alguno.

En ambas gestiones tuvo la invaluable colaboración de otro hombre excepcional, el doctor Joaquín Meso Llada, que junto a otros cubanos radicados en Venezuela asistían a Monseñor en su empeño de ayudar a todos los cubanos sin tener en cuenta otro factor que no fuera satisfacer sus necesidades.

Consciente de las dificultades que enfrentarían los nuevos exiliados, impulsó la creación de centros de recepción en los que miles de cubanos encontraron techo, casa y comida por el tiempo que fuera necesario. Varios fueron los hogares cubanos, así se les decía, que Boza Masvidal con la permanente asistencia de Meso Llada, fundó y sostuvo por muchos años.

El sacrificio de Monseñor por sus semejantes conmovía profundamente a todos. Su desprecio por los bienes materiales impresionaba, junto a su constante propósito de extender su ministerio a otros lugares como los viajes que por varios años realizó a la ciudad de Valencia para oficiar misas, congregando a creyentes y no creyentes, a los que unía el común denominador del respeto que profesaban a Monseñor y el amor a Cuba.

Su devoción de servir a su Iglesia y a Cuba trascendió las fronteras venezolanas. Contactó con miles de exiliados en diferentes países con propósito de divulgar su fe, pero también para mantener viva y activa la cubanía.

Monseñor dando fe de su compromiso de vida fundó la Unión de Cubanos en el Exilio (UCE) y la Fraternidad del Clero y Religiosos de Cuba en la Diáspora. Posteriormente constituyó las "Comunidades de Reflexión Eclesial Cubana en la Diáspora" (Creced), con el propósito de deliberar sobre la realidad cubana y eclesial.

Toda la vida de Eduardo Boza Masvidal estuvo dedicada a la Iglesia, a su fe, pero también a su patria, porque nunca cesó de reclamar las libertades a la que todos los cubanos tenemos derechos.

Brigada 2506

A la memoria de los nueve mártires
de la rastra de la Muerte.

Cuba. 4-22-61

Este 55 aniversario, más que la conmemoración de una acción militar contra una dictadura, se evoca la concreción de un compromiso de cientos de cubanos que abandonaron su país para enrolarse en una misión en la que arriesgaban la vida, con la sola ambición de derrocar un régimen contrario a las convicciones democráticas que les alentaban.

Fueron hombres que no buscaban una vida mejor, no ambicionaban mejoras económicas o el disfrute de las libertades perdidas en suelo extranjero. Viajaron para prepararse militarmente, al igual que hicieron otros antes y después, que solo abandonaron las costas cubanas para regresar a ellas combatiendo la dictadura.

De la Brigada se ha escrito mucho, se han hecho documentales y sesudos analistas de diferentes nacionalidades e ideas políticas han sacado sus conclusiones, pero esta nota solo tiene un objetivo, destacar la valentía y el sentido del deber de los hombres que dejaron estudios, familia y trabajo, para cumplir con sus obligaciones.

Arribaron a Estados Unidos por diferentes vías y momentos. Algunos viajaron a México. Estaban dispuestos a cumplir la asignación que fuera más útil para la causa que enarbolaban y todos, más allá de antiguos militancias políticas, aceptaron el reto de unirse en la acción para ser más efectivos en el combate.

La vanguardia partió de Miami para la isla de Useppa, donde fue entrenada en diferentes disciplinas, entre ellos estaba Carlos Rodríguez Santana,

"Carlay", que después de luchar fieramente en la clandestinidad contra la dictadura, dejó Cuba para incorporarse a la expedición y combatir en la isla, sueño truncado por su temprana muerte durante los entrenamientos en las montañas de Guatemala, lo que motivó a la Brigada adoptar su número de serie como identificación.

Se prepararon en diferentes países y también en Estados Unidos. Sintieron el cambio de estrategia. Vivieron el nuevo ordenamiento en los campamentos. Se hicieron paracaidistas, hombres ranas, tanquistas, infantes de marina, se especializaron en acciones comandos para ingresar a su país clandestinamente, varios fueron fusilados, entre ellos Manuel Blanco Navarro, y otros cumplieron largos años de prisión, como Emilio Martínez Venegas y Jorge Gutiérrez Izaguirre.

Tripularon aviones para combatir en el cielo cubano. Cayeron en el mar como los pilotos José Crespo y Lorenzo Pérez Lorenzo, o derribados por fuego enemigo como el estadounidenses Thomas W. Ray o el cubano Osvaldo Piedra.

Muchos fueron encarcelados. Algunos cayeron ante el paredón de fusilamiento. Otros fallecieron en el golfo. Nueve murieron por asfixia en una rastra que Osmany Cienfuegos ordenó atestar con los detenidos.

Vivida la dura experiencia, el compromiso de seguir luchando se ratificó, y se extendió a combatir el castro comunismo en cualquier lugar del mundo.

Idea que ha nutrido a muchos de ellos por años. Colaborar o trabajar con dependencias gubernamentales estadounidenses no los convirtió en servidores.

Lo que hicieron fue consecuencia de una toma de conciencia de que los intereses del castrismo deben ser enfrentados donde lo determinen las circunstancias, y en la confianza de que la colaboración prestada, fuera reciprocada por Estados Unidos facilitándole condiciones y recursos para enfrentar el totalitarismo en su patria.

Roberto Pichardo, Juan Tamayo y Juan Carlos Perón, fueron algunos de los muchos brigadistas que integraron las unidades de la marina, infantería y fuerza aérea que lucharon en el Congo contra la cuadrilla castrista que dirigía Ernesto Guevara. En el país africano murió el piloto Fausto Gómez.

Efectivos de la Brigada también se sumaron a la lucha contra los mercenarios que el castrismo envió a Angola. Pilotos y veteranos de infantería entrenaron efectivos de unidades del Frente de Liberación Nacional de Angola, gesta descrita en el libro *Cubanos combatiendo el comunismo en África*.

En Vietnam, en la lucha contra el comunismo, también participaron brigadistas, algunos perdieron la vida, entre ellos Irenaldo Padrón y Félix Sosa Camejo. América Latina fue otro escenario en el que demócratas cubanos enfrentaron la subversión castrista, allí estuvieron, entre otros, Félix Rodríguez y el capitán Eduardo Barea.

Cierto que se aliaron a una nación extranjera, Estados Unidos, país que los armó, entrenó y facilitó recursos para el combate. Fue una alianza de mutua conveniencia que nunca afectó su cubanía, tan cierta como la de las palmas, muy al contrario de la que hicieron Fidel y Raúl Castro que convirtieron a Cuba en el portaviones de la Unión Soviética en el hemisferio.

Aquellos hombres buscaban un aliado, no un amo, y aunque los laureles no cubrieron sus frentes, cumplieron con el deber, porque siempre tuvieron conciencia que si importante es la victoria, en mucho más trascendente honrar los compromisos.

Elías Biscet y Armando Sosa, a su manera

El proceso por la democratización de Cuba ha sido largo, cruento y no exento de paradojas. Se han usado en estas cinco décadas diversas estrategias y propuestas que diferentes individuos han encarnado, por lo que cuando se mencionan, ya sea en una conversación, en la meditación solitaria o en la discusión más ardiente, la persona evocada representa una manera de actuar que le identifica, pero también sintetiza una conducta que es común a todos esos hombres que fueron capaces de ``tener en sí el decoro de muchos".

Tal situación se presenta cuando se alude a Oscar Elías Biscet y Armando Sosa Fortuny. Dos generaciones diferentes, experiencias distintas, estrategias de luchas cruzadas, pero ambos de firmes convicciones que les ha conducido a la cárcel y a arriesgar la vida en numerosas ocasiones.

La falta de decoro ha descarriado vasta y profundamente la nación. El fanatismo primero y la miseria crónica después, sacaron a relucir lo más sórdido de incontables personas. La vileza ha sido la mayor cosecha del castrismo. El garrote, muchas veces, y la zanahoria unas pocas, impusieron la doble moral. Se doblegaron espíritus y se compraron conciencias. Se instauró un régimen de fuerza que está cerca de agotar la nación y destruir la vida de la mayoría de los cubanos.

Sin embargo, en ese tremedal, aunque se aproxima a los 52 años, crecieron ciudadanos con todo lo que la palabra implica, como Oscar Elías Biscet y Orlando Zapata Tamayo.

Zapata Tamayo falleció en una huelga de hambre por defender las convicciones que tienen a Elías Biscet en prisión. Por ventura, al igual que ellos, otros jóvenes nacidos y educados bajo el totalitarismo han sido capaces de buscar la ruta de la libertad y el derecho.

Oscar Elías Biscet nació en 1961, dos años después del triunfo de la revolución. A los 24 años se gradúo de médico, lo que no impidió que los represores le convirtieran en objetivo de sus depredaciones.

En 1997 creó la Fundación Lawton de Derechos Humanos. Promovió la defensa del derecho a la vida y condenó el aborto. Practicó la desobediencia civil y en 1998 hizo pública una carta en la que denunciaba el sistema de salud cubano por cometer genocidio. Por esta misiva y sus actividades, fue expulsado del centro médico en el que laboraba.

Fue uno de los organizadores del emblemático ayuno de Tamarindo 34. Después de este acto cívico de 40 días, fue detenido 26 veces en un lapso de 18 meses, hasta ser arrestado y condenado a tres años de prisión.

La cárcel fue el crisol donde se fundieron sus mejores virtudes. Al salir de la prisión, prosiguió la lucha. De nuevo fue apresado y condenado, en esta ocasión a 25 años. Por su rebeldía y su defensa de los derechos de los demás presos ha sido confinado en celdas tapiadas, recluido en calabozos soterrados y encerrado junto a presos comunes. La maldad no le ha hecho claudicar.

A pesar de los muchos maltratos y abusos que ha sufrido Elías Biscet es un defensor de la No Violencia. Es un ferviente creyente y se ha declarado seguidor de los pensamientos y normas de lucha de Mahatma Gandhi y Martin Luther King.

Armando Sosa Fortuny llevaba dos años presos cuando Elías Biscet nació. Había desembarcado en octubre de 1960 para derrocar el régimen. Uno de sus compañeros murió en combate, diez fueron fusilados, entre ellos tres norteamericanos. Salió de la cárcel 18 años después y partió para el exilio.

En el año 1994, cuando al joven médico Biscet las autoridades cubanas le iniciaban un expediente por peligrosidad, Sosa Fortuny desembarcaba una vez más en las playas cubanas con las armas en la mano para continuar la lucha que había iniciado 34 años antes. Otra vez fue apresado y en esta ocasión sentenciado a 30 años de cárcel.

Cincuenta y dos años después, dos hombres que tal vez no se conozcan, que no comparten estrategias, están en prisión por enfrentar una dictadura. Tal vez nunca sean amigos, es posible que el número de sus diferencias sean mayores que las coincidencias, pero ambos comparten conceptos que se oponen al totalitarismo, cada uno a su manera honra sus convicciones y cohabitan en el estrecho espacio de libertad que se han creado en sus celdas.

Fariñas, el cuerpo como escudo

Una vez más, Guillermo Fariñas, premio Sajarov 2010, se encuentra en huelga de hambre. Otra vez reclama los derechos de los otros, incluido los de los indiferentes y hasta de los propios sicarios de la dictadura castrista.

Fariñas ha realizado más de una veintena de huelgas de hambre. Conoce la crueldad del régimen, pero lo enfrenta. No se hace ilusiones. Sabe que su cuerpo puede ser quebrado, y su vida rota, pero aun así se arriesga, porque está consciente que la libertad hay que conquistarla y que los verdugos jamás la conceden.

El huelguista no es un fanático, tampoco está enajenado. Sus acciones, aunque peligrosas, se sostienen en el análisis, la evaluación de riesgos y un apropiado conocimiento de la realidad nacional.

Por otra parte, la decisión del premio Sajarov de recurrir a un reclamo extremo, evidencia que en Cuba no se han producido cambios. La naturaleza represiva del régimen permanece invariable. Golpes y prisión es su respuesta para los que reclaman respeto a la dignidad humana.

Fariñas dirigió una carta a Raúl Castro en la que le informa que se declara en huelga de hambre y sed hasta que el dictador reconozca públicamente que los opositores no volverán a ser torturados, golpeados, amenazados de muerte o sometidos a procesos judiciales ilegítimos, una reafirmación de su compromiso de luchar por la soberanía ciudadana sin temer las consecuencias.

El sentido de solidaridad del huelguista es notable. Predicar con el ejemplo es uno de sus apotegmas. Ha demostrado en más de una ocasión que no abandona a sus compañeros cuando son golpeados o encarcelados, tampoco a los que caen en la lucha por la libertad, como lo ejemplifica su reacción ante la muerte del huelguista de hambre Orlando Zapata Tamayo y por la muerte a golpes de Juan Wilfredo Soto García.

La indiferencia del régimen ante las huelgas de hambre ha causado al menos la muerte de 17 luchadores por la libertad en Cuba. La dictadura no respeta la vida humana en general, y desprecia la de quienes se oponen a su poder.

El escritor José Antonio Albertini, en su libro "Cuba y Castrismo, Huelgas de Hambre en el Presidio Político", entrevista a expresos políticos cubanos que realizaron huelgas de hambres colectivas e individuales, recoge testimonios de coraje y sacrificio de hombres y mujeres que escogieron retar la muerte a seguir siendo tratados como esclavos.

El primer prisionero político cubano que murió en huelga de hambre fue Francisco Aguirre Vidaurreta, 1967, ese mismo año falleció, Luis Álvarez Ríos seguido por el dirigente estudiantil Pedro Luis Boitel, protagonista de numerosas huelgas de hambre hasta su fallecimiento en 1972, después de más cincuenta días sin ingerir alimentos, esta trágica relación nos lleva hasta el 2012, cuando muere Wilmar Villar Mendoza, 32 años de edad, preso por participar en una protestas pacifica, no por un sangriento ataque a un cuartel como protagonizaron Fidel y Raúl Castro.

Lamentablemente la dictadura que padece Cuba desde hace 57 años está cubierta por una inexplicable mezcla de indiferencia y complicidad internacional, también, por una penosa desesperanza de la mayoría de la población de la isla que le impide romper la inercia que ha generado el régimen totalitario.

El desenlace de una huelga de hambre es impredecible. El riesgo que corre Guillermo Fariñas es muy grande. Confiemos que sepa conjugar sus convicciones y las posibilidades finales. Pero más allá de cómo concluya, su ejemplo de cómo combatir una tiranía, estará siempre vigente.

Guillermo Fariñas como el prócer indio, Mahatma Gandhi, cree en la negociación, pero también en la acción directa. Confía en la agitación y en la desobediencia civil. No espera que las cosas ocurran por generación espontánea y trabaja arduamente para que se concreten.

El liderazgo de Fariñas contra el totalitarismo castrista se sustenta en la audacia, apoyada en el coraje que demanda enfrentar los retos de la dictadura y en una indiscutible disposición a correr los peligros que sean necesarios hasta que sus conciudadanos estén dispuestos a exigir el respeto a sus derechos.

Fusilados. Causa, 829, 1960

La lucha contra el castrismo tiene una cosecha de mártires aterradora. Muchos cayeron en combates, otros miles fueron ejecutados ante el paredón sin haber sido sometidos a un proceso judicial que garantizara sus derechos, murieron en las prisiones o simplemente se cuentan como desaparecidos.

Sin embargo, hubo un juicio, que, aunque en cierta medida era similar a procesos anteriores, marcó la pauta de cómo el régimen procesaría en el futuro a sus enemigos. Fue un enjuiciamiento masivo por la gran cantidad de encausados, también porque el gobierno difundió ampliamente el juicio, como parte de una extensa e intensa campaña de terror que se inició desde los primeros días que los Castro accedieron al poder.

La causa 829 de 1960, involucró a mas de cien personas, en su mayoría campesinos. Algunas de los indiciados habían sido figuras notables en el proceso insurreccional. Las autoridades le dieron al juicio una proyección nacional, fue trasmitido por radio, y el público que presenció el proceso, era en su mayoría miembro del ejército rebelde y antiguos compañeros de lucha de algunos de los procesados.

La sede del espectáculo fue el teatro del regimiento Leoncio Vidal de Santa Clara.

Héctor Caraballo, recuerda que la mayoría de los familiares de los presos se aglomeraron en las proximidades del inmueble y que cercanos a ellos, estaban los partidarios del régimen que gritaban desaforadamente paredón.

Señala Caraballo que las madres y esposas de los procesados, en su mayoría campesinos de apariencia muy humildes, les pedían a los oficiales que custodiaban la entrada del teatro que les permitieran pasar para ver a sus deudos, derecho que le fue otorgado a muy pocas personas.

En varios lugares de la isla hubo protestas, pero las más fuertes fueron en Santa Clara, el estudiante Luis Salvador Albertini cuenta que cientos de sus compañeros se concentraron en la iglesia del Buen Viaje con el fin de marchar por las calles de la ciudad para reclamar que la vida de los enjuiciados fuera respetada, pero como la convocatoria había sido pública, el gobierno organizó a sus partidarios que armados de cabillas de hierro y bates de pelota, golpearon brutalmente a los que se manifestaban.

Los acusados no contaron con una defensa apropiada. La mayoría de los familiares de los incriminados no fueron informados de la fecha del juicio, como tampoco de las sentencias, porque aquella noche no se dictó veredicto alguno, aunque cinco hombres fueron fusilados.

El sacerdote Olegario Cifuentes los acompañó en el autobús en el que fueron trasladados hasta el paredón de la finca La Campana, fertilizado, antes y después, con la sangre de muchos cubanos. El padre Olegario habló con ellos, les pidió que se confesaran y se ofreció para llevar un mensaje a sus familiares.

Una carta, minutos antes de caer ante la descarga, le fue entregado por el comandante del ejército rebelde Plinio Prieto, quien antes de morir dijo, "Tengo fe en Dios y en los Hombres".

Porfirio Ramírez, Presidente de la Federación de Estudiantes Universitario de la Universidad Central de Las Villas, FEU, también capitán del ejército rebelde, fue uno de los fusilados.

Su asesinato pasó desapercibido para las organizaciones estudiantiles extranjeras y para la propia FEU cubana, ya que en ese momento estaba integrada a la maquinaria opresora del castrismo. Los ejecutores ya contaban con cómplices, en Cuba, y fuera de la isla.

Otros ejecutados fueron el capitán Sinesio Wahs Ríos, campesino que se había alzado en armas contra el régimen anterior y que había confiado en la Revolución, junto a él cayeron José A. Palomino Colon y Ángel Rodríguez del Sol, hombres de la zona que solo conocían del trabajo, pero que sabían defender sus derechos.

El crimen encerraba un mensaje. Un dirigente estudiantil que había estado alzado en esa zona durante el régimen anterior, un líder sindical que había sido comandante del ejército rebelde y que era muy querido en la región, y tres hombres naturales de la comarca que disfrutaban del respeto y la simpatía de los habitantes del territorio.

Tanto el juicio como la ejecución tenían implícito una amenaza para los campesinos que habían demostrado con su respaldo a los alzados que no estaban de acuerdo con lo que estaba ocurriendo en el país.

Un mensaje que no cumplió su objetivo, porque El Escambray se convirtió en un reducto firme y heroico de la resistencia contra el comunismo. Cientos de hombres en esas montañas y en otros lugares de la isla lucharon por años sin armas, ni recursos, enfrentando a miles de efectivos militares de la dictadura que contaban con todos los medios, incluyendo helicópteros, que desde el aire masacraban a campesinos que simplemente querían ser dueños de sus tierras y de sus vidas.

Huber Matos

Aunque tu silencies mi nombre cuando hablas de los que han luchado y luchan junto a ti, lo cierto que he hecho por Cuba todo lo que podido ahora y siempre.

Huber

El 21 de octubre de 1959, es un hito en la historia de la lucha contra el totalitarismo en Cuba.

Con anterioridad se habían producido hechos que demostraban que el liderazgo de la insurrección triunfante, Fidel Castro en particular, no aceptaba la democracia, tampoco las ideas contrarias a la nueva religión que se estaba imponiendo en el país, el castrolicismo, pensar y actuar con independencia eran una herejía sancionada con toda la crueldad de que fueran capaces los dioses del nuevo Olimpo.

El doble juicio a los pilotos aviadores en marzo de 1959 fue una aberración jurídica impuesta por el caudillo, el golpe de estado al presidente Manuel Urrutia una canallada que dejaba avizorar el futuro del país, pero no fueron las únicas señales. Numerosos eventos presagiaban el futuro que muchos líderes demócratas y el pueblo en particular, no fueron capaces o simplemente no quisieron ver ni escuchar, cuando quizás todavía había tiempo para impedir la destrucción de la nación.

La prensa y la sociedad civil fueron agarrotadas. Los derechos conculcados. La intimidación primero, el miedo después, se apoderó de la mayoría ciudadana.

Un pionero en la lucha por la democracia, el comandante Pedro Luis Díaz Lanz, alertó sobre la penetración comunista, sin embargo, un silencio inconsciente, quizás, cómplice, encubrió su heroísmo.

Fue el comandante Huber Matos, quien pagó con 20 años de presidio, denunciar sin violencia la fuerte penetración marxista en el proceso revolucionario. Matos, en un gesto de supremo civismo, reclamo derechos sin empuñar las armas. No se pronunció militarmente a pesar de que cientos de militares a su mando estaban dispuestos a cumplir la orden de rebelión si la hubiese dispuesto.

El comandante no quería más violencia, más guerras, por eso cívicamente hizo público su descontento ante la penetración marxista. Nunca conspiró, habló claro y con firmeza a Fidel Castro y sus sicarios más próximos, lo conversó con hombres de su confianza como Dionisio Suárez y Pedro Armenteros.

Suarez recuerda que Matos dirigió una carta a Fidel Castro en la que presentaban su renuncia, y para demostrar que su protesta no promovía una insurrección, abandonó sus armas y le ordenó a los militares bajo su mando que hicieran otro tanto.

Armenteros afirma que el comandante interpretó el pensar y sentir de la mayoría de los militares. Opina que el propósito de Fidel Castro era fusilar a Matos porque cuando llegó al regimiento seguido de una turba enardecida le echó el brazo sobre los hombros a Camilo Cienfuegos y le dijo, "vamos a entregárselo al pueblo".

El compromiso de Matos fue hasta el final. Nunca temió las consecuencias. El capitán médico Miguel Socarras le propuso sacarlo del país en una avioneta y rechazó la oferta, otro capitán, Tuney Pérez Álamo, se ofreció a comandar un ataque a la emisora de radio desde la que Mendoza Reboredo pretendía desacreditar la figura del renunciante, negándose tajantemente.

Aunque no hubo violencia no faltaron mártires. Pedro Armenteros recuerda al capitán José Manuel Hernández, jefe del Tercio Táctico de Florida, próximo a Matos, quien después de participar en un programa radial en el que defendió al comandante y condenó a los comunistas, se suicidó.

Dionisio Suárez, compartía celda la noche de los sucesos con el sargento jefe del puesto de Vertientes, José García León, cuando este abrumado por el robo de los sueños de libertad y progreso por los que había luchado, también se suicidó.

Huber Matos marcó una pauta indeleble en la lucha por la libertad y la democracia en Cuba. La consecuencia de su acción no violenta fue un gesto de coraje y dignidad que demostró, a quienes todavía seguían empecinado en darle una oportunidad de rectificación a los moncadistas, que lamentablemente no quedaba otra alternativa que la confrontación, independiente a los resultados que se fueran a cosechar.

Matos, independiente a virtudes y defectos, aciertos y errores fue un hombre de una entereza admirable. Cumplió 20 años en prisión, algunos en solitario, salió al exilio y siguió fiel a su compromiso de luchar por la democracia en Cuba. Devoto a sus convicciones hasta el día de su muerte.

Para recordar este aniversario no hay decir mejor que el de Rogelio Cisneros, quien fuera dirigente del 26 de Julio en Camagüey durante el proceso insurreccional. Le expresó a un amigo el día de la renuncia-protesta del Comandante, "aquí ya empezó la lucha hasta el final contra el comunismo", una afirmación que se mantiene en pie 57 años después.

La tala de los robles

Fueron pinos nuevos como hubiera dicho José Martí, pero el sacrificio continuado, la entrega a una causa que defendieron hasta el último aliento los transformó en robles, en símbolos de una resistencia que ha superado toda expectativa e infinidad de vicisitudes.

Los robles están cayendo. Hace años que la oscuridad se viene cerniendo sobre un bosque de hombres y mujeres que en los mejores momentos de sus vidas escogieron el camino más difícil, que como es sabido es el del deber.

La guadaña está haciendo una cruda cosecha de muerte e inexorablemente, según transcurran los días, ya no son años, serán más los que integraran el pasado, aunque los que sobrevivan quieran seguirlos viendo en presente.

Medio siglo de confrontación, tenacidad y perseverancia han impuesto un precio. Nunca imaginaron los que estrenaron la adolescencia en la lucha contra el totalitarismo y que sobrevivieron a sus crueldades, que el proceso iba a ser tan despiadado y cruento. La realidad contrarió sus sueños y esperanzas. No importaron sacrificios ni esfuerzos. El resultado les superó la vida.

La vida la recorrieron conscientes del camino que les correspondía. La adversidad fue vencida por las convicciones. Cierto que tomaron el descanso de la familia, de los hijos y los nietos, pero nunca dejaron la ruta. Permanecieron comprometidos. No se dejaron seducir por una vida en las que sus obligaciones con la tierra en la que habían nacido no estuvieran presentes.

Las frustraciones y los desencantos no impidieron que continuaran hasta el último suspiro mirando el sol de frente y exigiendo para los demás lo que anhelaban para ellos. Escogieron su destino y la manera de vivir y hasta la de morir en paz consigo mismo, una condición que demanda una entereza moral extrema.

Fue Cronos, más que la dictadura y sus feroces esbirros quien venció a hombres como Reinaldo "El Chino" Aquit Manrique, José "Pepe" Fernández Vera o Rigoberto "El Látigo" Acosta y los muchísimos que le precedieron y los innumerables que seguirán sus pasos.

Reinaldo Aquit estaba hecho de la madera de los héroes y mártires. Coraje para enfrentar cualquier prueba y hasta para pelear con el minotauro. Luchó contra la dictadura y vio morir en el paredón a varios de sus compañeros. Uno de los caídos fue su hermano Diosdado, asesinado en el presidio de Isla de Pinos.

Su rebeldía era inagotable. No importaban los fracasos. En la prisión de Santa Clara intentó fugarse. Años más tarde lo haría con éxitos en la prisión de Isla de Pinos. Estuvo oculto por meses, intento varias veces salir del país hasta que fue traicionado por el embajador de Méjico en Cuba. Regresó a prisión, pero no vencido. Enfrentó las represalias. Planto al trabajo forzado.

En el exilio no le ganó el descanso y menos el retiro. Estudió, trabajó. Paralelo a la vida de hogar continuó la lucha por la democracia en Cuba. Constituyó agrupaciones contrarias al castrismo y fue solidario con todos los que asumieron la confrontación como medio para derrocar la dictadura.

Rigoberto Acosta fue un campesino sin estudios, que supo defender sus derechos con más coraje que el mejor de los letrados. Enfrentó simulaciones de fusilamientos, cumplió largos años de cárcel y practicó con sus compañeros de cautiverios una fraternidad ilimitada.

La crueldad del enemigo no endureció su alma. Atendía a los amigos enfermos, era capaz de alimentarlos, de velar sus sueños, y cuidarlos como el más comprometido de los enfermeros.

Al salir de la cárcel en Cuba viajó a Estados Unidos. Se incorporó a la lucha en el exilio. No pensó en las consecuencias, simplemente hizo lo que su deber le imponía porque siempre estuvo dispuesto a pagar el precio.

Su lucha contra el castrocomunismo no se circunscribía a Cuba, por lo que no dudó en viajar a Nicaragua para con las armas en las manos combatir el sandinocomunismo. Viajó a escondidas, sin ayuda de ningún gobierno y siempre pagó el precio por defender sus ideales.

La primera quebradura del corazón de Rigoberto Acosta tuvo lugar en Nicaragua. En las montañas un compañero resultó herido, se lo cargó a la espalda y subió montañas para bajarlas y volverlas a subir hasta llegar a Costa Rica. Allí le falló por primera vez un corazón que le quedó chico a la grandeza de su alma.

"Pepe" Fernández Vera, fue pionero en la lucha contra el castrismo en las montañas del Escambray. Un conversador infatigable, porfiado hasta agotar a sus rivales. Seguro de sí mismo. Firme en sus convicciones. Dotado de una memoria prodigiosa y de una simpatía contagiosa. Su orgullo era haber nacido en Trinidad. Sus "guajiros" no tenían defectos y los alzados del Escambray eran los hombres más valientes que habían nacido en Cuba.

Compartió con varios de los jefes legendarios de las guerrillas del Escambray. Fue compañero de los comandantes Osvaldo Ramírez y Julio Emilio Carretero. Cumplió años de cárcel. Nunca dudo de la causa ni evadió responsabilidades. Sufrió el desplazamiento forzoso. Estuvo en los Pueblos Cautivos. Jamás se dio por vencido y la muerte para derribarlo tuvo que tomarlo por sorpresa.

Muchos robles han caído. Eusebio Peñalver, Mario Chanes de Armas, el infatigable Rolando Borges. Muchos han partido. La muerte les ganó la partida, pero no el decoro. ¿Quien será el próximo en partir sin haber sido nunca vencido?

Los históricos

Parece improbable conocer quien, cuando y donde se usó por primera este calificativo, tampoco se sabe el sentido que el autor o autores atribuyeron al mismo, pero en el presente identifica a hombres y mujeres que con talante irrebatible rechazan negociar con la dictadura castrista.

Es un término que agrupa a quienes entienden que el totalitarismo debe ser combatido sin concesiones de ninguna clase, personas que objetan convivir con los victimarios y repudian cualquier gestión que implique indultar a la jerarquía moncadista de sus crímenes.

Este rechazo, su negativa a participar en contubernios y componendas, les ha hecho acreedores de sectores que favorecen la aproximación y los negocios con los déspotas que dirigen la corporación Castro LLC, los consideren despectivamente personas retrogradas y detenidas en el tiempo, por no admitir que la situación en Cuba ha cambiado.

Un cambio muy discutible. Los líderes son los mismo de hace 57 años. La prensa sigue en control del estado. No hay partidos políticos, y en el reciente Séptimo Congreso del PCC se reiteró que no es necesario cambiar, porque lo que han hecho hasta ahora ha resultado positivo para su objetivo final: conservar el poder.

No obstante, hay que admitir que en algunos aspectos los críticos de los históricos tienen razón porque esas personas siguen detenidas en el tiempo en lo que concierne a seguir defendiendo los valores que prestigiaron a la revolución francesa y la estadounidense, creen en la libertad, la justicia y la igualdad del ciudadano ante la ley y no en "lo que es bueno para mi bolsillo es mejor para mi país".

Esos retrógrados que integran el denominado Exilio y Presidio Histórico son individuos convencidos que hay valores inmutables que nunca deben ser negociados. Creen en el pluralismo político, el voto secreto y en el inalienable derecho de pensar y expresar las opiniones sin un verdugo que decapite las ideas y a quien las profese.

Su intransigencia es de principios, se fundamenta en los valores que llevaron a luchar contra el colonialismo español, los que condujeron a la revolución de 1933 y a demandar el fin de la Enmienda Platt, los que repudiaron el golpe de militar del 10 de marzo de 1952 y los que enfrentaron el totalitarismo castrista por convicción y no por haber sido perjudicados económicamente por el nuevo régimen.

No son intransigentes con el pueblo al que nunca han negado pertenecer. Lo han demostrado por décadas.

Fueron ellos los que viajaron a Cuba para sacar a familiares y amigos por Camarioca, apoyaron a los que llegaron por El Mariel y a los de la crisis de los Balseros de 1994, nunca han estado ajenos, siempre han estado presentes, no para recoger beneficios, sino para entregar un valor superior a la fortuna más cuantiosa, su tiempo.

Los históricos son básicamente hombres y mujeres que nacieron antes del triunfo del castrismo, pero cuando en su juventud les llegó el momento de elegir, escogieron el camino más difícil, combatir la dictadura.

Muchos fueron a prisión donde fueron testigos mudos de la ejecución de miles de sus compañeros, otros partieron al exilio para continuar la lucha y otros asumieron el compromiso fuera de la isla, pero lo honraron con igual hidalguía. Cierto que mayoría nació hace más de 57 años, el tiempo que llevan los Castro en la otra Cuba, ahora cambiada, porque ha sido diseñada y destruida a la voluntad de sus conductores.

Ellos no se sumaron al régimen para cosechar beneficios, decidiendo no ver ni escuchar lo que ocurría en el país, o partieron al exterior para mejorar sus condiciones de vida, una determinación honorable, pero que al parecer les negó a muchos la posibilidad de conocer lo que ha significado y significa el totalitarismo para Cuba y los cubanos.

Es paradójico pero los históricos, los calificados como intransigentes, han estado toda su existencia vinculados a la causa democrática cubana, han sido de diferentes maneras solidarios con sus compatriotas en la isla, sin embargo, la mayoría de los que favorecen una política de concesiones al gobierno de los Castro, indudablemente hay excepciones, nunca antes estuvieron asociados a la problemática cubana, han venido reclamando rutas sin haber dejado huellas, salvo las que les hayan beneficiado.

Sosa Fortuny: clamor contra silencio

Armando Sosa Fortuny no es un hombre olvidado, pero si preterido por los que priorizan lo políticamente correcto.

Pocas veces se le menciona. En raras ocasiones, si es que ha ocurrido, su libertad es reclamada por una entidad o personalidad internacional. Su nombre no se encuentra en las listas que reseñan los prisioneros políticos cubanos.

Es un preso incomodo por la causa que lo llevó a prisión, porque "Sosita", como le dicen sus amigos, fue un hombre de su tiempo, un individuo de fuertes convicciones que nunca temió defenderlas, aunque tal defensa implicara poner en riesgo su vida, situación que ha enfrentado en numerosas ocasiones.

Armando actuó como se hacia en el pasado cuando los gobernantes instauraban dictaduras, controlaban el país y clausuraban las vías democráticas

Asumió como suyo el preámbulo de la Declaración Universal de los Derechos Humanos que reconoce que el hombre tiene el recurso supremo de la rebelión contra la tiranía y la opresión, parte importante de la Declaración que al parecer incomoda a muchos de sus propios defensores.

Armando desafió el totalitarismo cuando los que hoy tienen cincuenta y tres años no habían nacido. Lo hizo, aunque probablemente nunca sea declarado preso de conciencia, con la dignidad y la entereza que les ha faltado a muchos, remedando a José Martí.

Con solo 18 años salió de Cuba clandestinamente, pero no arribó al exilio para vivir mejor, sino que se preparó para luchar por la democracia y la libertad de su patria.

Se rebeló, pero no atacó una escuela. No patrocinó actos violentos contra civiles. No traficó con drogas, no protagonizó episodios terroristas como lo han hecho por décadas los guerrilleros de las Fuerzas Armadas Revolucionarias de Colombia que a pesar de sus múltiples crímenes dialogan con el gobierno de su país bajo el auspicio del régimen que impulsó en todo el continente la subversión.

Tampoco imitó a Yaser Arafat organizando actos de violencia indiscriminada en los que perecían numerosos inocentes, a pesar de los cuales fue honrado con el premio Nobel de la Paz.

Sosa Fortuny desembarcó en Cuba en octubre de 1960 con la misión de derrocar el régimen de los hermanos Castro. Uno de sus compañeros murió en combate, diez fueron fusilados, entre ellos tres norteamericanos.

Permaneció 18 años en prisión. Estuvo en numerosas prisiones. Trabajó forzado en el Plan de Trabajo Camilo Cienfuegos, reclusorio de Isla de Pinos, donde junto con otros compañeros, recuerda Enrique Ruano, fundó la Organización de Juventudes Anticomunista.

La cárcel no le quebró. Su compromiso se fortaleció, y cuando le excarcelaron, de nuevo partió de Cuba para retornar con el objetivo de su vida: derrocar la dictadura.

En 1994, con 52 años, retorno al combate. No por amor a la violencia sino por convicción. No pensó en la tranquilidad de un hogar, ni en la seguridad económica, simplemente respondió una vez más a su compromiso de luchar por sus ideales.

Partió junto a Jesús Rojas, Jose Ramón Falcón, Miguel Díaz Bouza y Eladio Real Suarez. Los dos primeros ya están en libertad.

Desembarcaron en las proximidades de Caibarién, según acusación del régimen de los Castro, con la intención de organizar una fuerza irregular para combatir la dictadura en las legendarias montañas del Escambray, donde en la década del 60, miles de cubanos lucharon contra el comunismo.

Posterior al desembarco, en un enfrentamiento a tiros murió el ciudadano Arcelio Rodríguez García. Sometidos a juicio, Real Suárez fue condenado a muerte. Posteriormente la sentencia fue conmutada por 30 años.

Sosa Fortuny cumple en este segundo encarcelamiento 19 años de una sanción de 30. Enfermo y sin pedir cuartel, ha cumplido en conjunto 37 años de prisión. Envejeció en prisión, cumpliendo a su manera con la Patria.

Armando es un ejemplo de la conducta de muchos gobiernos y organizaciones no gubernamentales que estigmatizan a quienes consecuentes con el tiempo que les tocó vivir, actuaron en defensa de sus derechos, pero también hay que reconocer que esa actitud puede ser selectiva.

"Sosita" desembarcó en Cuba por primera vez cuando el admirado y respetado Nelson Mandela, el paladín indiscutible de la lucha contra el Aparthei y también premio nobel de la Paz, defendía la lucha armada y organizaba guerrillas para ejecutarla.

Mandela que después de 27 años de cárcel no alberga odio en su corazón y resolvió pacíficamente los serios problemas de su país, es hoy reconocido como uno de los hombres mas notables de la historia de la humanidad, también fue distinguido con el Nobel de la Paz, entonces por qué "Sosita", que también actuó a su manera y por convicciones, permanece olvidado por tantas organizaciones que demandan respeto y perdón para todos.

DEBERES Y DERECHOS

¿Agonizan las democracias en América Latina?

Es justo destacar la rapidez y firmeza con la que actúan políticos, organizaciones sociales, sectores intelectuales y hasta los gobiernos identificados con el populismo electoral, cuando uno de sus pares, o al menos a fin a sus intereses, son afectados negativamente por decisiones que pueden poner el peligro la sobrevivencia del aliado.

En cierta medida la rápida denuncia y los contraataques protagonizados por Venezuela, Bolivia, Ecuador y Nicaragua ante la destitución del presidente paraguayo Fernando Lugo, repiten la actuación con la que esos gobiernos y otros afines, se condujeron cuando la crisis hondureña.

El caso de Honduras fue una muestra perfecta de hasta dónde llegan los socios del Foro de Sao Paulo o la Alianza Bolivariana de las América, se parecen pero no son lo mismo, cuando una rama del árbol del despotismo puede ser quebrada.

En aquel caso como el que nos ocupa, se demostró que más allá de la razón, el derecho y la soberanía del país en conflicto, el propósito de estos regímenes es apuntalar al socio en desgracia sin reparar en los proclamados principios de autodeterminación y no intervención que defienden con extremo furor cuando un miembro de la "familia" es afectado.

Sin entrar a juzgar si fue procedente un juicio tan expedito contra el ex presidente Lugo o si había suficientes elementos para procesarlos, no se puede soslayar las demandas de diferentes entidades internacionales de tomar medidas punitivas contra Paraguay porque el Congreso Nacional, no las Fuerzas Armadas o una revuelta popular de oscuros orígenes, tuvo la capacidad de sacar de la presidencia al mandatario.

El presidente Chávez no consideró que violaba todos los postulados que defiende cuando decretó un embargo petrolero contra Paraguay. Chávez, un acérrimo enemigo del embargo de Estados Unidos a Cuba, ordenó una acción similar contra un país al que había facilitado grandes recursos y que ante la falta de los mismos, la población va a padecer grandes quebrantos.

Es evidente que Chávez, independiente de su estado de salud, ha logrado crear una especie de Santa Alianza en la que un grupo de mandatarios defiende a cal y canto la sobrevivencia del grupo, que es también la de cada uno de ellos, porque la maquinaria electoral que han forjado en cada país, sumado al concepto del despotismo constitucional, les garantiza el poder de forma continua.

Chávez ha ganado con la destitución del presidente Fernando Lugo que era su aliado, y la separación de Paraguay del Mercosur, porque el congreso paraguayo se oponía frontalmente al ingreso de Venezuela al organismo subregional.

La ausencia de Paraguay permitió a la presidenta de Argentina, lograr el ingreso de Venezuela, lo que según muchos analistas va a afectar seriamente a la entidad, ya quebrantada por sus conflictos internos, porque el chavismo va a politizar el Mercosur de forma extrema, al extremo que el vicepresidente de Uruguay, Danilo Astori, declaró que la formula usada para el ingreso de Venezuela es "quizás la herida más grave sufrida en los 21 años del Mercosur".

La capacidad de concertar esfuerzos e identificar objetivos comunes de los miembros del ALBA, va mucho más allá de lo comentado.

El peso especifico de estos países en la Unión de Naciones de Sudamericanas, logró que Paraguay fuera suspendido, a pesar de que como afirma el nuevo presidente paraguayo Federico Franco "ninguna forma vigente autoriza excluir un estado miembro o su representante de las reuniones de la institución regional". Similar denuncia hizo el presidente Franco en el caso de Mercosur.

La Organización de Estados Americanos a diferencias del caso hondureño, ha actuado con más cautela y escuchado a todas las partes envueltas en el diferendo sin tomar partido, dejando la decisión final al Consejo Permanente o a la Asamblea General de la entidad como corresponde.

Pero es importante destacar una vez más la ausencia de un liderazgo hemisférico que denuncie y actué en consecuencia contra las violaciones a la constitución de sus respectivos países en las que incurren los presidentes Hugo Chávez, Rafael Correa, Daniel Ortega y Evo Morales, que proclaman e impulsan valores éticos que ellos mancillan constantemente.

Estos gobernantes cambian a su antojo las legislaciones electorales y las constituciones, acusan de golpistas a quienes les cuestionan, buscan el control de los medios de comunicación, intimidan a los periodistas, confiscan los bienes de quienes hacen oposición, encarcelan sin respetar las normas judiciales y entronizan una dictadura institucional que se ha extendido como un cáncer hacia todo el continente.

Parece que como en su momento ocurrió con Cuba, le llegó a América el tiempo en el que nadie escucha y menos se quiere ver.

Alineados con el despotismo

El Movimiento de Países No Alineados desde su constitución fue un artificio, una falsa que pretendía marcar distancia de los dos bloque hegemónicos de la Guerra Fría cuando en realidad sus principales gestores siempre fueron partidarios de los partidos únicos, democracias centralizadas y en forjar alianzas que en alguna medida favorecían a la extinta Unión Soviética.

El Movimiento fue gestado y desarrollado por líderes nacionalistas con profunda vocación autoritaria, a excepción del presidente de la India, Jawaharlal Nehru, el único de sus fundadores que se sometió a elecciones periódicas y plurales en un ámbito de relativo respeto a los derechos ciudadanos.

Gamal Abdel Nasser, gobernó Egipto durante 18 años, solo la muerte le sacó del poder, Josip Broz Tito, fue el hombre fuerte de Yugoslavia por 35 años, la muerte lo separó del cargo a los 87 años, Ahmed Sukarno partidario de la democracia dirigida controló los destinos de Indonesia por 21 hasta su derrocamiento y Kwame Nkrumah, Ghana, país que dominó por 11 años hasta su destitución por un golpe estado.

No es razonable esperar que de estos caudillos como gestores, vendedores de sueños y promesas sin sustentación real, que se consideran únicos intérpretes de los valores y necesidades de la nación que representan, pueda surgir una entidad con objetivos diferentes a los de sus promotores.

Cierto que la mayoría de las organizaciones internacionales, tanto Naciones Unidas como la Organización de Estados Americano, actúan como corporaciones en la defensa de sus accionistas que son los gobernantes y no los pueblos que supuestamente estos representan, pero donde mejor se expresa esa condición es el MNOAL.

El padrastro de los No Alineados fue Fidel Castro. A partir de su ingreso en 1961 en la Cumbre de Belgrado el movimiento se inclinó más hacia los intereses de la URSS y las tentativas por representar una posición neutral entre las grandes potencias, fueron declinando hasta desaparecer.

Cuando el gobierno de Cuba aceptó instalar cohetes con capacidad nuclear en su territorio era miembro de la organización, sin embargo, el jerarca yugoslavo que la presidía a pesar de sus serias diferencias con el Kremlin no le puso reparó a la alianza Castro-Jruschev, tampoco criticaron a La Habana por apoyar la invasión soviética a Checoslovaquia, ni manifestaron oficialmente su opinión sobre la agresión a un estado soberano, y guardaron silencio ante el respaldo de Fidel Castro a la invasión soviética de Afganistán en momentos en que este presidía la organización y se celebraba en La Habana la Sexta Cumbre.

La decadencia de la entidad que se inició con el fin de la URSS, siempre favoreció en sus décadas cumbres a unos pocos de los países miembros y no a todos sus integrantes.

El unilateralismo en la política global afectó dramáticamente el modesto protagonismo que en la política internacional tuvo la organización, lo que se aprecia con la poca relevancia que los países miembros le confirieron a la recién concluida Cumbre de Margarita, en la que lucieron en todo su esplendor el autócrata de Zimbabue, Robert Mugabe, 29 años en el poder y el dictador Raúl, de la dinastía de los Castro, 57 años aplastando los derechos de los cubanos.

Nicolás Maduro pretendió usar la cumbre de Margarita como una muestra de su influencia y poder en las relaciones internacionales pero fracasó en el intento, porque independiente a la decadencia del MNOAL, su capacidad de convocatoria se mostró prácticamente nula a pesar de los más de 200 millones de dólares que gastó en el espectáculo.

Los caudillos populistas cuando pierden el respaldo del pueblo, y está en riesgo la incondicionalidad del núcleo duro que le apoya, procuran apuntalarse con una política exterior particularmente activa a la que se prestan gobiernos cómplices como la mayoría de los que integran los No Alineados.

Nicolás Maduro pretende refundar Naciones Unidas mientras el país se hunde en el tremedal que Hugo Chávez creó y que durante su mandato ha profundizado. Se ha comprometido a democratizar el organismo internacional cuando le niega a la oposición el derecho constitucional de efectuar un referendo revocatorio que a los NO Alineados les tiene sin cuidado, como es de esperar en una entidad que fue fundada por autócratas.

América. Entre la ingobernabilidad y la refundación

América es pródiga. Su naturaleza voluptuosa y de fertilidad proverbial ha posibilitado la gestación de un nuevo tipo de "Caudillo" que viste su autoridad con parodias de Asambleas Constituyentes que aunque reconocen la clásica separación de poderes, procuran otros nuevos dominios legales que tienen supuestamente el objetivo de aumentar las garantías de soberanía popular.

El Guía en la lucha por el poder y aun después de acceder al mismo, inicia una intensa campaña de desprestigio que inocula en la mayoría ciudadana sentimientos de fracasos, frustración y desencanto con el pasado, en particular hacia las personas que hayan estado relacionadas con la gestión pública.

Simultáneamente procura promover a sus partidarios, desacreditar a los adversarios y desestabilizar las instituciones del estado y de la sociedad civil.

Los conductores de este modelo tienden a poseer un magnetismo personal de características excepcionales. Gustan bañarse de multitudes. Establecer un dialogo directo con sus partidarios.

Son capaces de generar pasiones contradictorias, pero en particular una de confianza, entrega y subordinación, que seduce a un número considerable de la población que se transforma en el escudo del núcleo de militantes necesarios para iniciar los cambios que conducen a lo que gustan calificar de Refundación de la Nación.

Para "Refundar" es imprescindible recurrir a la ingobernabilidad. Generar en la sociedad todo tipo de inseguridades, incluyendo la pública.

Manifestaciones. Multitudes que no cesan con sus gritos de ungir a un salvador y atemorizar a los no conversos. Un núcleo duro capaz de cumplir las amenazas. Internacionalizar los conflictos internos, favorecer lo autóctono, auspiciar el nacionalismo, denostar de la globalización a la vez que se intenta influenciar y determinar la actuación de los países vecinos.

Destruir el pasado. Arrasar con la historia y los valores heredados de las anteriores generaciones es fundamental. Los que hayan dirigido el país son execrados. Los comicios en los que fueron elegidos calificados de fraudulentos, manipulados y corruptos. También les imputan robos, malversaciones y crímenes.

Los legisladores corren igual suerte. Una intensa campaña pone en duda la legitimidad de su elección. Les acusan de representar intereses mezquinos, de venderse a intereses económicos y una frase muy en boga: responder a intereses especiales.

El poder Judicial es cuestionado en su totalidad, sindicado de representar facciones políticas nacionales y de actuar de acuerdo a compromisos.

Todo esto lleva a los Refundadores, muy ajustados a derecho, a demandar una constituyente de carácter primario que posibilite a partir de la nueva Carta Magna, la creación de un nuevo orden en el que la reestructuración del Estado permita ungir de plenos poderes al caudillo y a sus colaboradores más próximos.

Mientras se intenta destruir las instituciones del estado se ataca a la sociedad civil. Se promete una sociedad sustentada en la virtud y el sacrificio, bajo la conducción y la capacidad de redención de el Salvador.

La prensa toma partido. Se atrinchera en una de las vertientes. La supuesta objetividad se va por la alcantarilla. La que favorece el discurso es bendecida, la que le adversa está vendida a intereses económicos, nacionales o extranjeros. Los periodistas críticos son mercenarios.

Los liderazgos de los gremios, colegios profesionales y sindicatos son atacados y culpado de corrupción y de haber manipulado a sus partidarios. La iglesia sufre igual destino. Su jerarquía enfrenta acoso y acusaciones sin sustentación, los feligreses son vilipendiados y abusados por los fanáticos de la secta en el poder, porque también buscan "refundar" la Iglesia en lo que respecta al Mesías que deben adorar y seguir.

Los Partidos Políticos no representan ideas ni propuestas, solo intereses, deben desaparecer y constituirse en una fuerza política inspirada en la nueva realidad que es interpretada magistralmente por los nuevos líderes.

En consecuencia el político apesta en la nueva sociedad. Ser revolucionario, compañero, camarada, hasta llegar a la condición de militante, es la nueva realidad nacional.

Después de cumplir todas las estaciones que conducen al Mundo Feliz surge la propuesta de "Refundar la Nación". Propuesta muy amplia porque abarca la política, lo social, económico y hasta religioso. Los que lo promueven pretenden viajar a la raíz de la nación para en una especie de cirugía cultural amputar los miembros que consideren gangrenados para así estimular el crecimiento de células puras, en los aspectos éticos y físico. El hombre nuevo está a la vista.

Es la visión salvadora de Alguien que tiene solución para todos los problemas. Es fundamental cambiarlo todo. Crear un nuevo estado y ciudadanos que asuman las nuevas metas con ciega obediencia. Es una vuelta a las prácticas ancestrales de los brujos de tribu que afirmaban que con el sacrificio de uno, que mas tarde serán otros, se garantiza la vida entera de todos.

Cavilaciones sobre los dictadores

Es posible que muchos se pregunten, ¿qué es un dictador, que factores definen a un gobernante con un calificativo que deshonra y por qué hay pueblos que soportan dictaduras cuando otros nunca las han padecidos?

También es razonable averiguar por qué un dictador disfruta de apoyo popular y lo que es más alarmante todavía; por qué causas un mandatario que accedió al poder violentando la institucionalidad, puede acceder de nuevo al poder con el apoyo electoral de una mayoría ciudadana.

Son preguntas complejas que probablemente no tengan respuestas precisas y menos sin generalizarlas, pero si es evidente que hay culturas que tienen una fuerte propensión al gobierno fuerte, el liderazgo indiscutido, a la aceptación de una autoridad que asuma responsabilidades, qué aparentemente la mayoría ciudadana prefiere evadir.

No todos los dictadores son iguales en propósitos y métodos pero si hay factores comunes que les identifican sin que importe época, cultura, geografía, educación, ciudadanía o ideología, si es que el dictador en cuestión se considera abanderado de alguna.

El poder que el Dictador detenta no está en discusión ni es sujeto de debate. El dictador es figura y genio de un propósito de gobierno cualquiera que este sea.

No admiten retos a su autoridad, pero no todos responden a los desafíos con igual brutalidad ni soportan con igual entereza las presiones de que son objetos por parte de la oposición.

El dictador se identifica más por sus acciones que por detentar un poder político, religioso o económico. Siempre muestra un profundo desprecio por la opinión ajena. Ignora el derecho a disentir y de oponerse. Es intolerante, sectario, y hasta paternalista en sus abusos.

El dictador gusta del elogio, la adulación y la sumisión a su voluntad. Disfruta de la historia y está convencido que sus fallos serán trascendentales.

Estos déspotas consideran que envilecer a sus partidarios, a la oposición, y a los indiferentes, es un mandato que garantiza su perpetuidad en el poder. Envilecer a la ciudadanía es su carta de triunfo y eso lo logra con los premios y castigos que dispensa a caprichos de su voluntad.

Los dictadores son taimados, inescrupulosos, vendedores de promesas y hacedores de castillos en el aire pero muy en particular, desconfiados, porque para ellos la lealtad es proporcional a los privilegios que otorga.

Son mentirosos con talento. Conocen a la gente que gobierna, saben de sus debilidades y grandezas. Les distingue un aguzado sentido del que hacer en los momentos de crisis.

El dictador no es cobarde por naturaleza como algunos gustan calificar. Puede ser un miserable pero su valor personal está por encima del promedio del de sus conciudadanos. No es prudente confundir en un dictador la cobardía con su sentido de la prudencia o la perdida de la motivación para gobernar. Son victimarios por naturaleza, pero eso no implica que sean pusilánimes ni cobardes.

Las motivaciones que sostienen e impulsan a los dictadores pueden ser múltiples y complejas que responden a varios patrones, por lo que a pesar de posibles semejanzas con otros de su calaña en la manera que dispensan su poder y ejercen el liderazgo, las diferencias entre ellos son fácilmente apreciables por un observador aplicado.

Hay dictadores carismáticos. Verdaderos seductores de masas e individuos. Personajes que poseen una capacidad excepcional para atribuirse éxitos y distribuir las culpas.

Este tipo de dictador es extremadamente peligroso porque su mesianismo es contagioso, y su afán de redención afecta la roca más insignificante de su reino. Dividen las sociedades y las conducen a puntos de confrontación tan agudos que la comunidad puede llegar a resentir sus valores más trascendentes y abarcadores.

Bajo estos líderes los pueblos sufren metamorfosis alienantes. El rebaño es objeto de la voluntad de su conductor pero se cree sujeto en la personalidad de este. El individuo se hace infinitesimal en la voluntad de quien maneja sus miedos, frustraciones, aberraciones y quimeras.

También los hay que a través de instituciones del estado ejercen un férreo control sobre las actividades públicas. Ellos controlan las asambleas legislativas y los poderes judiciales por medio de sinecuras y violencias de terceros si las condiciones lo demandan.

Este tipo de dictador gusta de elecciones y hasta concede ciertas libertades de expresión, pero su afán por el poder a pesar de que lo renueva con el voto popular, permite ver su cola de cercenador de libertades.

También, y es posible que olvidemos alguna especie de estos vertebrados que causan tanto daño a la humanidad, existe el dictador capaz de sintetizar todos los atributos antes mencionados, y son los que no solo hacen historia para sus pueblos si no que como supernovas aberradas irradian oscuridad durante siglos en la historia universal..

El compromiso de elegir

En la acción de votar se conjugan elementos importantes como el deber, la obligación y el derecho. Hay que hacer conciencia que la opinión de cada uno cuenta y que las decisiones que se asuman, podrían tener importantes consecuencias.

No votar significa dejar que otros decidan sobre nuestras vidas y la de nuestros hijos. Para bien o mal, ninguna persona se debe sustraer del ejercicio de sus derechos, máxime si es para seleccionar a quienes van a representarlo en el servicio público.

Sí la abstención es funesta para el fortalecimiento de la democracia, no es menos perjudicial que el elector favorezca a un candidato por amiguismo, simpatías, raza, nacionalidad, o por reflejo de lo que hacen y opinan los otros.

Una anomalía que afecta negativamente el desarrollo de una sociedad democrática, es la baja participación del electorado en los comicios regionales, porque la abstención a quien más favorece, es al político electo que ha hecho mal su trabajo o al por elegir que ha escogido la cosa pública como vía para su enriquecimiento personal.

Hay ciudadanos que opinan que las elecciones claves son aquellas en las que se selecciona al presidente y a los congresistas, una apreciación válida, pero insuficiente, porque el representante electo que más influirá en nuestros intereses primarios será el concejal, comisionado o alcalde de la localidad.

Un candidato electo no es un actor que solo deja sentimientos de alegría o pesar cuando concluye su gestión. Un aspirante elegido tendrá la potestad de hacer uso de los derechos de sus electores, en consecuencia, si no hacen bien el trabajo para el cual fue favorecido, los perjuicios que se deriven de sus acciones pueden ser catastróficos para el individuo y la sociedad.

Ejercitar el voto sin considerar todos los factores, es un gesto imprudente que se puede pagar caro y con intereses. Elegir un inepto para un puesto público es un grave error, tan a lamentar, como haber seleccionado a un depredador para el cuidado de los hijos.

Votar en un marco en el que se presenten diferentes opciones políticas y hasta ideológicas, en secreto, en un ambiente de completa transparencia y libre de coacción, es el mejor método para elegir a los gobernantes.

El elector debe prepararse para hacer su elección. Estudiar los candidatos. Sus compromisos con la comunidad, pero también con los sectores que le promueven. Un candidato dependiente de intereses que no sean los de su electorado, es muy probable que decida en contra de su elector.

Cierto que en la política hay muchas personas incompetentes, corruptas y mal intencionadas, individuos que escogen la gestión pública como una vía para enriquecerse y abusar de los privilegios que le confieran la posición que ocupe, pero cuando eso ocurre en una democracia, es de exclusiva responsabilidad de quienes lo eligieron, porque fue el electorado quien lo llevó al poder.

En la democracia representativa existe una especie de contrato en la que el elector selecciona libremente a quien le va a representar, por lo tanto quien elige, debe prepararse para cumplir con su deber, como es de esperar lo hagan los candidatos.

Los pueblos e individuos sometidos a regímenes de fuerza no tienen la opción de adoptar a sus líderes, en esos casos no corresponde el refrán, "cada pueblo tiene el gobierno que merece", pero en la democracia, el elector es el responsable de quienes le gobiernan, por lo tanto debe prepararse a conciencia, para determinar quiénes van a decidir sobre su futuro.

Por otra parte Konrad Adenauer, quien fuera canciller de la República Federal Alemana, dijo que "la política era demasiado importante para dejársela a los políticos", así que no queda otra alternativa que participar en la política, haciendo uso de esa guillotina electoral que llaman voto.

El compromiso de ser Charlie

La mayoría de nosotros no conocía que existía una revista satírica en Francia que se llama Charlie Hebdo. Tampoco que estaba en problemas con el extremismo islámico por ser irreverente y hacer reír a sus lectores.

Es de suponer que muchos ignoraban que el editor en jefe de Charlie, Stéphane Charbonnier, Charb, estaba amenazado por los yihadistas, lo que le llevó a expresar en una ocasión, "puede sonar un poco pomposo pero prefiero morir de pie que vivir de rodillas."

Charbonnier, era un hombre libre y consecuente con ese derecho. Es de presumir que vencía sus miedos todos los días, o simplemente la fuerza de sus convicciones rechazaban los temores.

Junto a Charb, como le decían sus amigos, cayeron otros comunicadores, todos sabían los riesgos que corrían, pero aun así, como tenían su visión particular de informar y divulgar su opiniones, los enfrentaron hasta las últimas consecuencias.

Se podrá o no estar de acuerdo con el sarcasmo de sus publicaciones, pero las leyes francesas le otorgaban ese derecho, razón de más para condenar con toda energía el atentado terrorista contra la publicación y sus productores, porque fue un atentado criminal a la libertad de expresión.

Por otra parte la tragedia en Charlie han reavivado el viejo debate de si la libertad de prensa debe limitarse.

Hay quienes discuten el derecho de escribir, comentar o satirizar sobre temas que terceros pueden considerar que no deben de ser abordados, porque afectan creencias o intereses.

También cuestionan las revistas que se dedican a inventar escándalos, hacer público temas que no están debidamente confirmados o debaten sobre la ilegalidad en que incurren los paparazzi cuando buscan obtener fotos intimas de personalidades públicas.

Es cierto que todo derecho puede ponerse en paréntesis por aquellos que se consideran afectados por su ejercicio, pero para eso están los tribunales de justicia. Ellos son los que deben dirimir donde empieza y termina el derecho de cada ciudadano, no los fusiles Kalashnikov o M-16.

El Compromiso de ser Charlie es muy serio y demanda mucha fortaleza moral.

Hay que estar dispuesto a denunciar a los políticos y autoridades corruptas. Revelar las tramas de cualquier grupo mafioso o descubrir públicamente un complot que pueda estar preparando un grupo terrorista.

Implica no ser políticamente correcto. Dejar de actuar al ritmo de la mayoría, pero también de las minorías con las que se tiene el derecho a no estar de acuerdo. Portarse en base a las convicciones. No temer a las acusaciones, ni a las amenazas, decir lo que se piensa es ser Charlie.

Denunciar con energía cualquier acto terrorista en el rincón más humilde del mundo. Evocar las victimas sin distinción alguna y denunciar los abusos y extremismo en los que pueda incurrir el propio gobierno.

El Compromiso de ser Charlie implica tener siempre presente atentados criminales como el de las Torres Gemelas, 2001, las bombas en los trenes de cercanía de Madrid, 2004, la masacre de la escuela de Beslan, Rusia, 2004, los ataques al sistema de transporte público de Londres, 2005, o la matanza en la escuela de Peshawar, Pakistán, con el resultado de 150 muertos, entre ellos 132 niños, 2014.

Hay crímenes menos trascendentales como los siete periodistas asesinados en Honduras el año pasado y los asesinados en México. Denunciar las amenazas a la libertad de prensa en Argentina y la falta de esas libertades en Cuba, Venezuela, Ecuador y Bolivia, entre otros países.

Los terroristas que atacaron a Charlie, son los pares de quienes asesinan periodistas en Honduras, decapitan a comunicadores en Irak y Siria, o controlan los medios de prensa en cualquier país, que es otra forma de asesinar periodistas.

La mayoría de las informaciones en los periódicos, canales de televisión, radio o en las redes sociales a las que accede el ciudadano, no implica riesgos para quien lo comunica, pero hay informaciones por las que el autor enfrenta grandes peligros que muy probablemente alcancen a sus familiares.

En el periodismo hay muchos mártires, el año pasado murieron más de 60 comunicadores por informar lo que otros querían callar. Es una profesión que inquieta a los poderosos y afecta seriamente a los fanáticos.

Charlie son, los corresponsales de guerra que informan lo que acontece en una contienda bélica. Los que enfrentan el crimen organizado y la corrupción gubernamental, aquellos que a riesgo de la libertad, inclusive la vida, retan a los regímenes despóticos informando de todos sus abusos y los que escriben y dicen lo que piensan sin temer las consecuencias.

La libertad en cualquiera de sus expresiones es la principal fortuna del ser humanos, y es por ese motivo que hay tantos depredadores trabajando a favor de arrebatársela a quienes la disfrutan, no temerles, actuar en contra de ellos es ser Charlie.

El deber de informar y el derecho de opinar

Sin lugar a dudas la avanzada de una sociedad sin mordazas, con posibilidades de criticar y construir más allá de la voluntad de una dictadura, está en buena medida en el nivel de riesgo que los periodistas estén dispuestos a afrontar.

La labor de informar puede estar sujeta a la censura y quien transgreda esas disposiciones es sujeto de una sanción gubernamental, aunque hay que reconocer que en el presente la delincuencia organizada y otros grupos de intereses especiales también procuran controlar los medios, si consideran que lo que se va a publicar puede afectar sus intereses.

Bajo esas circunstancias el ejercicio de informar está sujeto a las limitaciones que imponen las diferentes fuentes de poder que en una sociedad concurren. Cuando los periodistas transgreden los límites que imponen los poderosos, se convierten en el objetivo a destruir para los depredadores, sean estos gobiernos o un sicariato.

El periodista independiente no responde a los patrones informativos que los gobiernos o grupos de poder hayan impuesto a los laborantes de los medios que controla y administran. La labor informativa de un comunicador libre está comprometida con notificar sobre los acontecimientos de interés público independiente a lo que consideren las autoridades.

Un periodista, más allá de sus convicciones políticas, ideológicas, y preferencias, está comprometido con el deber de informar, de presentar los hechos sin aderezos de ninguna clase, sin considerar las consecuencias que puedan derivarse de lo que es un derecho en una sociedad abierta y un acto de conciencia, cuando la información es un monopolio del estado.

Un periodista también tiene el derecho de opinar, de evaluar en base a sus convicciones los sucesos y las consecuencias, pero dado ese caso debería buscar la forma de hacer notar que lo que dice o escribe lo hace como ciudadano y no como un profesional de la información.

La opinión de un periodista sobre un tema determinado se origina, como la de cualquier otra persona, en sus convicciones, y es producto de su capacidad de analizar y de presentar sus ideas, pero no está sujeta a los patrones de imparcialidad y balance que debe respetar cuando está ejerciendo su oficio.

Ricardo Quintana, periodista de Televisión Martí, ha dicho en más de una ocasión que si tuviera la oportunidad de entrevistar a algún cacique de la dictadura cubana estaría en una situación muy difícil, porque los dirigentes cubanos no responden a las preguntas que se les hacen sino que argumentan sus consignas, lo que le obligaría a incursionar un terreno en el que el periodista se puede confundir con el activista de una contrapropuesta.

El periodista independiente está comprometido a informar, aunque corra el riesgo de perder el sustento, ir a prisión o el exilio tal, como le ha ocurrido a tantos comunicadores alrededor del mundo.

Su deber es informar sin considerar las derivaciones de sus acciones, en eso estriba la independencia del comunicador. La filosofía o la doctrina que defienda o ataque son irrelevantes siempre y cuando en su trabajo como periodista refleje la realidad de los sucesos sin concesiones a quienes disfrutan de algún tipo de poder.

En base a esta valoración es válido afirmar que si un laborante de la prensa oficial violenta al censor propio o al gubernamental en su trabajo informativo, a partir de ese momento se transforma en un periodista libre sin que importen las convicciones que pueda seguir defendiendo.

Por ejemplo, en Cuba por más cinco décadas ha existido un periodismo doctrinal, no solo ausente de críticas y cuestionamiento a la acción gubernamental, sino también cerrado a cualquier información o análisis que la autoridad pueda considerar atentatoria a sus intereses.

El periodista cubano se mediatizó. Mutó a vocero de consignas oficiales. En cantor de logros reales o supuestos de la clase gobernante. Su juicio lo supeditó a lo políticamente correcto. La información, el contar de un acontecer, se transformó en crónica de lo que convenía a la autoridad y al periodista que se esfuerza por no ser reprimido.

En estas condiciones se realiza un periodismo de sobrevivencia en el que la autocensura tiene un importante rol. Un comunicador atemorizado puede ser más severo en las restricciones a las informaciones que el mismo Censor.

Es imperativo que los periodistas independientes, los que están conscientes del compromiso del oficio tengan presente la perspectiva de que su tarea es informar, incluso lo que pueda agraviarle.

La labor que realiza un comunicador implica un grado muy serio de responsabilidad. La crítica, elogio o juicio por elemental que sea sobre lo acaecido, influirán en la ciudadanía, en la sociedad en su conjunto, y esa es la responsabilidad mayor de todo periodista.

El derecho a decidir

Hay quienes con frecuencia acusan de intolerantes a aquellas personas, entidades o gobiernos que en defensa de sus convicciones y valores,rechazan a quienes pretenden imponer principios, creencias y gustos,contrarios a sus inclinaciones naturales.

Son muchas las ocasiones en que los derechos de unos entran en confrontación con los de los otros, y esto no siempre sucede en asuntos transcendentales como las creencias religiosas o los conceptos ideológicos, ocurre también cuando la música del vecino se escapa de sus paredes o cuando el estacionamiento está ocupado por un vehículo extraño.

Pero es interesante apreciar que la mayoría de las personas son más propensas a confrontar esos abusos, que rechazar enérgicamente las intromisiones intangibles que pueden alterar los fundamentos sobre los cuales se desenvuelve su existencia.

Con frecuencia se reacciona enérgicamente ante situaciones de menor cuantía, pero las más de las veces se es indiferente o negligente ante circunstancias que pueden alterar de forma definitiva los conceptos más fundamentales y la calidad de vida.

Cierto que la convivencia y el respeto empiezan por aceptar el espacio físico y ético del otro, sin que ninguna de las partes atenteen contra de la otra individualidad, pero la realidad es que tampoco se debe aceptar la imposición de normas y valores que no se comparten.

Es un derecho inalienable pensar y actuar de acuerdo a las propias convicciones, siempre y cuando, parafraseando a Benito Juárez, se respeten los derechos del prójimo.

La defensa de los valores y creencias no es en ningún modo intolerancia, sin embargo la intransigencia si hace acto de presencia cuando un sector pretende imponer una religión, pensamiento o tipo de conducta determinada, a aquellos que no comparten sus convicciones o costumbres.

Lamentablemente muchas personas por actuar en el marco de lo que algunos denominan políticamente correcto evitan o rechazan oponerse a lo que le disgusta. Callan o se abstienen, según el caso, sin percatarse que sus derechos son marginados y la agresividad de la otra parte reduce cada vez más las oportunidades de actuar en base a sus propias normas de conducta, cultura o creencias religiosas.

Es un deber ser consecuente con las propias convicciones, aunque eso genere críticas entre aquellos que piensan de manera diferente. Defender los derechos, las opiniones que se tengan, es obligación de todo ciudadano aunque se encuentre sometido a un régimen autoritario, porque de no hacerlo, su espacio vital será cada vez más reducido.

En las sociedades donde existe un control político estricto es muy difícil disentir. Rechazar la intromisión del estado o sus representantes en los aspectos en los que el individuo es soberano, puede implicar represalias de parte de las autoridades, pero aun así se debe hacer, porque las alternativas son perder la identidad y vivir en una doble moral.

Defender la identidad no significa estar contra la diversidad u oponerse a lo diferente, sino estar a favor de los valores que componen los propios referentes existenciales y anteponerlos a los ajenos, lo que no significa exclusión o veto de lo foráneos.

Los progresos en las comunicaciones y el transporte, la intensificación del comercio mundial, o para ser más preciso, la globalización, son condiciones que favorecen la relación entre lo "diferente", pero también los conflictos, por lo que los factores extremistas de cualesquiera de las partes en contacto, tienden a promover situaciones que afectan la estabilidad de una familia, de la comunidad nacional y hasta mundial.

Personalidades tan contrapuestas en cultura e ideologías como el presidente de Rusia, Vladimir Putin y John Howard, quien fuera Primer Ministro de Australia, coinciden en defender los valores y tradiciones de sus respectivas naciones sin temor a críticas o demandas públicas, por ejemplo el mandatario ruso expresó, "todos los países deben tener fortaleza militar, tecnológica y económica, pero no obstante lo principal que determinara el éxito es la calidad de los ciudadanos, la calidad de la sociedad, su fortaleza intelectual, espiritual y moral".

Howard, expresó "Aceptamos sus creencias y sin preguntar por qué. Todo lo que pedimos es que Usted acepte las nuestras, y viva en armonía y disfrute en paz con nosotros."

Los más constructivos es enfatizar las creencias y valores que conforman la identidad personal o nacional, sin que eso signifique xenofobia, por otra parte también hay que estar dispuesto a asimilar lo exótico, mientras sea provechoso y útil para los paradigmas sobre los que se fundamenta la conducta y las aspiraciones del individuo y la sociedad a la que pertenece.

Defender las propias convicciones e intereses no es victimizar a las minorías, tampoco lo es rechazar el proselitismo que estas puedan practicar, simplemente es el derecho de pensar y actuar libremente sin temer a coacciones de cualquier género o procedencia.

El despotismo electoral

El despotismo electoral parece ser la formula política a usar en el siglo XXI por aquellos gobernantes que tienen una clara vocación autoritaria, pero que gustan vestir su liderazgo con la legitimidad que confiere el voto.

En el Siglo XX, cuando todavía la tecnología de la información estaba en pañales, la práctica para aparentar que el Jefe de Gobierno era un demócrata respetuoso de las leyes, pasaba por la compra de votos, el robo de las urnas electorales o simplemente un conteo fraudulento que favorecía el candidato que amparaba el gobierno.

Aunque en la actualidad esa fórmula no se ha erradicado por completo, también se utilizan otros métodos más sofisticados que permiten encubrir con más eficiencia los verdaderos fines de aquellos que a la vez que buscan el poder absoluto, intentan perpetuarse en el poder.

Uno de los métodos usado es la modificación a conveniencia de los padrones electorales, conceder a extranjeros partidarios del proyecto documentos que lo acrediten como nacionales o reprogramar las computadoras para que alteren el voto emitido por el elector.

Por supuesto que otro avance hacia el control político es la reestructuración de los poderes públicos, en una palabra, establecer lo que algunos denominan dictadura institucional. Juntos a las promesas de reformas, de cambios urgentes, se suma la vulgar compra de favores y la no menos prosaica corrupción.

El primer paso es una Asamblea Legislativa, preferiblemente unicameral, en la que la facción despótica pueda actuar como aplanadora de una eventual oposición, y así legislar con la legitimidad que confiere el voto, contra el propio pueblo que la favoreció.

El control del poder Judicial es de suma importancia para que el Gobernante pueda actuar en el marco legal. La capacidad de nombrar nuevos magistrados incondicionales, la posibilidad de desacreditar y posteriormente relevar a los sediciosos es determinante. Jueces incondicionales al Proyecto que encuadren en la legalidad vigente las pretensiones del Conductor, son aspectos que permiten conservar el matiz democrático del gobierno.

Una estructura que merece una atención especial son las fuerzas armadas. El discurso debe ser en extremo nacionalista. Refundacional. Glorificador del rol de los militares en la sociedad. Ofrecimientos de reformas institucionales y modernización de la técnica de combate, junto a la sensibilización del cuerpo armado con los históricos problemas que padece la sociedad de la que proceden. Prebendas, favores, privilegios y honores también integran el cóctel.

El cuerpo electoral es importante. Deben interpretar la reglamentación electoral de forma que favorezca al Mentor, e implementar las nuevas legislaciones y disposiciones según convenga a este.

La sociedad civil, hoy tan compleja y rica en expresiones, también exige una atención y cuidado especial, aunque deben utilizarse otros métodos y tener una mayor flexibilidad. En los primeros tiempos no se puede ser brusco, acosar y menos reprimir, si se quiere aparentar legitimidad y lo que es más importante, sembrar el desconcierto y la duda en aquellos sectores y personalidades que por diferentes motivos pueden estar identificados o inclinados al Proyecto.

Cada entidad ajena al gobierno merece un trato único.

Los sindicatos y colegios profesionales deben ser reinventados. El primer paso es captar sus líderes y ajustar sus fines, pero de no ser posible hay que desacreditarlos, destruirlos moralmente. Han de constituirse instituciones paralelas devotas del gobierno que estén listas para servir como instrumento y base de la nueva sociedad.

Estos nuevos déspotas no tienden a la falsa austeridad de sus predecesores del socialismo real, ni sufren del fanatismo doctrinal de aquellos. Gustan del lujo y del confort y por eso prefieren crear una clase empresarial parásita y dependiente del estado, que cuando llegue el momento puedan enfrentar las corporaciones empresariales y gremios del ramo, que chocan con el proyecto económico gubernamental.

Por supuesto que esto no impide la confiscación y estatización de aquellos sectores de la economía que el Poder pueda valorar como estratégicos, pero por lo regular, habrán excepciones, no buscan el control económico total, salvo en la medida que les permita mantenerse en el poder. Esa es una de las diferencias claves entre el Socialismo Real y al que denominan del Siglo XXI.

Los medios de comunicación ejercen sobre ellos una atracción que es fatal para los profesionales de la comunicación. Son a la vez el personaje de la noticia, y su intérprete. Reproducen aquel viejo dicho de que el individuo era tan protagonista que en el funeral quería ser el muerto, pero también el que despidiera el duelo. Les place ser tratados como estrellas de espectáculos y actuar como tales. En su definición del poder la comunicación directa y masiva con la población es vital, y por eso conducir sus propios programas de radio y televisión es de gran urgencia.

Controlar los medios de comunicación es un objetivo clave en la práctica del poder. La confiscación de los medios es un recurso, pero el preferido es incorporarlos al Proyecto. La prensa "viste" de democracia, y un periodismo cipayo es el traje de gala de la dominación.

El terror, elemento de control

> En el paraíso no hay asesinatos.
>
> El niño 44

Las traumáticas experiencias de quienes han vivido bajo un régimen policíaco son imborrables, pero lo doloroso de esas vivencias se acentúa cuando la represión se escuda en fundamentalismos religiosos o en propuestas ideológicas que implican que el mal de unos pocos es el beneficio de todos, incluidas las propias víctimas de la represión.

Cada sociedad reprimida sufre su propia escala de terror. Los instrumentos y métodos represivos dependen de las características del régimen, de la personalidad del caudillo que tomas las decisiones, del sistema de ideas y propuestas tras el cual se cobija, de la identidad del país y hasta de la educación, formación e instrucción del represor.

Los resultados de las represiones que más impactan son los asesinatos judiciales o extrajudiciales, las encarcelaciones y el destierro. Son sucesos que atemorizan a todas las personas, pero en particular, a quienes reniegan del gobierno.

Sin embargo, la represión más dañina, la que tiene fatales consecuencias a largo plazo, inclusive para las generaciones por venir, no implica muerte ni prisión, porque se cimienta en difundir en la sociedad la sensación de estar vigilados y la certeza de que el Gran Hermano, el estado, es una entidad omnisciente y omnipresente que en principio considera que cualquier transgresión a las normas impuestas, es un crimen que debe ser severamente castigado.

Paradójicamente ese tipo de poder se esfuerza por presentar una sociedad perfecta en la que no hay asesinatos pasionales ni accidentes de tránsito. Una sociedad en la que la delincuencia no existe y los crímenes aberrantes han desaparecido.

Por ejemplo, en Cuba, se esfumaron de los medios las llamadas paginas rojas y hasta programas radiales o secciones de prensa en los que se exponían graves conflictos familiares. El país gracias al castrismo era un paraíso, donde todos se amaban, nadie mataba ni robaba.

El afán de mostrar una sociedad nueva condujo en Cuba a la persecución y encarcelación de los homosexuales, prostitutas y proxenetas, y a qué durante la llamada ofensiva revolucionaria de 1968, los bares fueran cerrados, porque según Fidel Castro, quienes asistían a esos lugares eran "antisociales y no le interesaban al pueblo trabajador".

La constante demostración de poder, y la represión de baja o mediana intensidad en la que participan todos los organismos del estado, incluidas las asociaciones colaterales que haya constituido el régimen como parte esencial de sus mecanismos de control, conduce al individuo a la sumisión y a su posterior masificación.

El objetivo fundamental es que la persona haga consciencia que lo que no está expresamente autorizado está prohibido, un concepto que se apropia de los propios funcionarios del régimen, incluidos los que integran los cuerpos de seguridad, que son los que mejor conocen los extremos a los que son capaces las autoridades para continuar en el poder.

Esta situación hace que la sociedad en su conjunto se sienta reprimida, al punto de que cuando está suficientemente domesticada, es capaz de aceptar responsabilidad de faltas que no ha cometido.

El individuo y la sociedad transformada en masa se quedan sin opciones, el poder determina la conducta de uno y de todos. Se traiciona por inseguridad, por temor a lo que pueda ocurrir.

El miedo se difunde, la incertidumbre hace presa de todos, y el sujeto atemorizado criminaliza sus pensamientos y el de los otros, si considera que pueden afectar su seguridad. El miedo, que es proporcional a la riqueza de imaginación de cada sujeto, conduce a la inacción, la delación y al servilismo, y a concluir que lo importante es sobrevivir, sin que importen las concesiones y complicidades.

Esa represión en términos absolutos logra la degradación del individuo y el envilecimiento de la sociedad, lo que hace que los valores y principios que caracterizaron el país en cuestión, sean muy difíciles de restablecer cuando las condiciones sean propicias.

Por otra parte las experiencias han demostrado que el enriquecimiento económico de una persona y el desarrollo de un país demandan grandes esfuerzos, talento y voluntad, sin embargo se ha podido apreciar que para empobrecer a las personas o países solo se requiere el atrevimiento de hacerlo.

Es improbable cuantificar los daños morales y espirituales que padecen los que han vivido bajo un régimen dictatorial sustentado en una ideología o religión, tampoco los sacrificios que el individuo y la sociedad deberán realizar para recuperarse de vivencias dolorosas que dejan huellas imborrables.

Pero aún más quimérico es buscar y responsabilizar a los que deben pagar por los sueños y las vidas rotas de quienes han sufrido el poder de los iluminados, de hombres miserables que se creyeron dioses en capacidad de cambiar la condición humana.

Valor de la memoria

La memoria histórica es un concepto de relativa actualidad y por cierto, muy debatido, porque sin dudas los que se esfuerzan en su investigación, están influenciados por experiencias en las que están presentes actos de violencia política, represión gubernamental, persecuciones y otros acontecimientos contrarios a los de una sociedad democrática y en paz.

La Memoria Histórica es individual y colectiva. Es esa parte de la historia que ejerce una influencia directa y que algunos pueden recordar porque la vivieron o conocieron sus actores.

El rescate de esa Memoria es el esfuerzo por conservar una visión de conjunto de lo experimentado por la comunidad, un análisis de lo acaecido, sus motivaciones y consecuencias.

Los testimonios de los actores y/o testigos, son la base de la memoria histórica, una fuente invaluable de conocimientos que aproxima al investigador a los acontecimientos.

Por supuesto, que conocer el pasado no es un antídoto contra los errores ni bálsamo para la necesaria tolerancia entre las partes que participaron en un conflicto, pero la ignorancia es una condición que favorece una conducta irreflexiva que arrastra al abuso y en consecuencia, nuevas víctimas y victimarios.

La acción devastadora de una dictadura, particularmente las ideológicas, penetra los puntos más recónditos de la sociedad y del ser humano, por eso es tan abarcadora la memoria que genera.

Las acciones por remotas que hayan sido, y sus consecuencias, inciden constantemente en el quehacer de todos los días, porque al igual que los factores genéticos que en cierta medida determinan el estado de salud de los ejemplares de la especie, los actos del pasado ejercen una influencia definida sobre la sociedad.

El rescate de la Historia no debe tener como objetivo la venganza, sino el conocimiento que impida incurrir en la comisión de los excesos que otros cometieron. Debe tener como objetivo una especie de ejemplo-advertencia de lo que puede suceder cuando el hombre pierde la capacidad de respetar la dignidad de otro ser humano.

El conocimiento de la historia es un justo y conveniente instrumento que debe formar parte del arsenal intelectual que posee el individuo, y factor vital en la gestión de los que se dediquen a la cosa pública.

Para lograr esto, la Memoria Histórica es el instrumento adecuado porque las personas que han sido sometidas a un régimen de fuerza, en el que la conciencia individual y colectiva han sido manipuladas y usada para estructurar una verdad oficial, necesitan conocer la realidad de todos y no de una de las partes.

Hay que evitar que la amnesia impuesta se convierta en voluntaria. Se debe recobrar la memoria. No una evocación adulterada. Si se decide enfrentar el pasado debe ser con el compromiso de respirarlo todo, airear lo que conviene y lo que perjudica.

La memoria es necesaria porque hay que descartar la impunidad. Los victimarios están obligados al menos a ofrecer una reparación moral a sus víctimas, ya sea por público arrepentimiento de sus actos o por la abjuración de los principios que defendían.

Los abusos, los crímenes, deben ser aclarados porque el mejor mensaje para el presente y el futuro, es que ningún ciudadano está al margen de la justicia, que no hay impunidad.

Después de aceptar las responsabilidades se está en capacidad para enfrentar asuntos vitales como la reconciliación y el perdón, pero ningún argumento debe ser usado para someter al silencio al que no quiera callar.

Es un derecho de la víctima denunciar y acusar a sus victimarios, si esa es su voluntad. Ningún ciudadano debe dictarle a otro lo que debe hacer con el pasado que le tocó vivir. Esa es una decisión individual que la sociedad debe respetar. Hay un derecho inalienable a la memoria personal y familiar que todos debemos honrar.

No debe haber espacio para lo que se denomina políticamente correcto, sino para lo que es justo. Hay un vínculo indisoluble entre el pasado y el presente y por eso el futuro a construirse debe sustentarse sobre la voluntad del ciudadano y no por la decisión de grupos poderosos o corrientes oportunistas.

Siempre habrá personas e instituciones que pongan reparos a la memoria histórica planteando que lo importante es mirar al futuro y no hacia atrás, porque hurgar el pasado abre heridas y puede motivar exigencias legales y hasta personales, lo que es cierto, pero es un riesgo que vale la pena correr si se quiere evitar cometer los errores que se quieren sepultar.

Hay quienes opinan que sacrificar aspiraciones de justicia en beneficio de la convivencia de todos, es lo más prudente, pero el silencio es potestativo de la víctima y nadie debe abrogarse el derecho de imponer silencio a los que padecieron los abusos de los déspotas.

¿Fin de los héroes y las utopías?

Una ojeada superficial al mundo permite apreciar los dramáticos cambios ocurridos en las últimas décadas en los campos de la ciencia, política y economía, aspectos que evidentemente han influenciado de diferentes maneras en el ser humano.

Un aspecto notable es que las personalidades de extrema vitalidad, carismáticas, que tal parecía interpretaban la voluntad de la naturaleza y hasta parecían sojuzgarla, porque poseían una voluntad y capacidad excepcional, al parecer han disminuido.

Otro, sin que signifique en fin de las singularidades, es que los proyectos populistas globales no sintetizan designios ideológicos. Son exclusivamente métodos para alcanzar y conservar el poder, aunque es válido reconocer el renacimiento de visiones teocráticas, que aspiran extender su presencia y control a diferentes latitudes.

Pero evidentemente, salvo lo antes referido, los idealistas del presente tienen proyectos más modestos y dejan la tarea de un gobierno mundial, de un mundo sin fronteras, a los tecnócratas y financistas que han hecho posible la conversión del mundo en una aldea global.

Los líderes de estos tiempos no fundamentan su poderío en condiciones personales de excepción. Los paladines contemporáneos son, salvo excepciones, incluyendo los políticos, productos corporativos y del compromiso.

Existe una propensión a la negociación, al entendimiento, a procurar perder lo menos posible en bienes contables, porque los valores éticos-morales han disminuido en importancia en los diferendos internacionales, nacionales y gerenciales.

Todo parece indicar que la globalización del conocimiento y de ciertas actividades ha estimulado la multiplicación de un hombre inteligente pero de convicciones flexibles y de tolerancia tan extrema que en algún momento puede hasta perder su identidad e ignorar lo que decían representar.

No obstante en el mundo moderno persisten individuos y entidades que defienden numantinamente sus conceptos y valores, al extremo que un pragmático del cualquier tiempo los calificaría de arcaicos y completamente desenfocados.

Estos reductos no disfrutan de simpatías porque en realidad son una especie de alienados en una sociedad de extrema laxitud y permisividad, porque conservan sus principios y están dispuestos al sacrificio extremo.

Los héroes de antaño, ya fuese por su capacidad de interpretar la realidad o por su aptitud para vender quimeras junto a la no menos importante cualidad de poder seducir o aniquilar a los inconformes, han marcado la historia con pasos tan firmes que los acontecimientos más importantes de ésta, están sintetizados en un nombre, en figuras paradigmáticas que no se pueden soslayar.

Sin duda estos personajes no siempre fueron justos, pero las más de las veces estaban asistidos por convicciones que le permitían incursionar en los predios de la muerte y sobrevivir, con la energía suficiente para imponer sus criterios.

La inteligencia y lucidez junto a la capacidad de riesgo eran el sostén de su propósito. Poseían vocación de sacrificio, contaba con una férrea disciplina y una fe tan profunda en alcanzar la meta que seducían a sus seguidores de tal forma que eran capaces de entregar la vida por el ideal que el conductor decía interpretar.

Algunos se preguntaran el motivo de estas reflexiones, y es porque se aprecia que los valores éticos que inculcaron padres y maestros del pasado, están en una bancarrota tan aguda que las personalidades excepcionales de las últimas generaciones orientan sus cualidades a la consecución de sus propósitos personales sin o mínima preocupación, por el bienestar de su comunidad.

La indiferencia, y a veces hasta la repulsa ante el sacrificio de Abel, es más frecuente en estos tiempos que en ningún otro del pasado.

Aparentemente la última generación que fue capaz de concretar una voluntad de cambio sobre expectativas idealistas y en una dimensión mundial, fue la que directa o indirectamente participó, antes o después en lo que sintetizó Mayo del 68.

Aquellos jóvenes en una conjunción inexplicable de anhelos y propósitos y como obedeciendo un mandato telúrico que convocaba al cambio, propugnaron la renovación de los valores éticos, el replanteo de la sociedad y exigió el respeto a su individualidad y el uso sin restricciones de sus derechos.

Paradójicamente en aquellos tiempos donde apenas se expresó la juventud fue en los predios del totalitarismo, por lo que es conveniente preguntarse, ¿El proceso de desarrollo económico acelerado, tendrá los mismos resultados de domesticación del hombre que el totalitarismo?

Sin embargo es mejor que no haya necesidad de héroes. Es preferible una sociedad justa y equilibrada, donde los derechos de todos estén garantizados, sin tener que recurrir a gestas que traumaticen al individuo.

Pero también como se ha demostrado que los extremos son negativos, hay que estar alerta en que un civismo de pragmatismo ramplón, no genere en el futuro un hombre nuevo que tenga como único objetivo la satisfacción exclusiva de sus propósitos, mientras cancela sus compromisos con la tribu.

Gobernar, gobernar, divino tesoro

En una conocida serie de televisión el personaje principal, Francis Underwood, un político ambicioso y sin escrúpulos, hace un comentario sobre el poder y la riqueza, en el que afirma que es más importante tener poder que poseer una gran fortuna, una condición que caracteriza a muchas personas, particularmente los políticos, que consideran la autoridad como el componente más importante de su existencia.

Por supuesto que el sueño de gobernar indefinidamente no es potestativo de los caudillos latinoamericanos, aunque contamos en este hemisferio con Fidel Castro, el dictador que por más años ha detentado el poder, un déspota que directa o indirectamente ha impuesto su voluntad en Cuba por 57 años, pero Castro, Augusto Pinochet o Rafael Leónidas Trujillo, algunos de sus émulos más notorios, no son objetos de esta columna.

El propósito es presentar a los líderes políticos que utilizan los mecanismos democráticos para acceder al gobierno y cuando lo asumen, procuran legitimar la extensión de sus mandatos reformando la constitución nacional.

El ejemplo más próximo en el tiempo es la intentona frustrada de Evo Morales de eternizarse en la presidencia de Bolivia. Electo presidente en el 2005, volvió a postularse en el 2009 en el marco del concepto de refundación nacional, en el 2015 repitió y ganó, pero no satisfecha su ambición de poder, intento este año una reforma constitucional con vistas a un cuarto mandato, cosechando un rotundo fracaso.

El más connotado de estos caudillos de urnas fue Hugo Chávez Fría. Su primera elección fue en 1998, la constitución que promovió, confeccionada a su medida, le permitió postularse en el 2000, 2006 y 2012, este último mandato interrumpido por su muerte, pero se puede afirmar que de estar vivo, estaría preparando una nueva candidatura a la presidencia.

Otro embaucador de oficio es Daniel Ortega, el gobernante que más poder ha acumulado en la historia de Nicaragua, por encima de los Somoza.

Lideró un gobierno de facto por seis años, posteriormente fue electo presidente en 1985, perdiendo las elecciones de 1990, pero como no estaba saciado de poder, se postuló en 1996 y 2001, hasta ganar en el 2006 y 2011. Ortega reformó la constitución en el 2014, estableciéndose la reelección presidencial indefinida, lo que le convierte en el candidato ideal en los comicios de este año.

Rafael Correa es otro autócrata que gusta del juego de refundar naciones.

El ecuatoriano fue electo por primera vez en el 2006, pero siguiendo el patrón de sus pares del despotismo electoral, promovió una nueva constitución que le permitió una segunda elección que extendió su mandato, 2009, para volver a postularse en el 2013, gestando otra reforma constitucional que le permite la reelección indefinida, 2015, aunque el mandatario afirma que no se postulará en los sufragios del próximo año.

Por supuesto que los caudillos del Socialismo del Siglo XXI no son los únicos que gustan del poder hasta el hastió.

Hay líderes demócratas que se consideran mejor capacitados para gobernar que el resto de sus nacionales.

Hay líderes democráticos en los que algunos analistas aprecian intenciones de conservar el poder, Juan Manuel Santos, Colombia, la mandataria chilena Michelle Bachelet, la brasileña Dilma Rousseff y la argentina, Cristina Fernández, pero han demostrado que respetan las leyes, al no intentar cambiarlas para su conveniencia.

Hay otros que amenazan con regresar destacándose entre ellos Luis Inacio Lula da Silva, el caudillo del PT que gobernó a Brasil por dos periodos, apoyó a su sustituta Rousseff, con el fin de que la mandataria le respaldara en un eventual retorno, una situación que no parece fácil si se consideran los escándalos por corrupción en los que se encuentra envuelto su Partido y que la propia mandataria haya declarado que Lula da Silva, es "objeto de una gran injusticia", consecuencia de las denuncias en su contra por supuesto blanqueo de dinero y ocultación de patrimonio.

Hay quienes afirman que algunos políticos son adictos al poder y dependen tanto de su ejercicio, que no usufructuarlo les produce grandes trastornos emocionales y de salud, condición que les motiva a retenerlo o reconquistarlo cuando lo pierden.

A fin de cuentas, como diría uno de los muchos abogados de los demonios que están dentro de todos, hay que aceptar que ellos tienen responsabilidad porque sus ambiciones ilimitadas tienden a generar ingobernabilidad y caos, pero los verdaderos culpables son sus electores, quienes haciendo uso del privilegio ciudadano, empiedran las avenidas por la que los autócratas con respaldo popular, sepultan el estado de derecho.

Hispanidad

El hispanoamericanismo liberal debe ser criba de valores y también, en las partes enfermas, escalpelo y cauterio.

Luis Araquistaín. El Sol.1927

En ciertos sectores sociales y en particular en varios medios informativos, se escucha o lee con frecuencia el término hispano o latino. El uso del primero es relativamente reciente, porque se afirma que surgió en los años 20 del siglo pasado, para identificar a las personas que hablan español y cuya cultura se origina en el país ibérico.

Sin dudas es Estados Unidos el país donde más se usan esos términos como parte fundamental de un esfuerzo de un sector de la sociedad que legítimamente pretende identificar una minoría que procede de diferentes países y que a pesar de las razonables diferencias regionales, tienen mas factores en común, particularmente el idioma, que elementos que sean contrarios a una identidad común.

No obstante, no se puede pasar por alto que en los tiempos de las grandes inmigraciones europeas, los sociólogos estadounidenses de la época no identificaban a los irlandeses, italianos y alemanes, unos pocos ejemplos, como europeos, quizás la excepción fueron los judíos, porque aunque procedían de diferentes países, tenían el denominador común de una religión.

Tal vez el que no se produjera una identificación a esos grupos migratorios radicó, entre otros factores, en que los grandes núcleos de esas poblaciones se asentaban en áreas muy especificas y que el limitado desarrollo de las comunicaciones y del transporte dificultaban la identificación de intereses comunes, situación que la globalización, las redes sociales y la profundización del estado de derecho han facilitado, posibilitando el fortalecimiento de la influencia hispana.

A diferencia de otras emigraciones, los hispanos se han diseminado por todos el país y aunque algunas nacionalidades que integran la precaria definición tienen mas inclinación a asentarse en una región que otra, su presencia es nacional y su influencia de igual condición, lo que tal vez ha motivado una especie de hispano centrismo en algunas personalidades, organizaciones no gubernamentales y hasta en entidades comerciales, particularmente medios de comunicación, que se han sumado al coro quizás por algo de altruismo, pero también como una práctica de mercado de la que esperan beneficios.

Pero la prudencia cuando se promueve una causa es conveniente, porque se disminuyen los pretextos de los potenciales o reales enemigos que la puedan afrontar.

Los que promueven la hispanidad, religiosos, políticos o comunicadores sociales deberían ser mas cuidadosos al exponer sus puntos de vistas, ya que en ocasiones sus críticas a este país son tan absolutas e incluyentes que algunos podrían ver un toque de racismo en ellas.

Es importante, trascendente, defender las raíces de la nación de que la se procede pero sin caer en chauvinismo, sin asumir la concepción de que tenemos privilegios por el simple hecho de formar parte de una cultura o una etnia y esa es lamentablemente la opinión que generan algunos promotores de la hispanidad, al extremo que dan la impresión de que están convencidos que sus iguales han bendecido a este país con su presencia.

Los problemas de un ciudadano en cualquier país, ya sea por nacimiento o adquirida la ciudadanía, son comunes: Trabajo, educación, vivienda, salud y el respeto a sus derechos por parte de las autoridades, pero ningún grupo o sector, debe disfrutar de privilegios que vayan en detrimento de una parte de la sociedad.

Los hispanos y en consecuencia la hispanidad han ido adquiriendo en este país una particular importancia, entre otros factores porque su creciente presencia les convierte en objetivo de cualquier político y porque según aumenta su número, aun cuando no pueda participar en las elecciones, son un mercado de consumo que ninguna empresa de servicios o producción puede atreverse a descuidar.

Pero esa creciente influencia también puede ser objetivo de demagogos presentes en la política, los medios o la academia, que pueden transformar la hispanidad en un etnocentrismo que afecte los progresos alcanzados y que nos segregue de la comunidad nacional.

Es chocante escuchar una noticia en la que el presentador menciona las bajas ocasionadas por un ataque terrorista y señala, "murieron tres soldados, entre ellos un hispano", otra que refiere, "cuatro hispanos fueron heridos en Coconut Grove" o a una presentadora que durante un programa de variedades le pregunta a su colega si entre los seleccionados masculinos en un certamen, había algún hispano.

Ser huésped y más cuando no se ha sido invitado, implica respetar las reglas del dueño de la casa. Hay que estar dispuesto a formar parte del país que hemos elegido, lo que no implica perder la identidad propia.

Llegar a un lugar al que se arriba por propia decisión y demonizarlo, es absurdo e injusto, y todavía lo es más cuando se tiene la posibilidad de retornar a la casa propia.

Impunidad y justicia

Los crímenes de sangre y el resto de violaciones a los derechos humanos en las que incurren muchos gobernantes, en particular las dictaduras, no deben quedar impunes, pero se aprecia que hay una mayor inclinación entre los sectores identificados con el marxismo o los asociados a la denominada izquierda política, de procesar a quienes violentaron los derechos ciudadanos.

Antes de profundizar más en un asunto tan delicado, vale la pena destacar que en la mayoría de los países del extinto bloque soviético, sometidos a la dictadura del socialismo real que se caracterizó por cometer millones de asesinatos, encarcelamientos masivos y violaciones constantes y sistemáticas a los derechos humanos, los procesos judiciales han sido pocos y los que concluyeron en condenas menos.

La muerte de Nicolás y Elena Ceasescu, fueron casos de excepción en las ruinas del extinto bloque soviético. La mayoría de los jerarcas de esos países y sus secuaces gozaron, y los que aún viven, continúan disfrutando, de una absoluta impunidad y no pocos de los bienes que se apropiaron cuando ejercieron el poder.

En los países de Europa Oriental el fin de los gobiernos no fue la labor de una resistencia organizada, fue consecuencia del desgaste del modelo que promovían sus gobernantes, paradójicamente en los países del cono sur, en los que por varios años imperaron dictaduras militares, la democracia no llegó por la victoria de quienes luchaban en contra, sino también por consunción, las dictadura militares se agotaron en sí mismas y no les quedó otra alternativa que procurar una salida a la situación que enfrentaban como gobierno.

No obstante hay que mencionar que las dictaduras militares sudamericanas enfrentaron una cruenta resistencia, como en sus primeros años la
resistieron el gobierno soviético y sus satélites.

Las fuerzas insurgentes —muchas de ellas no luchaban por el retorno de
la democracia, eran satélites de la dictadura totalitaria cubana y buscaban
implantar en sus países regímenes similares al de la isla— que enfrentaron
las dictaduras militares a pesar de sus esfuerzos y las muchas bajas que sufrieron, nunca tuvieron la posibilidad de hacer colapsar las autocracias que
combatían aunque los mandos unipersonales o colegiados, como la Junta
Militar Argentina, Augusto Pinochet en Chile y los regímenes de fuerza de
Uruguay y Brasil, tampoco pudieron eliminar por completo los focos de
resistencia armada.

Hubo una excepción entre los grupos insurgentes. El Frente Sandinista
de Liberación Nacional de Nicaragua, aunque es conveniente aclarar que la
caída de Anastasio Somoza fue consecuencia del aislamiento de su régimen,
más que por el esfuerzo de los guerrilleros y en particular, porque Estados
Unidos le retiró su respaldo al dictador cuando le pidió dejara el poder.

La realidad fue que las dictaduras militares fueron haciendo conciencia
de su impopularidad como consecuencia de los abusos en los que incurrían y decidieron convocar a elecciones. Los resultados les fueron adver-
sos, pero para sorpresa, los respetaron.

Por otra parte, aunque se liberaron de regímenes de oprobio, es interesante comparar la apatía de los ciudadanos de las repúblicas populares europeas en promover procesos judiciales contra jerarcas y sicarios en desgracia,
con la dedicación infatigables que muestran ciertos sectores en América
Latina por procesar y condenar a los militares que usurparon el poder en
el hemisferio y que durante su mandato cometieron numerosos crímenes.

Concluidas las dictaduras militares diferentes sectores que habían padecido la opresión y que se estrenaban en democracia, consideraron la
necesidad de formar instituciones orientadas a depurar responsabilidades
por lo ocurrido en el país y si las circunstancias lo determinaban, procesar
a los culpables, una acción valida porque la impunidad y la mala memoria
son las simientes para repetir los errores del pasado.

Las organizaciones fueron desnaturalizadas porque las dirigieron a
denunciar exclusivamente los crímenes del oficialismo desplazado, propiciar el enjuiciamiento de sus jerarcas y sicarios, a la vez que se ignoraba

conscientemente el terrorismo y las depredaciones cometidas por la insurgencia durante el proceso insurreccional.

A estos sectores, en su mayoría independientes, se sumaron extremistas, que más que justicia buscaban venganza. Entre ellos destacaban dirigentes y militantes de los movimientos insurreccionales, que durante la insurgencia cometieron atentados, secuestros, asesinatos y practicaron una violencia extrema muy similar a la de los regímenes que combatían.

En la búsqueda de la justicia debe primar la imparcialidad. No debe haber crímenes que se puedan justificar porque la víctima fue en su momento un victimario y tampoco se pueden obviar las víctimas inocentes que puedan causar las acciones de los contrincantes, los resultados de un suceso deben ser evaluados sin entrar en consideración las causas que lo motivaron.

El abuso de poder o el uso de la fuerza, si va a ser enjuiciado y en consecuencia sancionado, no debería responder a ideología o a la voluntad de los vencedores, solo a la Justicia para así lograr el fin de la impunidad que disfrutan los vencedores.

La abstención electoral

La ausencia de votantes en los comicios es una muestra de fatiga y desencanto de parte de los electores, en particular por las frustraciones que causan en el ciudadano la corrupción de las prácticas electorales, pero el individuo que está consciente de sus derechos y deberes, no debe usar como pretexto esa penosa realidad para faltar a un ejercicio clave de la democracia.

Cierto que hay manipulación, malos manejos y hasta corrupción en el ejercicio electoral, pero tener la capacidad para seleccionar a quienes nos van a representar y en consecuencia actúen en nuestro nombre, es un deber intransferible que todos debemos ejercitar, porque remedando a Winston Churchill, de todas las formas posibles, la democracia es la mejor.

El acto de votar cuando se efectúa en un marco de pluralismo político, en secreto, en un ambiente de completa transparencia y libre de coacción, es a pesar de sus defectos, el mejor método para elegir a los gobernantes.

Muchos ciudadanos cuando llega el periodo electoral enfrentan el dilema de si hacen o no uso de su derecho al voto por el malestar que causan los malos manejos de un número importante de funcionarios públicos, pero es una sensación a vencer que debe obligar a estar más pendientes de lo que acontece y saber más sobre las opciones que se tienen para elegir.

El elector debe informarse. Conocer los valores de los aspirantes. Sus relaciones sociales. Su posición económica y su trayectoria pública. Quiénes son sus asociados, publicistas, asistentes y promotores, esas son huellas que pueden ayudar a elegir.

Un candidato sin vida pública que de pronto salta al escenario político debe llamar la atención de aquellos a los que está pidiendo apoyo. No es que una larga vida en la gestión gubernamental garantice probidad y eficiencia, pero es llamativo que un individuo en la madurez se ofrezca a resolver los problemas de la sociedad cuando la mayor parte de su vida no ha mostrado interés por los mismos.

Hay quienes consideran que se curan en salud por no participar, pero el caso es que el ganador va a representarle más allá de su voluntad y con certeza, para bien o para mal, serán afectados por las decisiones de los que concurrieron a la justa electoral y la actuación de los elegidos.

Por otra parte están quienes hacen ejercicio de su derecho de forma irresponsable porque votan por quienes representan su etnia, nacionalidad o religión, sin reparar en las virtudes, defectos, antecedentes y capacidad de los candidatos, lo que confiere al elegido la certidumbre de que haga lo que haga, siempre contará, con independencia de su gestión, con el voto cautivo de una masa de electores.

La apariencia física, el sexo o el recurrido carisma, no deben ser factores en el sufragio. La atracción irracional que puede ejercer un candidato sobre sus electores puede resultar fatal si el individuo no tiene las condiciones para la posición que fue escogido.

Si la selección de un funcionario electo es exclusiva responsabilidad de los electores, participen o no en los comicios, la actuación del político en funciones debe regirse exclusivamente por los intereses de la comunidad que representa y actuar en el marco de los valores y normas de la sociedad nacional.

Pero por desgracia no ha sido así, ya que la conducta de la mayoría de los políticos responde a los intereses de los grupos especiales, sectores que procuran legislaciones o decisiones que favorezcan sus intereses, y no a favor de los requerimientos de sus electores.

Cierto que un político no puede hacer milagros y resolver problemas cuando no se cuentan con recursos para ello, pero el ejercicio de sus obligaciones le debe conducir a una gestión equilibrada en que la comunidad que representa sea la mayor beneficiada.

Cuando el político trabaja en base a las demandas y requerimiento de los intereses especiales por encima de las necesidades y problemas de sus electores, está faltando gravemente a sus obligaciones, un aspecto más del cual los electores deben estar informados, en particular cuando el funcionario está buscando su reelección.

Una maquinaria electoral eficiente es importante para que un candidato vea realizada sus aspiraciones, pero si esa maquinaria no actúa con transparencia, es imposible que el candidato sea honesto y pueda representar a cabalidad los intereses de sus electores.

Los malos políticos pueden frustrar a los votantes y alejarlos del ejercicio del voto, pero son los electores en una democracia los que escogen los malos políticos.

La decadencia ciudadana

En la historia se aprecian numerosos ejemplos de filantropía. Personalidades y organizaciones dispuestas a ayudar al prójimo. Mecenas que apoyan a creadores e investigadores nunca han faltado, pero con seguridad nunca antes en el pasado, la solidaridad humana ha sido más efectiva y globalizada que en el presente.

No obstante hay que reconocer que en esas gestiones ciudadanas nunca han faltado depredadores, individuos que de las donaciones recibidas se asignan salarios y beneficios que serian mejor utilizados en los necesitados para los que dicen trabajar.

Quizás sean estos los tiempos de más y mejores misioneros. Hombres y mujeres que con desinterés extremo arriesgan sus vidas y salud para ayudar a quienes sufren de una indefensión absoluta, otros que promueven creencias religiosas que llaman al amor y la compresión, nunca a la violencia, pero que también asisten en sus problemas a los necesitados.

Mientras unos derrochan bondad, no faltan quienes son devorados por la codicia, la indolencia, despreocupación, y complicidad. Se sumergen en una corrupción que corroen los factores básicos de convivencia, al extremo, que terminan sembrando en la mayoría ciudadana la desconfianza, la duda de que existan personas dignas, capaces de sacrificarse por los demás.

Estos ladrones de mensaje e imagen, son tan viles como un pederasta que roba y destruye la inocencia de los niños. Su actitud conduce a un ambiente de sálvese quien pueda, en el que sobrevivirían los más despiadados prototipos de la especie humana.

El crimen, la corrupción, fraude, difamación, en individuos comunes al igual que en profesionales, y los políticos inepto y ladrones, no son creaciones del siglo XXI, lo que sucede que cada día se aprecia menos sanción moral y judicial para quienes delinquen, lo que incentiva una mayor presencia en la sociedad de individuos que al romper las reglas de convivencia, dejan sin salida y menos oportunidades, a quienes no hacen a los demás lo que no quieren que les hagan a ellos.

Hace varias semanas en un programa de televisión del periodista Daniel Torres uno de sus invitados comentaba la necesidad de que en las escuelas se impartieran normas cívicas y de urbanidad, se rememorara con más frecuencia la conducta de hombres y mujeres del pasado que sin ser perfectos, fueron capaces de tomar decisiones favorables a la comunidad, aunque resultaran perjudicados por las mismas.

Un tercer invitado, comentó que no era suficiente, que en Cuba, antes de 1959, se impartían esas clases, se rendía culto a la memoria de los patricios y que eso no fue un impedimento para que multitudes recorrieran las calles alabando a un nuevo tirano, algo similar ocurrió en Venezuela cuando el pueblo votó a favor de un militar golpistas.

Otro ejemplo es Estados Unidos, la democracia más importante del mundo, hay dos candidatos que ofrecen la luna a sus electores y a pesar de esas promesas imposibles cuentan con muchos seguidores que les compran el cuento, lamentablemente, son ejemplos que se repiten hasta el agotamiento y son consecuencia de la apatía ciudadana o del creciente cinismo, en el que dejar hacer, mientras los privilegios personales no estén amenazados, es una especia de pandemia.

La realidad es que ante la crisis estructural de valores y normas de armonía que alteran negativamente la convivencia entre los ciudadanos es necesario cuestionarse, siempre rechazando el concepto de la debida obediencia, a la autoridad cuando esta dispone actuar contrario a la conciencia, ¿que está fallando? , por qué cada día interesa menos el destino de los otros.

Es evidente que hay un serio problema, viejo, como la humanidad misma. El debate entre el bien y el mal está en todas las rutas del hombre, cumplir con la conciencia social —hay quien no la tienen— o satisfacer los intereses personales antes que cualquier otra opción, es un conflicto añejo, es una interrogante que trasciende las escrituras.

Lo particular de este periodo de la historia de la humanidad es que nunca antes habían existido mas ciudadanos que en el presente. Eso significa más personas con capacidad para acceder a información, tomar decisiones, defender sus derechos y prerrogativas, influenciar sobre quienes le gobiernan o dirigen, pero también, recursos para los poderosos sin escrúpulos puedan más eficientemente controlar, amenazar, encerrar y hasta matar a quienes le contraríen.

Esa realidad junto al mayor nivel de información y a la posibilidad de difundir conceptos y propuestas, también de tergiversar y difamar se complejizan las relaciones humanas a niveles sin precedentes con consecuencias impredecibles. El hombre se está jugando una baza en la que actúa como ciudadanos conscientes, o se prepara para ser tiranizado de una forma sin precedentes.

La guerra primero, política después

En las propuestas y operaciones políticas más tolerantes y plurales, sub-yacen, en ocasiones explícitamente, ciertas expresiones de violencia que a veces se concretan generando un ambiente de confrontación que puede derivar en cruentos conflictos, situación en la que es aplicable la expresión de Carl von Clausewitz, de que "la guerra es la continuación de la política por otros medios".

Por suerte, para beneficio del ciudadano y la comunidad, la mayoría de quienes incursionan en la gestión pública son partidarias del debate de ideas y propuestas. Rechazan cualquier manifestación de violencia más allá de las pasiones que genera la controversia, y son partidarias de la concilia-ción por medio del dialogo y las negociaciones.

Sin embargo, no faltan quienes piensan de forma opuesta al filósofo mi-litar alemán al considerar que la política es una forma de hacer la guerra, en la que el vencedor tiene la potestad de imponer su voluntad y proceder de acuerdo a su exclusivo beneficio y el de sus partidarios.

En ocasiones la porfía puede ser muy acre, amarga y punzante, sin embargo, cuando termina la lid, las partes que participaron en la discu-sión tienden a buscar puntos de encuentros y conciliación, lo que algunos llaman cultura democrática, no obstante, esa convivencia puede resultar afectada, cuando los candidatos recurren a la violencia verbal, la descalifi-cación y amenaza a sus rivales.

Ningún país, por sólidas que sean sus instituciones cívicas, está exento de estos individuos que piensan que la gestión pública es un campo de batalla, en la que el uso de cualquier arma está justificado. Para ellos, la violencia, es el único medio efectivo para hacer avanzar sus proyectos.

Su vía hacia el gobierno es la confrontación. No consideran otra alternativa, aunque en el país que operen, existan oportunidades de influenciar en la sociedad de forma pacífica y cambiar el gobierno a través del voto.

La actuación de Hugo Chávez en Venezuela testimonia como aun en las sociedades democráticas surgen caudillos que prefieren imponer su voluntad por la fuerza. Chávez apeló a las elecciones al fracasar el golpe militar que comandó, al igual que Evo Morales en Bolivia, que acudió a la generación del caos social para presentarse como única alternativa de gobernabilidad.

Estos mandatarios por su práctica mostraron ser enemigos de las instituciones democráticas, con el agravante, que cuando tomaron el poder, corrompieron la conciencia del elector con propuestas demagógicas que devastan los progresos cívicos alcanzados.

Se pueden poner otros ejemplos de individuos que entienden la violencia como medio y fin, pero hay que reconocer que actuaron en escenarios diferentes. Daniel Ortega y Fidel Castro enfrentaron gobiernos de factos en sus respectivos países. Consideraron que no había otra alternativa para lograr cambios de gobierno, lo que sucede, es que cuando arribaron al poder, se sentaron sobre las bayonetas para mantener e incrementar sus privilegios.

Pero sin dudas la más acabada interpretación de que la confrontación bélica es el contenido y el discurso y la gestión política un recurso de la guerra, donde mejor se ha manifestado en el continente es en Colombia, donde han operado por décadas grupos irregulares que han recurrido a la lucha armada como instrumento principal para concretar sus intenciones, no teniendo reparos en usar el terrorismo y el narcotráfico con ese objetivo.

Estas facciones no han tenido en cuenta que Colombia no está controlada por una dictadura que oprime y conculca los derechos individuales y sociales. Deciden ignorar que en el país cohabitan distintas expresiones ideológicas y políticas, que la variabilidad democrática es una realidad y, en consecuencia, el ciudadano tiene la capacidad de elegir a sus gobernantes, una condición que inválida moralmente el uso de la fuerza para cambiar o alterar los instrumentos del poder.

Sin embargo, en nombre de la paz y la reconciliación, el gobierno de Colombia decide actuar políticamente con el Ejército de Liberación Nacional y las Fuerzas Armadas Revolucionarias de Colombia, facciones que piensan la guerra como única alternativa para la toma del poder, legitimando a grupos que escogieron la extorsión, el secuestro, y el asesinato, porque desprecian a un electorado con derechos.

Esta realidad convierte al ELN y a las FARC en paradigmas a imitar por aquellos que consideran que la guerra es la esencia de la política, que los países deben ser gobernados como cuarteles y los ciudadanos tratados como legionarios, condición que se acentúa cuando las autoridades le otorgan a quienes no tienen posibilidades de alcanzar el poder por medio del voto, tampoco lo consiguieron con las armas, los laureles de la victoria.

La luna por escalera

Las propuestas populistas en América Latina están enfrentando una seria crisis por los altos niveles de corrupción de quienes las han interpretado y los múltiples fracasos de sus líderes, que han pretendido gobernar como si estuvieran asistidos por una vara mágica capaz de resolver todos los problemas.

Cierto que la derrota de los partidarios de Cristina Fernández en Argentina, los escándalos por corrupción en el Partido de los Trabajadores de Brasil con su gurú Luis Inacio da Lula da Silva a la cabeza y la baja popularidad de Evo Morales, evidencian la crisis del populismo, no obstante, afirmar que esa serpiente ha sido decapitada, es incurrir en una ingenuidad extrema.

Los demagogos tienen todavía futuro en el hemisferio, no solo porque el continente es pródigo en gestarlos, también, porque el nivel de frustración y desencanto de la ciudadanía es caldo de cultivo para que esos personajes puedan acceder al gobierno sin necesidad de recurrir a la fuerza como intentaron en la segunda mitad del pasado siglo.

No es prudente garantizar que los fracasos del presente aseguran su final. Cuando la Unión Soviética se desintegró y se esfumaron las mal llamadas repúblicas democrática, a excepción de Corea del Norte y Cuba, muchos se convencieron que el marxismo y todo lo que se nutre de esa utopía desaparecerían del escenario político.

No fue así, se reinventaron, su increíble capacidad de metamorfosis hizo posible que sobrevivieran en diferentes países del mundo, con particularidad en América Latina, donde el Foro de Sao Paulo, un engendró de Fidel Castro y Lula da Silva, ha sido la mejor herramienta a disposición de los enemigos de la democracia después de la desaparición del poder soviético.

El Foro funciona en base a los factores que unen a sus integrantes, gobiernos y organizaciones. Identifican objetivos comunes y en base a esa consideración actúan. Son efectivos en sus prácticas solidarias y tienen capacidad y disposición para desestabilizar a sus enemigos y hasta sus adversarios, si las circunstancias lo demandan.

Nunca renuncian a sus aliados ideológicos. No importan errores o abusos, su divisa clave es la unidad, como se aprecia en una reciente declaración de 60 agrupaciones miembros del Foro en la que expresan un respaldo irrestricto al despotismo de Nicolás Maduro, rechazo a las actividades de la Organización de Estados Americanos en relación a Venezuela y su soporte a la suspendida presidenta de Brasil, Dilma Rousseff.

Sus integrantes, en el gobierno o la oposición se conducen en base a intereses compartidos, pero evidentemente son más efectivos en la oposición que en el gobierno.

El Foro de Sao Paulo tuvo su XXII Encuentro, en El Salvador. El presidente Salvador Sánchez Cerén, antiguo guerrillero comunista del Frente Farabundo Martí para la Liberación Nacional, inauguró el evento, todavía más, consecuente con los postulados y estrategia de esa entidad, calificó a todos los que rechazan las propuestas de la agrupación de golpistas y reiteró lo provechoso de las fórmulas política que promueve la organización.

Desde su constitución los dirigentes asumieron la necesidad de crear líderes políticos. Aprobaron estrictas normas para el funcionamiento de la organización. Montaron una red de Fundaciones, Escuelas y Centros de Capacitación en los que formarían ideológicamente a sus militantes.

El Foro tal y como ha acordado en este encuentro tendrán que buscar nuevos paradigmas, porque evidentemente la Escuela de Formación Política ha sido incapaz de crear dirigentes con la voluntad suficiente para evitar "desviaciones", entiéndase corrupción, como califica uno de los profesores de dicha academia.

Este encuentro es particularmente importante si la entidad aspira a seguir siendo un factor clave en la política latinoamericana. Algunos de sus miembros han confirmado tener habilidad y entereza para alcanzar el poder, pero cuando lo han conquistado, han demostrado ser más ineficientes que los gobernantes que han sustituido y estar más corrompidos que sus predecesores.

No obstante los escándalos de corrupción que han caracterizado a los gobiernos del Foro, no extingue el favor de quienes quieren soñar o viven en la ciénaga del resentimiento. Es preciso trabajar contra lo que significa el engendro de Castro y Lula, pero también contra las condiciones que hacen posible que todavía haya tontos que creen que a la luna se llega por una escalera.

La manipulación de la confianza

No es frecuente que líderes y gobernantes sean reconocidos popularmente por su primer nombre ya que esto significa, de cierta manera, una identificación muy especial entre el líder y la masa que tiende a facilitar la conducción, y hasta manipulación, por parte del primero, del pueblo que dirige.

Los líderes que logran este tipo de relación personal, de la que a veces no pueden sustraerse ni sus propios enemigos, son casos raros en la historia pero es fácil apreciar que ese trato íntimo y de cierta forma personalizado de quien es en realidad un extraño, ejerce una influencia y control sobre el hombre común del cual le es muy difícil sustraerse.

Los pueblos siempre se han inclinado a tratar a sus dioses y héroes de "tu" porque tal vez esta sea una forma de endulzar los miedos ante jueces poderosos y ganar indulgencia a través del tuteo que solo confiere la confianza.

Los dioses y héroes mitológicos, a pesar de ser implacables, fueron los primeros en estimular la intimidad y el compadreo con sus súbditos, porque al parecer fueron también los pioneros en poner en práctica el criterio de que la mejor manera de mantener el control sobre el pueblo está en una dosis apropiada de garrote y zanahoria y en hacerle creer al individuo y su multiplicación (la masa), de que ellos solo actuaban por la voluntad de quienes les adoraban.

Con el monoteísmo no se extinguió la relativa intimidad entre Dios y el Hombre y a pesar del respeto y temor que inspiraba tan grandes poderes el "tú" mantuvo su vigencia en la relación del individuo con lo divino

Más tarde los sacerdotes, sin importar signo, estimularon una práctica similar en la feligresía. Mientras mayor es el rango, es más común que se hagan llamar por el primer nombre y hasta en algunos casos asumen nuevos apelativos, perdiendo toda importancia el apellido.

La realeza, en particular los monarcas, como una forma de intimar el control a través de la familiaridad y sublimar así la autoridad sobre sus súbditos y, quizás también, en un intento de ser tan omnipresente como los Dioses ya que supuestamente su poder devenía de éstos, estimularon el mismo trato dejando para la plebe y su corte el uso de los apellidos para que éstos les ennobleciera en alguna medida.

Si el absolutismo divino o monárquico, auspició y estimuló la propagación de tal forma de identificación, los totalitarismos ideológicos la promovieron aún más, enriqueciéndola con tesis igualitaristas y estableciendo la creencia de que todos participaban en las decisiones y que cualquiera, solo por medio de la fe, la disciplina y el sacrificio personal, podía acceder al liderazgo principal.

Paradójicamente los totalitarismos ideológicos tienden a parecerse a las estructuras eclesiales a pesar de su afán por destruirlas. En muchas ocasiones asumen sus métodos para construir el nuevo orden creando entre otras condiciones un sistema de beatificación en el que el nombre del máximo líder se vulgariza hasta el tuteo.

En las sociedades abiertas la presencia de líderes carismáticos es menos factible y su autoridad, por grande que sea la popularidad de que disfrutan, tiende a ser más reducida. Las condiciones de un estado de derecho impiden que el dirigente pueda asumir un control pleno de la sociedad y en consecuencia del individuo.

En una comunidad libre el ciudadano tiene acceso a informaciones sobre los errores y deficiencia de sus regentes, por lo que aún en sus momentos más estelares, este puede ser retado y sustituido.

Paradójicamente los regímenes totalitarios estructurados no son proclives a crear líderes carismáticos. Cuando acceden al poder y asumen el control de todos los mecanismos del estado, su sustentación está fundamentada en una burocracia Partido-Estado en el que la mediocridad generalizada es un factor clave para no alterar el equilibrio del conjunto.

No obstante han sido líderes de un gran carisma los que al hacer simbiosis con el "proyecto" que personalizan han podido imponer el tipo de sociedad que propugnan. Ejemplos históricos son Lenin, Mao, Tito, Hitler, Mussolini, Perón y Fidel entre otros.

En una sociedad totalitaria es una aberración compartir el mando, de ahí parten las confrontaciones entre el poder político y cualquier otra manifestación de autoridad que tienda a menoscabar sus prerrogativas. Los

dogmatismo políticos son prácticamente gemelos univitelinos de los fundamentalismos religiosos y no admiten que sus súbditos rindan obediencia
y/o sumisión a otras jerarquías

La ruptura de la dependencia del individuo del "Mesías", solo es posible
cuando el ciudadano toma conciencia de sus propios derechos y privilegios
y desecha el "tú" paternalista, político o fundamentalista, y regresa al UD.,
por medio del cual demuestra que exige respeto a su dignidad y soberanía
personal.

La prensa y el Socialismo del Siglo XXI

El enfrentamiento que ha tenido lugar en Argentina entre el poderoso Grupo Clarín y la presidenta Cristina Fernández, es parte de la ancestral confrontación entre el poder político y los medios de información, situación que varía según las convicciones y prácticas de gobiernos y políticos.

Si el gobierno tiene un barniz democrático recurrirá al chantaje económico en la distribución de las pautas publicitarias, suspenderá las garantías constitucionales para imponer la censura, o recurrirá a otras formas legales que le permitan intimidar hasta lograr su propósito de limitar las libertades de información y expresión.

Los gobiernos de fuerza son menos sofisticados. Las dictaduras censuran abiertamente los medios o los cierran. El totalitarismo los confisca y en consecuencia la prensa pasa a formar parte de la maquinaria del estado.

Por supuesto que la prisión, el asesinato o desaparición, fórmulas que todavía practican algunos gobiernos y grupos criminales, es parte del arsenal de los enemigos de la libertad sin que importen ideologías, aunque los resultados de estos recursos extremos son temporales, porque nunca faltan periodistas dispuestos a enfrentar a los autócratas, lo que ha demostrado que controlar los medios es más efectivo.

En base a esta realidad hay que admitir que los depredadores de la libertad de expresión del Siglo XXI que han arribado al poder como consecuencia del despotismo electoral han sido más creativos, porque han recurrido a fórmulas que encubren su propósito de establecer progresivamente un control absoluto sobre los medios de información, en consecuencia la censura como tal no existe, porque se procura que no se publique información alguna que pueda ser contraria a los intereses del régimen.

El primer paso de estos gobernantes es demonizar a la prensa que les adversa. Ataques verbales en su contra. Polarizar la sociedad, mientras intimidan y dañan la credibilidad de los rivales y adversarios.

Presentarse como víctimas de los medios de comunicación a la vez que los responsabilizan de todos los males de la sociedad, es parte del proceso. Otra es recurrir a constantes cadenas radiotelevisivas para trasmitir un mensaje divisivo, que sirve para adoctrinar y fortalecer a sus partidarios.

Un tiempo después, como si fuera parte de un manual, tienen sus propios programas de radio y televisión y fortalecen los medios públicos que históricamente han sido propiedad del estado o crean nuevas entidades como ha hecho Daniel Ortega en Nicaragua, que junto a su familia posee varias emisoras de radio y televisión.

Posteriormente cuando han generado un ambiente contrario a determinados medios informativos y periodistas, proceden a actuar judicialmente contra los mismos.

El acoso tiene muchas facetas. Con argumentos legales o seudo legales, como el vencimiento de las concesiones del espacio radio eléctrico, clausuran los medios periodísticos que les incomodan, tal y como sucedió en Venezuela con Radio Caracas Televisión. También recurren a multimillonarias multas como las que ha recibido Globovisión.

Otro recurso productivo, contra el medio y el periodista, es el judicial como el usado por el presidente ecuatoriano Rafael Correa contra los propietarios del diario El Universal, César y Nicolás Pérez y el periodista Emilio Palacios.

Evo Morales, Bolivia, es otro de los que gusta determinar qué es lo que se debe informar y por esa razón ha tenido más de una disputa con la Sociedad Interamericana de Prensa.

Los periodistas están en la mira de estos depredadores y regularmente son objetos de ataques personales y agresiones físicas. La persecución policial y la difamación para destruir la credibilidad del comunicador favorece la autocensura, que es uno de los objetivos de los autócratas.

Comunicadores obedientes, disciplinados, que informen lo que es políticamente correcto, forma parte del sueño de cualquier déspota.

Tanto el presidente Hugo Chávez como el mandatario ecuatoriano Rafael Correa, han recurrido a diferentes procedimientos administrativos para confiscar, cerrar, multar, intimidar, neutralizar e impulsar la autocensura en los medios y entre los periodistas.

Los medios confiscados pasan a formar parte de la red estatal de comunicaciones o son traspasados de diferentes formas a personas vinculadas al régimen, lo que presta la apariencia de que hay medios independientes, cuando en realidad dependen del ejecutivo, lo que permite al gobierno contar con una tejido informativo que responde a sus intereses y no a los de la sociedad.

El estadio superior del control sobre la Prensa es cuando la dictadura institucional está en capacidad de legislar sobre el derechos de información y expresión, cuando regula desde los horarios de programación y contenido, hasta quienes poseen los medios, cumplir ese objetivo es la ruta para lograr el despotismo perfecto sin ser titulado Dictador.

La quiebra de la democracia

Cada vez son más las personas que hacen dejación de su derecho al voto y cuestionan la importancia de los partidos políticos como instrumento para la promoción de las ideas, la solución de los problemas de una sociedad y como estructuras adecuadas para presentar individuos que interpreten a cabalidad las necesidades de una comunidad.

La competencia de varios partidos en una justa electoral es una muestra de la fortaleza de la democracia, condición que se debilita cuando esas instituciones se agotan, lo que resulta en el deterioro del modelo democrático de gobierno.

Los Partidos son el instrumento adecuado para educar al elector, y a los aspirantes a puestos públicos. Las escuelas ideales para formar a la sociedad en deberes y derechos. El vínculo idóneo entre el electorado y los candidatos, garantía relativa de que el funcionario electo se ajustara a las propuestas de la agrupación política a la que pertenece.

La selección de los candidatos es una de las principales obligaciones de los Partidos, pero la decadencia de esas organizaciones ha incidido negativamente en la idoneidad de sus representantes, lo que facilita el surgimiento de "francotiradores".

Estos sujetos solo interpretan sus intereses y los de su entorno más próximo, son representantes genuinos de la descomposición de los partidos. Estos individuos por lo regular no provienen de los partidos, son un subproducto de la crisis de las organizaciones políticas, una especie de guerrilleros en el servicio público que atacan el sistema en su conjunto y prometen soluciones mágicas para todos los problemas.

La pérdida de fe en los baluartes de la democracia favorece el surgimiento de los demagogos, personajes que con un discurso incendiario, repleto

de medias verdades, cargado de resentimientos, sectarismo y frecuente-
mente con arengas de nacionalismo extremo, manipulan las frustraciones
del elector para su provecho.

Estos embaucadores escogen un sector o clase social para sus ataques.
Trabajan arduamente para crispar la sociedad, un factor determinante en
la generación de condiciones que hagan posible su acceso al poder. Ex-
plotan el desencanto del electorado causado por los malos manejos de los
políticos. Sus discursos son pasionales, provocadores, con un lenguaje irreverente, no exento de vulgaridades y groserías.

Son individuos particularmente peligrosos cuando cuentan con la capacidad de ejercer una gran influencia sobre las masas. Sus propuestas
tienden a ser extremistas, pero también abordan temas que la mayoría de
los políticos prefieren obviar, lo que hace que el electorado les preste atención, a la vez que se gestan corrientes de opinión contrarias a un sistema en
la que prime la división de poderes.

Sus críticas contra lo establecido son muy severas, al punto que captan
sectores que nunca se han considerado interpretado por los políticos, que
son los que asumen la vanguardia en la defensa de las propuestas del caudillo. Se forma una especie de espiral en la que el conductor es cada vez
mas incendiario y el populacho más dependiente de su furia destructora.

La democracia en su condición de hábitat ideal para los políticos y
de garantías para los ciudadanos, ofrece a estos demagogos numerosas
oportunidades para su promoción, mientras atacan al sistema que les acoge y brinda las oportunidades que ellos están prestos a negar si acceden
al gobierno.

Quizás fueron esas las causas que inspiraron a Winston Churchill, el
histórico premier británico, a expresar en una oportunidad que "la democracia era el peor sistema de gobierno diseñado por el hombre, con excepción de todos los demás", una realidad irrebatible porque no hay sociedad
libre de la amenaza que representan estos desestabilizadores de oficio.

La democracia es alternancia en el poder, tolerancia, libre debates de
propuesta, voto secreto y universal, pluralismo de partidos y respeto a las
minorías, pero ninguna de esas condiciones son suficientes si no hay una
alta participación ciudadana en las justas electorales.

En los últimos años se ha apreciado en diferentes países del hemisferio regido por democracias el surgimiento del despotismo electoral, una
consecuencia de las ventajas que ofrece un sistema, que mas allá de sus

imperfecciones, hace posible que individuos y grupos la demuelan con el objetivo de instaurar dictaduras institucionales, lo que manifiesta que la democracia es el único modelo de gobierno con capacidad para la auto-destrucción.

La subestimación del populismo

Las fuerzas políticas que pugnan con los movimientos populistas identificados con el extremismo, tienden a subestimar a sus rivales, porque salvo excepciones, consideran que si aspiran al poder nunca serán capaces de alcanzarlo y si lo conquistan, no importa el método que usen, serán incapaces de conservarlo.

Las experiencias sobran. Un profesor y político cubano le expresó en 1959 a uno de sus discípulos más destacados, José Ignacio Rasco, "Pepe, no te preocupes a Fidel lo manejamos con un dedo", una creencia tomada como certeza, que compartió un amplio sector de la oposición al castrismo por varios años.

Las palabras de Chávez en la Universidad de La Habana en su primera visita a la isla, " algún día esperamos venir a Cuba en condiciones de extender los brazos y en condiciones de mutuamente alimentarnos en un proyecto revolucionario latinoamericano" no fueron suficientes para que la mayoría del pueblo, la clase dirigente y los políticos rechazaran al militar golpista.

El totalitarismo cubano fue una inspiración para Hugo Chávez, aunque hay que reconocer que adecuo las prácticas castristas a las condiciones de su país.

Las experiencias de Cuba y Venezuela no fueron suficientes para que los ecuatorianos impidieran a Rafael Correa llegar al poder, tampoco a los bolivianos para rechazar al cocalero Evo Morales.

Nicaragua es otro ejemplo. La reinvención política de Daniel Ortega demuestra la capacidad de sobrevivencia de los caudillos populistas.

Los regímenes populistas podrán estar divididos hacia el interior, pero el frente que presentan a sus enemigos es monolítico. Sus dirigentes están conscientes que el discurso paternalista, protector, clasista, cargado de resentimientos, siempre conquistará adeptos.

Cierto que el populismo produce una impresión de caos, desorden y falta de autoridad, pero la realidad es que tras esa apariencia amparada en un discurso justiciero que se revierte en enriquecimiento de la clase dirigente y el envilecimiento de la ciudadanía, hay un núcleo duro organizado e identificado con un proyecto que tiene como fin conquistar y conservar el poder por tiempo indefinido.

Todos los movimientos extremistas con base popular son peligrosos, pero esa condición se acentúa cuando los conducen individuos capaces de seducir y victimizar a las masas hasta su total manipulación, como fueron, entre otros, dirigentes como Benito Mussolini, Adolfo Hitler y Fidel Castro.

Los iluminados por el extremismo no se detienen a pensar en el derecho de quienes se les oponen. Padecen del absolutismo de los fanáticos y como tales actúan.

Para retar con ciertas posibilidades de éxito a un movimiento populista se precisa un discurso claro y coherente, llegar a las bases del oficialismo sin concesiones de ningún tipo, demostrar a los partidarios del régimen que son instrumento de un gobierno que les empobrece en todos los aspectos.

Constituir sombrillas de organizaciones que copien el principio de unidad en la diversidad de la Mesa de la Unidad Democrática venezolana es una sabia decisión, si se toman en cuenta las condiciones de cada país. Es una estrategia que puede servir de modelo a los sectores que en otros países elaboran fórmulas para enfrentar el despotismo electoral.

Cierto que en esas sombrillas de la oposición no estarán representados todos los que rechazan el oficialismo porque habrá un sector convencido que el gobierno nunca respetará la voluntad popular y que participar en elecciones cuando el ejecutivo tiene un control total de las instituciones, es legitimar el régimen.

El esfuerzo para encontrar un camino común, por encima de las diferencias genuinas que se generan en todo organismo pluralista, junto a los siempre presentes egos y ambiciones, demanda de parte de los directores de estas sombrillas estratégicas un talento y una habilidad extrema para poder concertar las diferencias en pro de la meta que les une.

El proyecto opositor tiene que estar vinculado estrechamente a las necesidades populares, a la vez de que debe tener conciencia que nunca seducirá al núcleo central que respalda al gobierno.

Si una entidad unificadora logra seleccionar al candidato que cuenta con mayor respaldo popular, está enviando un fuerte mensaje a los sectores de la oposición, pero también a los indecisos, incluidos aquellos que aunque simpatizan con el gobierno, son capaces de reconocer que el país está enfrentando una seria crisis estructural en el aspecto económico y ético.

Un reto importante es hacer que los escépticos ejerzan su derecho al voto. Convencer a las personas que no confían en la vía electoral y favorecen la abstención es muy difícil, pero más complicado aún es sacar de la frustración y el desencanto al sector de la población que desprecia la política y los políticos.

La no participación ciudadana en las elecciones es una amenaza a la democracia más letal, que el más sanguinario de los dictadores.

Las cuentas de los otros

ni andar cobrándole al hijo
la cuenta del padre ruin
y no olvidar que las hijas
del que me hiciera sufrir
para tí han de ser sagradas
como las hijas del Cid.

Andrés Eloy Blanco

Uno de los sucesos más relevantes y positivos de los últimos años es el rol que ha ido asumiendo la mujer en la sociedad, particularmente en la política.

Podremos estar de acuerdo con las actuaciones de algunas mandatarias, discrepar con sus compromisos ideológicos y hasta cuestionar su conducta publica, tal y como hacemos con los hombres, pero es evidente que la llegada de la féminas al escenario político le dan a este un carácter más amplio, profundo y justo, que cuando la política era un predio exclusivo de los hombres.

A esta realidad debemos agregar el factor que se está presentando en Chile donde en las próximas elecciones presidenciales las favoritas son dos mujeres, con la particularidad de que ambas representan por herencia, un pasado que dividió a la nación y que todavía no ha sido superado del todo.

Las candidatas Evelyn Matthei, hija del general de la Fuerza Aérea, Fernando Matthei, exministro de Salud y miembro de la Junta Militar de la dictadura de Augusto Pinochet y Michelle Bachelet, hija del también general Alberto Bachelet, torturado por sus camaradas por oponerse al golpe militar y muerto en prisión en 1974, donde fue encerrado por "traición a la patria".

Como se aprecia ambas mujeres tienen orígenes familiares muy semejantes, pero las decisiones de sus respectivos padres ejercieron una fuerte influencia en el futuro de cada una de ellas, determinando en cierta medida, las acciones de vida y los compromisos de cada una.

La médica pediatra Bachelet, 62 años, candidata a la Concertación de Partidos por la Democracia, perseguida política, exiliada, y ex presidente de la República, tuvo después del golpe una vida distinta a la de su rival, la ex ministra del Trabajo y economista Matthei, 60 años, candidata por la Unión Demócrata Independiente, permaneció en Chile en el círculo de gobierno, por lo que no padeció las angustias y sufrimientos de su rival.

La vida de ambas mujeres hace muy particular el proceso electoral chileno y abre una ventana de lo que puede ocurrir en otros países, con los hijos de los déspotas y los de sus opositores, ya que los antecedentes paternos de cada aspirante, pueden influenciar de forma determinante en la elección o derrota de un candidato.

Chile es un ejemplo de lo que puede ocurrir en Cuba cuando concluya el totalitarismo castrista y se establezca en la isla una sociedad en la que se respeten los derechos humanos, se celebren periódicamente elecciones plurales tal y como ocurre en los países del cono sur donde imperaron dictaduras militares, evidentemente distinta a la cubana, pero dictaduras a fin de cuentas.

Pero imaginemos unos comicios en Cuba con todas las garantías necesarias, donde un descendiente directo de los Castro o de cualquiera de sus testaferros, aspire a la presidencia de la República y que frente a ese candidato se esté postulando un hijo o nieto de uno de los muchos fusilados, apellidase Sorí Marín, Ramírez o Prieto, por solo citar tres apellidos de miles.

La situación para el elector puede ser compleja, aunque solo debería remitirse a los antecedentes del individuo.

Por ejemplo si el candidato fuese Mariela Castro, hija de Raúl Castro, la decisión no debería ser difícil para aquellos que consideran nefasta la dictadura de los hermanos Castro, no porque ella sea la hija del dictador sucesor, sino porque esta señora ha desempeñado importantes cargos en la dictadura que conduce su padre.

Ha sido una funcionaria importante del régimen, conoce las violaciones en las que el gobierno ha incurrido de forma sistemática y permanente.

Los mismos patrones deberían regir para otros descendientes de dictadores que hayan tenido participación en el gobierno de sus padres pero sería pernicioso para la sociedad en su conjunto, oponerse a un candidato que no ha estado vinculado por acción a una dictadura, a excepción del lazo sanguíneo con sus conductores.

En realidad los antecedentes familiares no deberían determinar en las decisiones de los electores. El voto debe emitirse en base a los valores y conducta del postulante, a la historia de vida del candidato, aunque en realidad a la mayor parte de las personas les resulta muy difícil superar la historia familiar del aspirante a un cargo público.

Ninguna persona está comprometida con las acciones de sus padres, solo de las propias, así como el elector es el responsable del gobierno que eligió.

Los aliados fríos

Los gobiernos sin importar país o sistema, tienen la potestad de establecer alianzas y categorizar a enemigos y aliados en base a sus intereses y valores, en consecuencia eventuales cambios y reformas de disposiciones anteriores, serán productos de las interpretaciones de quienes ostentan el poder.

Un ejemplo de esas categorizaciones fue la lista de países vinculados al terrorismo que elaboró el Departamento de Estado de Estados Unidos, 1979, cuando gobernaba el presidente James Carter.

Cuba fue incorporada a esa relación en 1982, durante la presidencia de Ronald Reagan, no fue una arbitrariedad, la decisión se basó en el profuso prontuario criminal del castrismo.

Entre otras actividades contrarias al derechos internacional Cuba entrenaba, suministraba armas y explosivos a grupos subversivos que realizaban acciones terroristas en numerosos países del hemisferio. En el momento de la inclusión asistía a la narco guerrilla de las Fuerzas Armadas Revolucionarias de Colombia, a los terroristas vasco de la ETA, al no menos violento Frente Farabundo Martí de El Salvador y construía un aeropuerto militar en Granada.

Paralelo a estas actividades la dictadura abrigaba a decenas de fugitivos de la justicia estadounidense, entre ellos Joanne Chesimard, convicta por el asesinato de un policía del estado de Nueva Jersey y William Morales, un extremista puertorriqueño involucrado en atentados con explosivos en Nueva York en la década del 1970.

La lista es elaborada en base a criterios y necesidades del gobierno de Estados Unidos, es la consecuencia de los resultados de las investigaciones de los servicios de inteligencia y por supuesto la evaluación final del liderazgo político del país en relación al peligro que entraña una determinada nación para la seguridad nacional. No se evalúa la situación interna del país segregado.

Nunca se apreció en el caso de Cuba u otros similares, entre ellos los países excluidos, las prácticas terroristas del gobierno de marras contra su propio pueblo, tampoco las condiciones de vida de la población o las violaciones a los derechos ciudadanos en las que incurría el gobierno contra su población

La decisión del presidente Barack Obama de retirar la dictadura cubana de la lista de países terroristas favorece la posición de quienes están a favor de la distensión y el establecimiento de relaciones con la isla, pero en particular beneficia al régimen de los hermanos Castro, sin que la acción ejecutiva afecte el contexto represivo y excluyente que desde hace casi seis décadas se vive en Cuba.

Las organizaciones e individuos, particularmente los cubanos que optaron por abandonar su país, debieron haber considerado las condiciones de opresión e intimidación en las que sobreviven sus compatriotas de la isla, en especial los opositores, cuando se pusieron a trabajar a favor de que Washington excluyera al gobierno de los Castro del escarnio de ser considerado terrorista.

Es paradójico que la mayoría de los que favorecen la distensión con la dictadura, no están dispuestos a vivir de forma permanente junto a sus familiares en Cuba, y solo le demandan cambios al gobierno de Estados Unidos.

Lo que sucedió con la Lista, no es de dudar que ocurra con el embargo, lo que debería alertar a quienes confían que las alianzas son inquebrantables y motivarles a elaborar proyectos propios que no estén sustentados en decisiones de terceros.

Cierto que toda causa necesita aliados, ya sean gobiernos u organizaciones que la defiendan, promuevan y apoyen en la medida de sus posibilidades, pero a fin de cuentas hay una sola realidad y es que los que encarnan un proyecto están solos, porque las alianzas se rompen, incluidas las que están suscritas por las partes.

Otro ejemplo a considerar es el de las organizaciones defensoras de los derechos humanos que igualmente recurren a la tipificación de sus defendidos como es el caso, entre otros, de Amnistía Internacional.

Amnistía tiene su honrosa lista de prisioneros de conciencia. Ser proclamado preso de conciencia prestigia grandemente al encarcelado y en ocasiones le brinda protección porque los esbirros saben calcular cuando sus acciones les pueden ocasionar serios problemas, cierto que a veces no reparan en las posibles consecuencias, pero es un escudo que nunca desampara.

Sin embargo, no todos los presos políticos son considerados prisioneros de conciencia porque la entidad tiene sus propias pautas al respecto. No obstante, los confinados que no son categorizados como tales tienen los mismos compromisos y convicciones con la causa que personifican que los distinguidos.

Los presos políticos aunque les falte esa protección no se arredran ante la vesania de los sicarios, y sino que le pregunten entre otros al campesino guerrillero, Agapito Rivera, 25 años en las ergástulas castristas, o a Armando Sosa Fortuny, 73 años de edad, de los cuales ha cumplido en dos periodos diferentes, 39 años tras las rejas.

Los antihéroes

Si la sociedad enfrenta una profunda crisis de valores e identidad como afirman muchos sociólogos y analistas, es porque el individuo de nuestros tiempos enfrenta retos generados por el fortalecimiento del respeto a los derechos humanos y por desarrollos tecnológico sin precedentes.

Tal vez como nunca antes el hogar y la escuela son fundamentales para la formación del ciudadano y en ambos ambientes, por lo expuesto anteriormente, también la crisis es profunda.

Es una penosa realidad que las familias disfuncionales aumentan en un número importante, y muchos maestros no tienen conciencia de la responsabilidad que implica enseñar y menos aun educar.

Una escuela que instruya a los educandos en el respeto a los demás, el entendimiento y la tolerancia, pero también en el concepto que los derechos conllevan deberes, es fundamental para que los ciudadanos no se conviertan en victimarios, pero tampoco en víctimas de los depredadores.

Pero independiente de las escuelas, la familia y la "calle", las nuevas generaciones enfrentan tentaciones difíciles de resistir y entre todas se destacan las programaciones de los medios informativos y los progresos en la informáticas que superan la capacidad del individuo de entender beneficios y peligros.

El mal no está solo en el abusador que seduce a un menor por internet o roba la identidad de un tercero, ni tampoco en la adicción capaz de atrofiar otros sentidos a la que conduce la manía por lo electrónico, hay otros factores negativos y quizás de mayor peligro que afectan amplios sectores de la ciudadanía, en particular a los más vulnerables la niñez y la juventud.

Las producciones artísticas o que pretenden serlo, en las que se exaltan la violencia y los criminales, que saturan medios como la televisión son factores que pueden inducir a que algunas personas consideren que el crimen si paga y que lo que haya que hacer para enriquecerse, disfrutar comodidades, lujos y placeres inimaginables es un camino fácil en el que los derechos de los otros no tienen que ser respetados.

La violencia, la codicia, el crimen y otras prácticas nada decorosas han sido temas de numerosas obras literarias, fílmicas y musicales, la diferencia está que en los últimos tiempos los criminales en muchas de esas obras no pagan sus culpas, terminan ricos y evadiendo la justicia.

En el pasado los autores y promotores de arte en sus obras exponían los crímenes de los malos y estos eran irremediablemente castigados.

Las escuelas educaban en las gestas de hombres y mujeres que se habían sacrificados por el prójimo, que la historia de estos patricios era edulcorada no está a discusión, pero el saldo de vida de ellos era positivo. También ilustraban en torno a la Moral y Cívica, en el respeto a los demás, formación que ha sido desechada en muchos países.

Fuera de las escuelas los patrones eran fantásticos, pero justicieros del estilo de Superman, Bat Man o la Mujer Maravilla, siempre hacían el bien.

En el presente a los narcotraficante les componen canciones en las que son exaltados como si fueran héroes, pero peor aún, la televisión y el cine, superan ese mal ejemplo.

Antes las películas más violentas de Hollywood terminaban con el criminal preso o muerto, en la actualidad con frecuencia burlan a la justicia o el final abierto del film, deja a la imaginación el resultado. Vemos defensores de la ley asesinar para obtener un objetivo o torturar para obtener una confesión, todo vale.

Los libretos excusan al ladrón, narcotraficante y al asesino. El origen humilde del protagonista lo condujo a delinquir. Las injusticias sociales lo arrastraron a matar para sacar a su familia de la pobreza extrema, o la "heroína" con los abusos sufridos, justifica su carrera criminal.

Un caso reciente ilustra la situación. La cobertura del arresto del narcotraficante en gran escala, Joaquín "El Chapo" Guzmán, superó en varios medios la que se hizo a los sangrientos acontecimientos de Venezuela y Ucrania.

Los medios deberían enfatizar que sujetos como Guzmán, Escobar, Griselda Blanco, González Gacha y muchos más, son criminales, depredadores sociales, individuos que destruyen, y que si en alguna ocasión aparentaban ser generosos fue con el propósito de encubrir sus crímenes que eran los que le habían proveído las riquezas que ostentaban.

Los niños son como las esponjas, lo absorben todo sin masticarlo y la juventud tiende a creer que todo es posible, por tanto no le es difícil asumir como valido los héroes negativos que los medios de información tienden a ofrecerle.

Pero también es cierto lo que dice el periodista Andrés Hernández Alende, ante situaciones como esta la alternativa es apagar el televisor o no llevar al cine a los menores, porque lo que si no es posible es que la libertad de expresión y creación sean eliminadas.

Los falsos símbolos de la justicia social

> *No fueron los ricos, ni los poderosos los que lo comprendieron sino los humildes. Es que los ricos y poderosos han de tener el alma cerrada por la avaricia y por el egoísmo, mientras que los humildes duermen al aire libre.*
>
> Eva Perón

Los venezolanos inventaron el termino boliburguesía para identificar a quienes disfrazados de servidores públicos y promoviendo la austeridad y el sacrificio, bajo los gobiernos de Hugo Chávez y Nicolás Maduro, se han enriquecido a costa de los bienes del estado.

Algunos de estos nuevos ricos siguen en el país amasando una mayor fortuna y otros, con sus riquezas a resguardo, han salido para el exterior donde sus fortunas deslumbran a los simples mortales.

Por supuesto que la corrupción no es patrimonio de ideología o proyecto político.

Es una condición tan vieja como el hombre, vigente en toda sociedad y en todos los tiempos, pero en el presente resulta paradójico que muchos de los abanderados de la justicia social sean grandes consumidores de los bienes más superfluos, acrecienten sus cuentas bancarias, ya sea robando o incursionando mundo de los negocios, gracias a la administración que ejercen sobre los bienes del estado.

Conocida es la atracción que ejercían sobre Eva Perón, las joyas costosas, las pieles más caras y los vestidos lujosos, al extremo que RTVE refiere que "Asunta Fernández estuvo a su lado hasta el final y la vistió por última vez para el velatorio. Para ello cogió un vestido de Christian Dior y lo convirtió en mortaja",

Por ejemplo Fidel Castro gustaba regalar relojes Rolex a las personas que le prestaban un servicio especial. También obsequió costosos relojes de la misma marca a muchos de los guerrilleros que se entrenaban en Cuba.

Los Castros aparte de contar con numerosas residencias, tienen a su disposición cotos de caza y pesca como en el pasado disfrutaban los aristócratas más encumbrados. Sus cuentas bancarias son cuantiosas como lo ha reseñado la revista especializada Fortune.

Por su parte el presidente Hugo Chávez dijo, "Ser rico es malo, es inhumano así lo digo".

Roland Carreño un crítico de modas venezolano declaró en una ocasión que "Chávez es el presidente mas narcisista que hemos tenido" y agregó "entre los preferidos de Chávez, están los trajes de la casa francesa Lanvin, y los de los modistas venezolanos Giovanni Scutaro y Clemens, que visten también a otros ministros del gabinete revolucionario, y las casas de relojería suiza como Vacheron Constantin, Rolex y Audemars Piguet".

El único hijo varón del difunto mandatario gusta de los fastuosos autos Bentley. Otro de sus caprichos es usar los helicópteros de la Fuerza Aérea de Venezuela.

Criminal Justice International Associates, estima en 2.000 millones de dólares la herencia que dejó Hugo Chávez a su familia. Incluido 17 fincas valoradas entre 400,00 y 700 mil dólares, una flotilla de diez todoterrenos Hummer y cientos de millones de dólares depositados en el exterior, amén de innumerables bienes distribuidos por toda Venezuela y el extranjero.

Todo esto hay que sumarlo al nepotismo que practicó el difunto mandatario que colocó a un número importante de parientes en posiciones claves de su gobierno. La finca de 30 hectáreas que tenía su padre hizo mitosis y hoy cuenta con 600 hectáreas.

El indescriptible Daniel Ortega está acusado de tener una fortuna muy superior a la que acumuló el dictador Anastasio Somoza, aunque el líder nicaragüense no debería sorprender porque hay que recordar la famosa "Piñata de los Comandantes Sandinistas".

Un letrero del Frente Sandinista de Liberación Nacional, señala, "Arriba los pobres del mundo", entre los que por supuesto no está incluida la familia Ortega-Murillo que manejan un gigantesco emporio empresarial que va desde emisoras de radio y televisión a administrar la ayuda petrolera de Venezuela que suma en los últimos años miles de millones de dólares.

Pero el colofón es el Canal. Un casi desconocido magnate chino recibió de manos del presidente Ortega la concesión para la construcción de un canal cuyo costo se calcula en 40 mil millones de dólares, lo que lleva a reflexionar tomando como base una expresión del ex presidente cubano José Miguel Gómez, " se ahogara en dólares este tiburón".

Cristina Fernández, la mandataria argentina, heredó de Eva Perón la sensibilidad por la pobreza que sufren los demás y para vacunarse contra el sufrimiento ajeno vive una vida de lujos y derroche.

En el 2011, gastó $110,000 en 20 pares de zapatos y adquirió por otros miles carteras de Louis Vuitton, Hermes Birkin entre otras marcas. Viajó en un jet privado para visitar al Papa Francisco. La habitación del hotel costó 2180 euros y el patrimonio de Fernández se incremento en un 46 % en el último año.

Sin dudas que seremos más miserables, con estos " líderes" que luchan contra la pobreza.

Los tiranos y sus cómplices

Las demandas de varios organismos internacionales y gobiernos de que el asesinato y las torturas a que fue sometido Moammar Kadafi sean investigados, son válidas y pertinentes y han motivado al Consejo Nacional de Transición de Libia a iniciar una pesquisa y procesar a los responsables del crimen. La muerte de Gadafi a manos de sus captores y los evidentes abusos de que fue objeto, se aprecian en los videos mostrados. El dictador sufrió abusos incalificables, que sitúan a sus torturadores en igual escala moral que el torturado.

Las razias, persecuciones y asesinatos en masa son acciones propias de dictadores y no de quienes se les oponen. No se deben repetir los crímenes de los déspotas y sus esbirros, ni justificar los excesos, esgrimiendo los abusos en los que ellos incurrieron.

No debe haber licencia para el crimen, pero tampoco es apropiado responsabilizar del asesinato del dictador al Consejo Nacional de Transición Libio y evaluar a esa entidad como incapaz de conducir al país al establecimiento de un estado de derecho.

Las severas críticas al Consejo Nacional de Transición no son objetivas porque más allá de las condiciones morales de sus dirigentes, sería un milagro que hubieran logrado imponer en plena guerra, cuando fue muerto Kadafi, su autoridad sobre facciones que a través de los meses del conflicto demostraron en muchas ocasiones que el denominador común que los identificaba era el asesino asesinado.

Militares estadounidenses capturaron a Saddam Hussein y le respetaron la vida. Fue enjuiciado y ajusticiado después de un debido proceso, pero no se puede asegurar que eso mismo hubiera ocurrido si facciones iraquíes contrarias a Hussein lo hubieran capturado.

Numerosos analistas y representantes de organismos internacionales rechazan con sólidos argumentos el asesinato de Gadafi y sus partidarios, que de victimarios pasaron a víctimas, porque al parecer consideran que las injusticias padecidas les facultaban convertirse en abusadores.

Esa conducta inicia una peligrosa espiral de violencia, porque el odio solo cosecha odio y la venganza genera nuevos vengadores.

Pero la conciencia de esta espiral de abusos debería alertar a la comunidad internacional a ser más responsable en sus relaciones con regímenes que violan sistemáticamente los derechos de sus ciudadanos.

Las personas con responsabilidades políticas, junto a los organismos internacionales y gobiernos, deberían darse cuenta de que la mejor manera de evitar crímenes es que no haya asesinos gobernando naciones.

Si los compromisos morales tuvieran más importancia en las relaciones entre los gobiernos que los intereses económicos o las conveniencias ideológicas, déspotas como fueron Saddam Hussein y Moammar Gadafi, o siguen siendo Mahmud Ahmadineyad, Bachar al Asad, Ali Abdullah Saleh, Hugo Chávez y los hermanos Castro, no estarían gobernando.

El asesinato de Gadafi está contra el derecho, pero cómo se sentirían los libios cuando leyeron en el informe del Consejo de Derechos Humanos de Naciones Unidas del año 2010 que decía en una de sus partes: "En el diálogo interactivo formularon declaraciones 46 delegaciones. Varias de ellas encomiaron a la Jamahiriya Árabe Libia por la preparación y presentación de su informe nacional, y destacaron el amplio proceso de consultas con los interesados en la fase de preparación. Varias delegaciones asimismo observaron con satisfacción el compromiso del país de respetar los derechos humanos".

Un informe de Amnistía Internacional refiere que varios gobiernos europeos, entre ellos España, Alemania, Bélgica, Francia, Italia y el Reino Unido, concedieron licencias de suministro de armas, municiones y equipos al gobierno de Gadafi a partir del 2005. Entre ellas bombas de racimo. Otro importante suministrador de armas a Libia fue Rusia.

Occidente al parecer estuvo dispuesto a olvidar el atentado al avión de Pan Am sobre Lockerbie, los otros atentados que auspició Gadafi por haber renunciado al desarrollo de armas biológicas, químicas y nucleares, pero los libios nunca pudieron olvidar los numerosos asesinatos que ordenó ni las personas ahorcadas en plazas públicas.

El primer paso para evitar el asesinato de un dictador, es impedir que detenten el poder. Si los gobiernos, entidades financieras y organismos internacionales como Naciones Unidas se comprometieran a no callar, denunciar y no bendecir a cambio de favores los abusos de los déspotas, el mundo se vería libre del horror de que un grupo de ciudadanos se tome la justicia por su mano como ocurrió en Libia.

Perdón y justicia

Los regímenes depredadores generan víctimas y victimarios. El odio se vuelve un oficio y el miedo una enfermedad de la que no se escapan ni los mismos abusadores.

Vivir en una sociedad donde odiar y temer es parte fundamental de la existencia, traumatiza a los ciudadanos. Superar esa realidad cuando concluye la opresión, demanda mucha tolerancia y capacidad de comprensión, aunque la victima nunca pueda perdonar a su victimario.

No obstante la mayoría de las personas considera sabio y prudente ser indulgente. Valoran más una relación armónica y un concilio de voluntades, que una acción de venganza, porque consideran que odiar y actuar en consecuencia, menoscaba su dignidad.

El perdón, es la consecuencia de la ruptura de los acuerdos de convivencia asumidos previamente. Es la búsqueda de un nuevo concilio. Es aceptar la igualdad ante la ley y el compromiso de acatar las reglas que rigen la comunidad. La aprobación de un compromiso de mutuo respeto, tolerancia y también de colaboración.

Todo conflicto, individual o social, genera víctimas y victimarios, abusos y hasta crímenes, por eso es válido preguntarse, ¿es posible el perdón, pueden sinceramente la víctima y el abusador tolerarse, construir un futuro juntos?

¿La víctima tendrá capacidad de perdón? Y en el victimario se habrá extinguido su inclinación al abuso, a despreciar a los derechos del prójimo.

La víctima no responde a un patrón físico ni moral pero sí de conducta. Víctima puede ser cualquiera. Los derechos y la existencia misma de la víctima pueden ser anulados o extinguidos, pero la víctima puede ser un vencedor moral, a pesar de los vejámenes que sufra, si enfrenta con dignidad la injusticia e intenta restaurar su derecho.

El victimario puede ser un inadaptado social. En esos casos sus crímenes por brutales que sean, afectaran a una persona o a un sector de la comunidad, pero cuando el victimario es consecuencia de un sistema político que le otorga inmunidad como ocurre en Cuba, su maldad se extiende a toda la comunidad.

El torturador debe aceptar sus crímenes. El sectario admitir que persiguió, acosó y discriminó a los que no pensaban y actuaban como él.

El victimario debe tener conciencia que sus crímenes estaban más allá de la idea que decía defender. Admitir sus excesos puede ser una garantía de que en el futuro no incurra en pasados abusos, aunque las circunstancias para cometerlos les fueran nuevamente favorables.

El perdón a un victimario es una decisión personal. No puede decretarse ni imponerse. El perdón trasciende los conceptos de victoria o derrota, pero la acción de absolver aunque implica renunciar a la venganza, no significa faltar a la justicia.

La absolución transita por una avenencia ético-moral, un sincero acto de contrición en el que pueda fundamentarse la nueva sociedad, ya que las víctimas y victimarios harían dejación de sus rencores los primeros, y de sus crueldades y odios, los últimos.

La reconciliación no puede provenir solo de la víctima. No es un deseo unilateral del que fue sacrificado y que de nuevo, en virtud de su conciencia cívica, controla sus pasiones y prefiere la aplicación de la justicia.

Una sociedad que no sancione el crimen se encuentra cimentada en la arbitrariedad y por lo tanto propensa a nuevas crisis sociales o políticas.

La condescendencia no exime de responsabilidad legal al criminal. La absolución no implica impunidad.El crimen no puede ser premiado con el olvido del mismo.Debe existir una sanción legal o moral que advierta a los potenciales violadores que el crimen no paga.

Sin embargo hay quienes defienden los conceptos de "Borrón y Cuenta Nueva". Creen que se hace suficiente justicia con la aceptación de la culpa. Consideran que la mejor opción para la sociedad es dejar saldados todos los débitos para evitar cacerías humanas que puedan provocar la aparición de nuevo violadores, de otros individuos que en un supuesto afán de justicia, cometan nuevas arbitrariedades.

Por otra parte hay quienes consideran que el perdón debe anteceder a la Justicia, porque no se puede juzgar a ninguna persona, a la vez que se le odia. Entienden el perdón como una decisión de profunda religiosidad, un acto de contrición en el que se aprecian los propios errores y los del prójimo.

Arribar a lo que se puede definir como la justa justicia demanda que comulguen las realidades de las víctimas y de sus victimarios, junto a la sanción legal y moral que demanden los crímenes, solo así se pueden establecer los fundamentos para crear una sociedad en que los derechos y deberes ciudadanos, sean asumidos con plena responsabilidad.

Por un foro democrático

La falta de una visión de conjunto con proyección hemisférica en el liderazgo democrático latinoamericano, resalta ante los logros de entidades como el **Foro de Sao Paulo**, que ha sido capaz, por encima de diferencias y contradicciones, instrumentar un sistema que planifica y coordina estrategias que tienen como único fin acceder al poder, conservarlo y tomar el control de otros países.

El Foro trabaja en aquello que los une y no en proyectos que pueda dividir a los países miembros. Trazan líneas de acción común y sobre esas bases desarrollan sus actividades.

Los dirigentes del Foro, en el poder o en la oposición, se conducen en base a intereses compartidos y no abandonan a sus aliados ideológicos, o a aquellos que sin saberlo, son potenciales compañeros de viaje.

Por sus actos se aprecia que el Foro está muy lejos de ser una entidad académica que debate asuntos teóricos, todo lo contrario, es un aparato ideológico-político que ha demostrado estar comprometido en la conquista del poder y en su conservación, objetivos en lo que indudablemente ha cosechado éxitos.

Sin embargo a pesar de estar lejos de la Academia, el Foro prepara a sus miembros para que sean mejores contendientes políticos.

En 1993 se aprobaron estrictas normativas para el funcionamiento de la organización. Recientemente acordó crear escuelas de Formación Política y se presentó un proyecto para constituir una Red de Fundaciones, Escuelas y Centros de Capacitación en los que formaran ideológicamente a sus militantes.

El foro incentiva todo lo que pueda favorecer la desestabilización en los países en los que existen gobiernos democráticos y por eso entre sus herramientas de lucha se encuentra la celebración de encuentros raciales en los que los intereses de las etnias reunidas están supeditados a las ventajas políticas que pueda obtener el organismo.

En los conclaves internacionales trabajan de común acuerdo. Esto ocurre en parlamentos hemisféricos como el Palatino o Parlacen, pero también en Naciones Unidas. En proyectos de aparente menor relevancia en la política internacional como un Premio Nobel de la Paz, la entidad hacen sus propuestas y respaldan a la personalidad que hayan seleccionado.

El Foro de Sao Paulo pretende influir en todos los procesos electorales que se producen en el hemisferio y muy en particular en los países en que se celebran elecciones generales y hay candidatos miembros de la organización.

Un acuerdo relativo a esta intromisión es la decisión del Foro de hacer acto de presencia en Honduras durante los comicios presidenciales que se efectuaran en noviembre en ese país.

El Foro acordó efectuar un encuentro de parlamentarios, por supuesto, asociados a la entidad, en Honduras, un mes antes de las elecciones, a la vez que reafirmó su apoyo a las "fuerzas progresistas" hondureña y exigió para los comicios la presencia de observadores de UNASUR, una organización sobre la que los países miembros del foro tienen gran control.

La organización de ese encuentro parlamentario estará a cargo del Partido Socialista Unido de Venezuela (PSUV), del Frente Sandinista de Liberación Nacional (FSLN) de Nicaragua y del Frente Farabundo Martí de Liberación Nacional (FMLN) de El Salvador.

Lamentablemente la América democrática no cuenta con una entidad que está capacitada, o al menos dispuesta, a rivalizar con el foro.

América Latina necesita constituir un aparato político con visión continental que se manifieste en la Academia, Congresos, pero fundamentalmente en la "calle", en respaldo de opciones políticas nacionales que garanticen la libertad y la democracia.

La visión y practica internacionalista del Foro no tiene una entidad rival comprometida en la defensa de la democracia y las libertades políticas y económicas, proyectos que deberían ser los objetivos fundamentales del liderazgo democráticos no contaminados por el despotismo del Socialismo del Siglo XXI.

El dejar pasar y hacer a los enemigos de la democracia, aísla paulatina-mente a sus genuinos defensores, si estos no son capaces de enfrentar los diferentes métodos que usan los que quieren globalizar el despotismo.

Líderes democráticos como Álvaro Uribe, Vicente Fox, Sebastián Piñe-ra, Oscar Arias, Juan Manuel Santos o Felipe Calderón, por solo mencionar unos cuantos, deben tomar conciencia del riego que corren sus países sino actúan en consecuencia contra los gobiernos que violentan de forma siste-mática y permanente los derechos de sus ciudadanos.

Los demócratas no deben dudar que la defensa de la libertad y de los derechos del ciudadano es un compromiso transnacional. Hay que luchar unidos, porque la historia ha demostrado que cuando un país es controla-do por la autocracia, la libertad de todos está en peligro.

Reconciliación

Con frecuencia y satisfacción se escucha la palabra "reconciliación" y es que es fundamental el ejercicio de una relación armónica, de una unión de voluntades que pueda disipar o extinguir los motivos que causaron un conflicto.

Hay que tener presente que la reconciliación solo se produce como consecuencia de la ruptura de un acuerdo.

Pero siempre uno puede preguntarse ¿es posible una reconciliación real, un reencuentro sincero más allá de los hechos que causaron la pugna? ¿Pueden sinceramente, la víctima y el abusador tolerarse, trabajar juntos, construir un futuro juntos? ¿La víctima tendrá capacidad de perdón?, (sin referencia a la comprensión u olvido) y en el victimario, ¿habrá desaparecido su inclinación al abuso, el desprecio a los derechos de su prójimo?

La víctima no responde a un patrón físico, pero sí de conducta y moral. Víctima puede ser cualquiera. Los derechos y la existencia misma de la víctima pueden ser anulados o extinguidos. Pero la víctima puede ser un vencedor moral, siempre y cuando su formación, su acción de vida, responda a patrones éticos y no circunstanciales.

Sin embargo, hay que tener presente que en toda sociedad de violencia política hay víctimas que se pueden calificar de condición activa. Los individuos que se oponen a la opresión de manera militante y recurren a la fuerza para lograr el cese de la opresión oficial. Estos individuos también pueden llegar a cometer crímenes, violar los derechos de sus victimarios. ¿Dejó este individuo de ser víctima por el hecho de su rebelión? ¿Su acción violatoria lo iguala con el victimario de oficio?

El victimario al igual que su víctima tampoco tiene señales que lo identifiquen. Su moral y conducta pueden estar integrados a una sociedad estable y confundirse con la víctima. Pero la condición de victimario emerge en cultivo favorable, en un medio que estimule su actuación. El victimario es un depredador y los límites de su depredación pueden ser ignorados por el mismo. El victimario puede actuar por su propia inclinación o responder a una institución o gobierno. El victimario oficial, el que medra en una sociedad sin derechos, disfruta de impunidad para sus crímenes. Una sociedad represiva incentiva a la organización de los ruines y al envilecimiento de la misma.

El victimario, como ente aislado en una sociedad de derecho, puede afectar al individuo o a una parte de la comunidad pero no al conjunto de ésta. El abuso institucionalizado, sistematizado, es el que crea la crisis y puede aterrorizar a una sociedad en su totalidad.

La reconciliación es una avenida de dos vías. Una voluntad de todas las partes. El torturador debe aceptar sus crímenes. El sectario admitir que persiguió, acosó y discriminó al que no pensaba y actuaba como él. La reconciliación no puede provenir solo de la víctima. No es un deseo unilateral del que fue sacrificado y que de nuevo, en virtud de su conciencia cívica, o por falta de memoria histórica, hace dejación de su derecho individual o colectivo a la justicia.

El victimario debe hacer conciencia de que sus crímenes estaban más allá de la idea misma que decía defender. Admitir sus excesos puede ser una garantía de que en el futuro no incurra en pasados abusos, aunque las circunstancias para ello le fueran favorables.

Por su parte la reconciliación trasciende los conceptos de victoria o derrota. En ella no hay espacio para vencedores o vencidos. La reconciliación es una avenencia ético-moral, un sincero acto de contrición en el que pueda fundamentarse la nueva sociedad si las víctimas y victimarios hacen dejación de sus rencores los primeros, y de sus crueldades los últimos.

Pero dentro del concepto de reconciliación, no tiene que estar implícita la impunidad. La ausencia de sanción puede producir en la victima sentimientos de frustración y la impunidad hacer más agresivo al criminal que no acepta su responsabilidad. El cuestionamiento de si una reconciliación debe implicar "punto final" a la historia criminal de los victimarios más destacados, es un factor que inquieta a cualquiera que medite sobre el tema.

La señalización del fin o la continuidad del proceso, es parte fundamental de la idea de la reconciliación. Una sociedad que no sancione el crimen se encuentra cimentada en la arbitrariedad y por lo tanto propensa a nuevas crisis sociales o políticas. El nuevo Estado de derecho debe fundamentarse en el conocimiento más profundo del pasado y en la aplicación de sanciones contra los que violentaron los derechos del individuo.

Tolerancia o identidad

La tolerancia es un crimen cuando
lo que se tolera es la maldad.

Thomas Mann

Tolerar y respetar es fundamental para la convivencia, no es racional aceptar la cohabitación con aquellos que quieren destruir los valores y costumbres sobre los que se sostiene la sociedad que les acoge, tal acción, sería como abrir la espita del crematorio donde tendrá lugar la incineración de las convicciones de quien por propia voluntad, dejó de ser libre y se convirtió en esclavo.

Un norma clave de la coexistencia es aceptar las diferencias que se puedan tener con otras personas e intentar superarlas y encontrar los puntos comunes sobre los cuales se logren mantener relaciones de mutuos beneficios, con el fin de evitar conflictos y crispaciones que pueden conducir a situaciones críticas.

Pero si lamentablemente las diferencias superan la voluntad de entendimiento, el primer deber del individuo es defender sus valores y costumbres, en caso contrario, parafraseando al prestigioso pensador alemán, la tolerancia conduce al suicidio.

No es intolerante, extremista o intransigente el que protege y defiende sus creencias y convicciones, ante quienes quieren cambiarlas para imponer las suyas, es una simple acción de defensa propia, está salvaguardando lo más importante que posee un ser humanos, su identidad y sus valores.

La identidad sea del individuo, la sociedad y la nación en su conjunto, no puede ser negociables. Defenderla es proteger el pasado y garantizar el futuro. La pasividad ante quien la agrede es pura maldad.

En el pasado la inmensa mayoría de los conflictos internacionales fueron motivados por ambiciones territoriales, en el presente, sin que ese motivo haya desaparecido, los diferendos están asociados a antagonismos religiosos, ideológicos y a la inseguridad de que un enemigo potencial cuente con la capacidad de destruir a su adversario.

Los pueblos apoyaban a sus gobiernos para proteger zonas del país que posiblemente ignoraban que existían, enviaban a sus hijos a morir en defensa de la tierra patria, sin embargo, en la actualidad, muchos de los que estarían dispuestos a arriesgar sus vidas para salvaguardar la tierra en que nacieron, aceptan apaciblemente el desarrollo y fortalecimiento de proyectos que tienen como objetivo final disminuirle sus derechos como ciudadano.

Con frecuencia los derechos de unos confrontan con los de los otros y no siempre ocurre en temas fundamentales como los dogmas religiosos o los conceptos ideológicos, sucede también en asuntos triviales, a los que en ocasiones se les presta más importancia que a los verdaderamente relevantes.

La defensa de los valores y creencias no es en ninguna forma de intolerancia. El fanático es quien pretende imponer a como dé lugar, un culto, ideología o un tipo de conducta determinada, sin respetar la voluntad de quienes no comparten sus propuestas.

Los padecimientos del individuo en una sociedad cerrada, ya sea por el imperio de una ideología o religión, son harto conocidos. El sujeto no tiene derechos, es víctima de los poderes fácticos y una actuación contraria a las normas imperantes pueden serle catastróficas.

Pero en una sociedad abierta, libre, en la que el individuo esta asistido por un estado de derecho, no se justifica callar y permanecer indiferente ante una ola de acciones y propuestas que tienen como fin terminar con las prerrogativas de los hombres libres, hay que defender las creencias, sin que importe que los llamados procedan de caudillos políticos, líderes religiosos o sociales, que tienen visiones muy específicas de la conducta humana.

La tolerancia y la identidad deben marchar juntas. El ciudadano de una sociedad abierta está obligado a tolerar las diferencias aunque no sean de su agrado, pero ese mismo ciudadano está comprometido a conservar su identidad, a no hacer concesiones en lo que cree.

La democracia es el respeto a las minorías, pero es una condición, que solo tiene sentido mientras la identidad y las concepciones propias no corran el riesgo de extinguirse por la actuación de quienes pretenden imponer las suyas, es una particularidad que todos deben respetar por tal de alcanzar la sobrevivencia mutua asegurada.

Vidas paralelas

Dicen los creyentes que la confesión en cierta medida libera las culpas y que quien revela sus cuitas queda mejor preparado para enfrentar sus errores, algo similar plantean los analistas, quienes consideran que sacando las cosas feas del armario, se enfrentan mejor los retos de la vida.

Los acontecimientos políticos que se desencadenaron a partir de 1959 en Cuba influyeron de una forma sin precedentes en lo que podemos identificar libremente como la generación de los 60, si exceptuamos las repercusiones que generó el acceso a la independencia.

La sociedad se escindió. El cataclismo conmovió los cimientos de las familias y en consecuencia toda la sociedad. La política, antes repudiada por la mayoría de la población, se empezó a llamar revolución, crudo sinónimo de sectarismo y persecución.

La revolución estaba antes que la familia, la amistad, la fe, la profesión y el derecho de cada quien de actuar en base a su conciencia. Gustar de otra música, usar ropas diferentes, cuestionar una orientación u orden, era una herejía. El sexo se vinculó a la política. Una inclinación sexual heterodoxa era objeto de severo castigo y de atroz discriminación.

Sin duda los más afectados fueron los jóvenes. Los patrones de conducta cambiaron radicalmente. La sociedad fue militarizada, siendo la juventud la más perjudicada, porque las perspectivas del nuevo régimen para refundar el país y conservar el poder, estaban fundamentadas en la lealtad de las nuevas generaciones.

Una riada de esa generación y siguientes, se incorporó masivamente a la vida política nacional y procuró imponer de la forma más violenta y agresiva sus conceptos ideológicos y político, forzando los derechos y oportunidades a aquellos que en disfrute de un derecho natural, rechazaban el nuevo orden o simplemente se negaban a involucrarse en el proceso.

Fueron tiempos de violencia. Los conversos no creían en el derecho de disentir. El acoso era una práctica constante, al igual que la discriminación por causas políticas o religiosas.

En el presente, superando los 70 años, hay quienes, por diferentes motivos, continúan bregando a favor de una dictadura, también los que fieles a sus convicciones rechazan un modelo de gobierno que conculca hasta los derechos de sus partidarios, y terceros, sumidos en la frustración por el apoyo que prestaron a una utopía que los transformó en siervos cuando creían que eran ciudadanos.

Algunos desengañados por la esterilidad de sus servicios al régimen, aluden que se involucraron porque querían lo mejor para el país, sin aceptar, hay excepciones que confirman la regla, que otra vertiente de su generación, también buscando lo mejor para el país en que habían nacido todos, se opuso al nuevo régimen por lo que padeció ostracismo interno, exilio, otros la prisión y muchos, menos afortunados, la muerte en combate o ante el paredón de fusilamiento.

Mientras haya quien piense que las iniquidades están justificadas por las convicciones, sin importar vertientes o riadas, no se está preparado para enrumbar el país al sano equilibrio social que reclama y necesita. Al entendimiento no se puede llegar por la amargura del fracaso ni por la euforia del triunfo, pero menos aun con los restos de una soberbia que inmuniza ante las penas ocasionadas al prójimo.

Cada quien tiene derecho a elegir lo que entienda pertinente, pero esa voluntad implica responsabilidades, máxime, si de la elección se derivan conductas que afectan la vida de los otros.

Un entendimiento sincero entre las riadas de esa generación es más que imperativo para que ambas líneas se crucen y confundan. Ninguna de las partes debe, independiente a los sacrificios en los que haya incurrido, creer que su buena fe o ingenuidad, las convicciones y la confianza en un liderazgo determinado, le confiere la facultad de afectar el derecho del prójimo a bregar por el progreso de sus opiniones y convertir en victimas a quienes no profesen sus ideales.

La penitencia de airear errores y aceptar responsabilidades éticas y judiciales, de existir estas, tal vez sean la única patente que garantice la convivencia, posibilite el renacer de la nación y el compromiso de "nunca más" permitir que se repitan los horrores del pasado, por muy bellas que sean las promesas y por carismáticos que sean sus cantores.

Votar o no votar

Las frustraciones que causan en el ciudadano la corrupción de las prácticas electorales son muchas, pero el individuo que está consciente de sus derechos y deberes, no debe usar como pretexto esa penosa realidad para faltar a un ejercicio clave de la democracia.

Cierto que hay manipulación, malos manejos y hasta corrupción en el ejercicio electoral, pero tener la capacidad para seleccionar a quienes nos van a representar y en consecuencia actúen en nuestro nombre, es un deber intransferible que todos debemos ejercitar, porque remedando a Wiston Churchill, de todas las formas posibles, la democracia es la mejor.

El acto de votar cuando se efectúa en un marco de pluralismo político, en secreto, en un ambiente de completa transparencia y libre de coacción, es a pesar de sus defectos, el mejor método para elegir a los gobernantes.

Muchos ciudadanos cuando llega el periodo electoral enfrentan el dilema de si hacen o no uso de su derecho al voto por el malestar que causan los malos manejos de un número importante de funcionarios públicos, pero es una sensación a vencer que debe obligar a estar mas pendiente de lo que acontece y saber más sobre las opciones que se tienen para elegir.

El elector debe informarse. Conocer los valores de los aspirantes. Sus relaciones sociales. Su posición económica y su trayectoria pública. Quienes son sus asociados, publicistas, asistentes y promotores, esas son huellas que pueden ayudar a elegir.

Un candidato sin vida pública que de pronto salta al escenario político debe llamar la atención de aquellos a los que está pidiendo apoyo. No es que una larga vida en la gestión gubernamental garantice probidad y eficiencia, pero es llamativo que un individuo en la madurez se ofrezca a resolver los problemas de la sociedad cuando la mayor parte de su vida no ha mostrado interés por los mismos.

Hay quienes consideran que se curan en salud por no participar, pero el caso es que el ganador va a representarle mas allá de su voluntad y con certeza, para bien o para mal, serán afectados por las decisiones de los que concurrieron a la justa electoral y la actuación de los elegidos.

Por otra parte están quienes hacen ejercicio de su derecho de forma irresponsable porque votan por quienes representan su etnia, nacionalidad o religión, sin reparar en las virtudes, defectos, antecedentes y capacidad de los candidatos, lo que confiere al elegido la certidumbre de que haga lo que haga, siempre contará, con independencia de su gestión, con el voto cautivo de una masa de electores.

La apariencia física, el sexo o el recurrido carisma, no deben ser factores en el sufragio. La atracción irracional que puede ejercer un candidato sobre sus electores puede resultar fatal si el individuo no tiene las condiciones para la posición que fue escogido.

Si la selección de un funcionario electo es exclusiva responsabilidad de los electores, participen o no en los comicios, la actuación del político en funciones debe regirse exclusivamente por los intereses de la comunidad que representa y actuar en el marco de los valores y normas de la sociedad nacional.

Pero por desgracia no ha sido así, ya que la conducta de la mayoría de los políticos responde a los intereses de los grupos especiales, sectores que procuran legislaciones o decisiones que favorezcan sus intereses, y no a favor de los requerimientos de sus electores.

Por eso es importante conocer quienes apoyan económicamente los candidatos a un puesto público, eso puede indicar cuales podrán ser sus compromisos.

Cierto que un político no puede hacer milagros y resolver problemas cuando no se cuentan con recursos para ello, pero el ejercicio de sus obligaciones le debe conducir a una gestión equilibrada en la que los mayores beneficiados sean quienes les eligieron.

Cuando el político trabaja en base a las demandas y requerimiento de los intereses especiales por encima de las necesidades y problemas de sus electores, está faltando gravemente a sus obligaciones, un aspecto más del cual los electores deben estar informados, en particular cuando el funcionario está buscando su reelección.

Una maquinaria electoral eficiente es importante para que un candidato vea realizada sus aspiraciones, pero si esa maquinaria no actúa con

transparencia, es imposible que el candidato sea honesto y pueda representar a cabalidad los intereses de sus electores.

Los malos políticos pueden frustrar a los votantes y alejarlos del ejercicio del voto, pero son los electores en una democracia los que escogen a
los malos políticos.

EL OBSERVADOR

De la Tricontinental el Alba

Las pretensiones de Hugo Chávez y Fidel Castro, a pesar de los fracasos que por décadas el dictador cubano cosechó en su proyecto imperialista de instaurar regímenes despóticos con sustentación ideológica en el continente americano, se mantiene vigente. Las estrategias han sido remozadas, adecuadas a los tiempos. Los colores y discursos corresponden al Siglo XXI, pero los fines son los mismos que impulsaron a José Stalin y Adolfo Hitler.

La Primera Conferencia Tri continental de los Pueblos de Asia, África y América Latina que se celebró en La Habana en enero de 1966, reunió a más de 70 países con unos 500 delegados que representaban en su mayoría partidos políticos, movimientos violentos que actuaban en la clandestinidad, grupos guerrilleros y unos pocos gobiernos que usaban el discurso de la justicia social para exterminar los derechos sociales y políticos de sus ciudadanos.

De este encuentro de organizaciones que se oponían claramente al capitalismo y a la democracia representativa, que en su mayoría estaban identificados con alguna modalidad del pensamiento marxista surgió la Organización de Solidaridad de los Pueblos de África, Asia y América Latina, OSPAAAL.

El principal arquitecto de aquel encuentro y su mayor beneficiario fue Fidel Castro, aunque en la organización de un evento que no tenía precedentes en este continente, participó de manera notable Mehdi Ben Barka, un dirigente marroquí asesinado en París un mes antes del encuentro en La Habana, en condiciones nunca esclarecidas.

Los objetivos de los promotores de la Conferencia eran entre otros prestar ayuda a los denominados movimientos de liberación nacional, con particular énfasis en el movimiento palestino, incrementar la lucha armada en los tres continentes, prestar un irrestricto apoyo al régimen cubano, entre otras causas, porque era el principal santuario y patrocinador del Movimiento. El plan incluía luchar contra las bases militares extranjeras y la política de segregación racial.

Una de las muchas propuestas de la Conferencia que mostraba la imposibilidad de conciliar el discurso con las acciones, fue el hecho de que mientras se condenaba el uso de la armas nucleares, el país sede de la reunión, Cuba, cuatro años antes había sido el principal promotor de que la Unión Soviética instalara por primera vez armas nucleares en un país del tercer mundo.

En realidad los organizadores pretendían imponer en sus respectivos países un estado autoritario identificado con una ideología común. Proceder en nombre de la nación, actuar en nombre del pueblo, era la forma más productiva para imponer un populismo de Estado a perpetuidad.

Según los artífices de la Conferencia el proyecto no estaba influenciado por los soviéticos, a la vez que afirmaban que tampoco respondía al maoísmo. Decían que pretendían actuar con autonomía y buscar puntos de cooperación y equilibrio entre Moscú y Pekín.

Ben Barka, diez meses antes de la conferencia en La Habana, declaró durante un encuentro preparatorio "las dos corrientes de la revolución mundial estarán allí representadas: la corriente surgida con la Revolución de Octubre y la de la Revolución Nacional Liberadora". El modelo de la titulada revolución nacionalista era Cuba y el arquetipo del líder de ese tipo de proceso eran individuos como Fidel Castro.

Cuarenta y tres años después, La Habana vuelve a ser sede de un foro que con estrategias diferentes y menos pretensiones persigue los mismos objetivos que la Tri continental: instaurar regímenes contrarios a la democracia y a los derechos humanos.

La VIII Cumbre de la Alianza Bolivariana para los Pueblos de Nuestra América, es otro engendro castro chavista que busca la desestabilización y la toma del poder con formulas que no son nuevas pero que han sido remozadas tomando como fundamento el fracaso de las estrategias del pasado.

En los encuentros de la Tricontinental no se trataban temas como el comercio, no se abordaban proyectos económicos ni se discutían planes sociales de cooperación. En aquellos encuentros se era más claro y preciso, se hablaba y discutían los objetivos, no es que dijeran toda la verdad pero eran sinceros en exhortar a la toma del poder para imponer la dictadura del proletariado.

El indigenismo ha sustituido en gran medida la lucha de clase, la violencia guerrillera o terrorista ha sido relevada por el caos y la desestabilización que generan manifestaciones públicas que practican una violencia de intensidad variable que puede acentuarse o disminuir según los progresos del proyecto.

Una de las estrategias del presente, facilitada por los multimillonarios ingresos petroleros de Venezuela, es satisfacer las necesidades de países en problemas y por medio de la satisfacción de éstas concertar alianzas internacionales que apoyen el proyecto del Eje Totalitario.

Contar con un bloque de naciones comprometidas y agradecidas, en realidad dependientes de las regalías del chavismo, le facilitan al déspota venezolano y por extensión al cubano, una herramienta política poderosa para usar en los encuentros internacionales. Una clientela política lista a complacer a su mecenas en foros como Naciones Unidas o la Organización de Estados Americanos, neutraliza en gran medida los ataques que puedan provenir de los factores nacionales e internacionales que afectan las gestiones del Gran Protector, que al fin de cuentas es quien llena la despensa de quienes les defienden. En otras palabras los petrodólares de Hugo Chávez han sido más efectivos que las promesas de construir el Hombre Nuevo que en su momento los gatilleros del castrismo difundieron por el mundo.

Ya no se trata de llegar al poder por medio de la insurrección, cuyo uso no está descartado por principios, sino por conveniencia. El método actual es provocar la anarquía. Programar el caos, la desestabilización social para dar oportunidad a que surjan salvadores que ofrezcan tranquilidad al pueblo y seguridad a la clase dirigente, que con el tiempo, pero tarde, se percatara que fue usada para la toma del poder pero que son prescindibles en la práctica del mismo.

El desconcierto del pueblo y la clase dirigente facilita el acceso de un líder que aparentara gobernar en comunión con el resto de los poderes públicos y que respetara aquellas libertades que no afecten su autoridad. Un Cesar que gusta de elecciones controladas, de leyes hechas a su voluntad y del baño de la multitud que respalda su proyecto. En fin, un Chávez.

De Popielusko a Payá Sardiñas

La muerte de Osvaldo Paya y de Harold Cepero, más allá del resultado de las investigaciones, siempre dejará en la memoria colectiva de muchas de las personas vinculadas a la realidad cubana, la duda o la certeza de si fue un asesinato o un accidente vehicular.

Cierto que los regímenes totalitarios de corte ideológico no recurren con regularidad al asesinato extrajudicial, aunque también los ejecutan, no por pudor, sino porque legitiman con leyes creadas al efecto, incluida la pena de muerte, la fuerza extrema. Legalizan la represión en todas sus formas y sistematizan y centralizan la actuación de sus cuerpos represivos.

Las legislaciones y las acciones que se derivan de los proyectos totalitarios de corte soviético pueden ser inspirada por el déspota de turno, pero su aplicación corresponde a un equipo que se atiene con firmeza al mandato recibido, y en este contorno la represión política no es una excepción, tal vez la regla, para que las demás entidades del estado totalitario se conduzcan de una manera articulada y coherente con el objetivo final.

Aterrorizar, intimidar y corromper son instrumentos regulares de las policías políticas, pero en el caso cubano la labor ha sido, se puede decir, científica. La actuación de los cuerpos represivos de la isla es fría y calculadora. Históricamente se ha conducido de forma uniforme y si puede no estar ocurriendo en el presente, puede ser consecuencia de un proceso de descomposición.

El brutal ataque contra el vehículo que conducía Paya Sardiñas, unas pocas semanas antes de su muerte, sentó un precedente que obliga a considerar el asesinato político. Cierto que no es la norma que utiliza el castrismo para eliminar a sus enemigos, pero si el anterior incidente, como dijo el propio Paya, fue premeditado, en consecuencia el trágico suceso que causó su muerte, pudo resultar en la ejecución de una de las figuras más notable de la oposición cubana.

Por otra parte la oscura muerte de Laura Pollan, las nuevas formas represivas que incluyen el abuso a las mujeres y considerando ciertas las denuncias de que el gobierno ordenó atacar o perseguir el vehículo que transportaba a Paya y Cepero, permiten deducir que la dirección del gobierno ha determinado cambios en la acción represiva o que al interior de los órganos de la Seguridad, se pueden estar produciendo cambios radicales, o lo que podría ser peor para la dictadura, que la anarquía como consecuencia del agotamiento del sistema, está creando pequeños demonios que dirigen sus propias guerras contra aquellos que ponen en peligro el entramado de sus intereses

De comprobarse el asesinato de Paya y Cepero, este no sería un suceso sin precedentes en Cuba o en otros países socialistas.

En los años ochenta los países integrantes del bloque soviético mostraban signos de fatiga, la corrupción y la desidia devoraban el sistema, y en consecuencia el descontento generalizado empezó a mostrarse hasta organizarse en núcleos que rechazaban las dictaduras.

El agotamiento del sistema fue absoluto. La corrupta clase dirigente fue incapaz de encontrar formulas para responder a la crisis estructural que ya enfrentaban todos los gobiernos. El poder soviético cayo por consunción, se devoró a sí mismo.

Quizás el proceso más singular y que a la vez mostraba la alta vulnerabilidad del poder soviético fue el que se desarrolló en Polonia con el sindicato Solidaridad. La relevancia e influencia de este sindicato fue tan determinante que la norma soviética se quebró de forma irreparable cuando el general Wojciech Jarulseski, comandó un golpe de estado y designó un Consejo Nacional de Salvación, integrado exclusivamente por militares, al mejor estilo de los golpistas latinoamericanos.

Como consecuencia del golpe, la policía política asumió un control importante de sus acciones, lo que resultó en el asesinato del sacerdote católico Jerzi Popieluszko.

Popieluszko al igual que Paya fue discriminado por sus ideas religiosas. Fue el capellán del Movimiento Solidaridad y el cubano fue el principal promotor del Proyecto Valera, inspirado en un sacerdote comprometido política y socialmente con los sin derechos.

El polaco fue secuestrado y asesinado, 1984, cuando regresaba de un viaje. Tres agentes le ataron a una piedra y le lanzaron al río Vístula. El sacerdote gustaba decir "Sólo debemos tener miedo de traicionar a Cristo por cuatro monedas de estéril tranquilidad".

El cubano perdió la vida en un viaje de trabajo en el que promovía que cada ciudadano debía tomar conciencia de sus derechos. Paya decía " A los cubanos les han creado una conciencia clara de no tener derechos, y que el poder político de un hombre y un partido está por encima de todo, creando con esto un total desorden social".

Jerzi Popieluszko, afirman los historiadores fue la última víctima del comunismo polaco, roguemos porque Osvaldo Paya y Cepero sean también las ultimas del castrismo.

Dependencia o autosuficiencia

El error más grave en que puede incurrir una fuerza política y/o militar, es cimentar su estrategia y el logro de sus fines, en la ayuda de un factor que no sea parte esencial del conflicto.

Esta situación se hace más compleja cuando la ayuda proviene de una nación que está regida por leyes y la opinión pública, como es el caso de Estados Unidos.

El Ejecutivo puede simpatizar con su "cliente" pero no puede faltar a las pautas por las que tiene que regirse. Situación similar enfrentan los congresistas.

Mientras los intereses de ambos coincidan, el usufructuario de la ayuda no confrontará problemas, pero en la medida que los intereses de las partes comiencen a chocar se producirá un congelamiento que puede concluir en un encuentro frontal entre los antiguos asociados.

Un ejemplo de estas situaciones fue el inequívoco apoyo de Fidel Castro a las guerrillas del Frente Nacional Eritreo, Etiopía, para luego abandonarla y perseguirla, cuando el extinto Menguistu Marián asumió el control del estado etíope.

Algo similar ocurrió con Somalia. El dictador Siad Barre, era cliente de Moscú y La Habana, pero cuando Etiopía se convirtió en pieza del juego soviético abandonaron a Somalia en su guerra con Etiopía, dándose la paradoja que los soldados etíopes con armas made in USA, eran asesorados por especialistas soviéticos y cubanos, mientras los somalíes combatían con armas fabricadas en la URSS.

La dependencia es un gran lastre para cualquier proyecto, máxime si es político. Mientras no haya autosuficiencia, el cofrade no dejara de ser la sucursal de una casa matriz que toma las decisiones fundamentales, restándole solo el rol de brazo ejecutor.

La dependencia le transformará en un instrumento más en la política general de la "potencia" que le asiste, porque ningún estado hace dejación de sus intereses para favorecer las necesidades de un aliado por vitales que estas sean para su asociado.

Patéticos ejemplos entre muchos, son las relaciones de Estados Unidos de América con la República de Viet Nam del Sur y la de la desaparecida Unión Soviética con Afganistán.

A través de la historia son múltiples los casos oficiales u oficiosos de apoyo prestado por gobiernos extranjeros a las fuerzas de la oposición de un gobierno enemigo o adversario.

El respaldo de Cuba, Venezuela, Estados Unidos y Costa Rica al Frente Sandinista para derrocar a Somoza. El de los nazi-fascistas a las fuerzas franquistas contra el gobierno republicano español y el respaldo chino-soviético a las fuerzas insurgentes de Laos, Camboya y Viet Nam del Sur, a través de Viet Nam del Norte.

Estos casos demuestran que recibir subsidios puede ser efectivo siempre y cuando los intereses comunes de ambas partes no dejen de ser coincidentes; situación que tiene cierta relación con el nivel de autosuficiencia que logre el "beneficiario".

Es evidente también que cuando la organización y preparación, dentro o fuera del país matriz, de un proyecto desestabilizador contra otro estado adversa las necesidades o conveniencias del "patrocinador" este interrumpirá sus vínculos con sus asociados sin importar los perjuicios que la ruptura le acarree a su antiguo aliado. Un ejemplo aleccionador podría ser el supuesto abandono de Fidel Castro a Ernesto Guevara en Bolivia.

La evolución de las condiciones internas y externas del "padrino" ejerce influencia determinante en la capacidad operativa de la facción o gobierno, según el caso, pero también en sus posibilidades de sobrevivencia. La subordinación establece una dependencia que de no superarse, puede provocar el colapso de los proyectos del "ahijado".

Recordemos que Estados Unidos abandonó a los cubanos que desembarcaron en Bahía de Cochinos en 1961. De nuevo los dejaron en la estacada durante la operación Mongoose, por solo mencionar dos casos.

La nombrada "Contra" nicaragüense siempre fue sujeto de los vaivenes de la política de Estados Unidos, lo que afectaba seriamente su capacidad combativa.

La experiencia histórica determina que toda fuerza política o militar, beligerante o no, debe procurar ser autosuficiente, o al menos poseer un mínimo de recursos propios que obliguen a los eventuales aliados a no retractarse de los compromisos contraídos, ya que de producirse una ruptura, el socio abandonado estaría en capacidad de producir una crisis que afectaría a fondo los intereses del antiguo protector.

Esto lo aplicaron los palestinos en Líbano, Jordania y Egipto, aunque en honor a la verdad siempre fueron aplastados.

Una facción que disputa con una dictadura demanda mucha solidaridad internacional, máxime si el régimen que confronta responde a un signo ideológico, pero la probable asistencia económica y material de un factor ajeno a la raíz del diferendo nunca debería generar dependencia.

La perspectiva de lucha debe ser auto sostenible. Basar las estrategias en factores extranjeros es hipotecar el presente sin garantizar la independencia y existencia del futuro.

Dialogo o confrontación

No hay disputas por trágicas que sean que no se resuelvan por medio de conversaciones entre las partes en pugna.

La historia está repleta de cruentas guerras y de posteriores negociaciones en las que el fin del conflictos se logra por medio de conversaciones y ulteriores pactos, cierto que por lo regular hay un perdedor, pero es una regla con muchas excepciones, en particular, cuando las partes están conscientes de que no están en capacidad para destruir a la otra.

La oposición política en Venezuela siempre se ha ajustado a las reglas de convivencia que impone la democracia. Los políticos que rivalizan con el chavismo han actuado ajustados a derecho. Han respetado la institucionalidad del país aunque el gobierno la haya violentado en innumerables ocasiones.

Por otra parte la constitución ha sido siempre interpretada a la "manera" que le conviene al gobierno. Por ejemplo, cuando se decidió que se ajustaba a la Carta Magna que Nicolás Maduro continuara en la presidencia después de la muerte de Hugo Chávez, y que se podía postular al cargo sin violar lo prescrito en la Constitución.

Tanto la candidatura de Maduro como su elección, estuvo envuelto en una maraña de interpretaciones inspiradas en la exclusiva conveniencia del grupo de gobierno.

La realidad es que si la autocracia Maduro-Cabello accedió a conversar con la oposición no fue porque ésta se lo pudo haber demandado en múltiples ocasiones, sino porque un sector del pueblo venezolano hizo, y lo continúa haciendo, gala de un heroísmo que ha conmovido los cimientos del régimen.

Durante todos estos años los demócratas venezolanos han hecho grandes esfuerzos y sacrificios para conciliar las diferencias con el gobierno, a pesar de las constantes ofensas y descalificaciones procedentes del oficialismo.

Ha participado en elecciones en las que sus victorias han sido escamoteadas por regulaciones del ejecutivo o por decisiones judiciales. Sus derechos han sido restringidos y su acceso a los medios de comunicación cada vez son más limitados.

Recientemente una diputada, María Corina Machado, fue separada de su bancada. Varios alcaldes han sido encarcelados y líderes de la talla de Leopoldo López criminalizado y encarcelado por defender sus convicciones.

La autocracia venezolana siempre ha dado pocas muestras de respetar a las fuerzas políticas que le adversan. El desaparecido presidente Hugo Chávez nunca consideró a la oposición como rival o adversario político, sino como enemigos que había que destruir. Una enseñanza en la que su heredero Maduro ha sentado cátedra.

El desprecio del chavismo hacia la oposición es congénito en todo régimen despótico. Por años ha intentado desacreditarla, destruirla, y dejar el país sin otra opción que no sea la que el gobierno ha procurado imponer en los últimos quince años.

Si hay un dialogo en Venezuela, independiente a sus resultados, no fue porque los gobernantes cambiaran sus perspectivas, sino porque un sector de la oposición ha demostrado disposición a enfrentar las consecuencias con unas protestas cívicas tan ejemplares, que hasta los aliados en la Unión de Naciones del Sur, UNASUR, de Maduro, le recomendaron que lo políticamente correcto era reunirse con la oposición y buscar puntos de encuentro.

Maduro siguió el consejo, aunque previamente había contado con la complicidad de la Organización de Estados Americanos, porque el país estaba al borde la ingobernabilidad. La opinión pública internacional estaba pendiente de lo que acontecía en Venezuela. Los estudiantes se ganaron la admiración y el respeto de todo individuo comprometido con la libertad. Fueron muchos sus sacrificios, al extremo que varios estudiantes entregaron sus vidas en el reclamo de sus derechos.

Sin dudas que el dialogo es necesario, ojala el gobierno muestre tolerancia, compresión y que la sensatez prime sobre las diferencias, y se lleguen a acuerdos que permitan a todos los ciudadanos disfrutar de sus derechos, pero no se puede pasar por alto que el presidente Maduro dijo "no pacto o negociación, solo voluntad de paz. Queremos un modelo de convivencia, de tolerancia", o como expresó el canciller Elías Jaua, "el Presidente ganó el mandato del pueblo y no puede hacer lo que pretende la MUD como gobierno".

La oposición tanto la que dialoga como la que continúan en las calles protestando debe blindarse contra cualquier intento de división de parte del gobierno, María Corina Machado lo dijo en Bruselas, "Hay una pretensión de dividir las fuerzas democráticas en Venezuela que sale directamente de Cuba."

Por su parte Antonio Ledezma, Alcalde Metropolitano de Caracas, fue enfático cuando dijo que el movimiento estudiantil que está en las calles, tiene el liderazgo en la democratización del país, y señaló que el objetivo fundamental de esa lucha es conseguir una genuina separación de poderes para restablecer la democracia.

El americano feo

Muchos de nosotros tendemos a identificar a Estados Unidos con tres fundamentos de la civilización occidental: la democracia, la economía de mercado y el desarrollo tecnológico, pero hay otros factores de primordial importancia que distinguen favorablemente al pueblo estadounidense, y uno de ellos es su sentido de la solidaridad y la voluntad de ayudar a las naciones en problemas, sin que cuente el tipo de relación que en ese momento sostengan con el país en cuestión.

Otro elemento de suma importancia, y este se aprecia con particularidad en los círculos intelectuales e informativos de este país, es no ocultar los problemas que enfrentan la nación y menos callar ante los excesos y abusos de las autoridades y las agencias gubernamentales. Hay una clara conciencia de que el gobierno hay que tenerlo a raya porque la soberanía de la nación radica en la de los individuos.

La prensa en particular y el cine en especial no reparan en abordar asuntos que en cualquier otro país se podrían considerar contrarios a la dignidad nacional o a la seguridad del estado; al extremo de que en muchas ocasiones exageran sobre los acontecimientos que informan, y obvian la objetividad y el balance que exigen cuando los asuntos tratados no son políticamente correcto.

El estadounidense promedio no tiene que buscar en la cinematografía o la prensa extranjera información sobre los males y defectos de Estados Unidos.

Una de las ventajas más importantes de la democracia estadounidense es que se puede informar sobre los acontecimientos y el que guste, por oficio o simple interés, puede modificarlos en base a lo fecunda de su imaginación y llevarlo al cine o publicar un libro que mientras más impugne el "establecimiento" más posibilidades tiene de convertirse en un éxito literario o cinematográfico.

Es improbable encontrar un país que haya hecho más películas críticas sobre los servicios de inteligencia de Estados Unidos o que hayan filmado más pietaje sobre conspiraciones de un gobierno central contra los derechos ciudadanos, que los productores de Hollywood.

Sin remitirnos a un pasado muy remoto tenemos aquellas películas y otras publicaciones sobre Viet Nam en la que solo se reflejaban los crímenes, reales o ficticios, en que incurrían las tropas estadounidenses o las contemporáneas que muestran la actuación, por lo regular desde una óptica negativa, de las unidades militares de Estados Unidos en Irak o Afganistán.

Es un privilegio vivir en una sociedad que es capaz de mostrar abiertamente, sin tener que hacerlo a escondidas, crímenes como los que tuvieron lugar en Abu Ghraib, denunciar el traslado ilegal de prisioneros a terceros países o la ilegalidad de que un individuo en base a la voluntad de un funcionario, sea calificado como combatiente enemigo y pierda sus derechos ante la justicia y sufra el flagelo de la tortura.

No obstante los privilegios de poder acceder a una información libre y cuestionar sin restricciones, no deben tornar al ciudadano de este país en un Devorador de Pecados como refería aquella película de Brian Helgeland, en la que un sacerdote ingería los yerros del cuerpo del difunto para que este pudiera entrar al paraíso.

A veces y esto tiene visos de morbosidad, se aprecia una clara deriva a sentir culpa ajena en muchos estadounidenses que al parecer han llegado a la conclusión de que su gobierno, cualquiera que este sea, es el responsable de todos los males del planeta. Otros consideran que esta sociedad debe ser imitada a como dé lugar por el resto del mundo.

Sin dudas que Estados Unidos como la nación más poderosa del mundo tiene compromisos ineludibles, pero también es verdad que en la mayoría de las ocasiones los primeros responsables de sus problemas son quienes los padecen y que esa responsabilidad tiene límites que no se deben violentar.

Pero retornemos a los tragadores de errores ajenos que en cierta medida no dejan de ser replicas de aquellos dos funcionarios de la novela el "Americano Feo" de William Lederer y Eugene Burdic, que en una embajada estadounidense en un país del sur de Asia, convencidos de la bondad de su conducta pero embriagados de paternalismo y arrogancia no se percataban que en ocasiones con sus acciones, humillaban a los que recibían sus dadivas, lo que generaba en muchos individuos envidia y rencor, por la vergüenza que engendraba la descarnada compasión de que eran objetos.

Lo paradójico de esta situación es que estos Salvadores se encuentran en todas las expresiones políticas y sociales de Estados Unidos, por lo que la honrada amistad y solidaridad de esta gran nación, no pocas veces es contaminada por la soberbia de algunos de sus actores.

No es difícil encontrar quienes afirman que la pobreza y el hambre mundial es un débito del gobierno y la clase dirigente de esta nación; que América Latina padece el flagelo del populismo porque la Casa Blanca la ha abandonado y que existe la obligación de llevar la democracia a los países del mundo Árabe aunque haya que hacer la guerra con la dolorosas consecuencias de un conflicto.

En fin, para los comedores de Pecado el genocidio de Darfur es culpa de Washington, el deterioro ambiental única responsabilidad de Estados Unidos y es obligación de este país resolver todos los problemas aunque los beneficiados lo rechacen. Ese paternalismo es tan nefasto como la indiferencia, porque genera envidias y animosidades.

Todo a la medida, y no se puede decir que sin las ambiciones de ser Dios, porque hay quienes hasta se resienten del Poder de Dios.

Venezuela. El odio como factor de lucha

Todos los sectores de la sociedad venezolana desde hace años están reclamando acciones punitivas contra los delincuentes sin que las autoridades les hubieran prestado la menor atención, hasta que lamentablemente tuvo que producirse un homicidio de relieve internacional para que el presidente Nicolás Maduro reconociera lo grave de la situación y convocara a una reunión en la que propuso una lucha conjunta contra el crimen, más la ejecución de un plan de pacificación.

El presidente Maduro y el ministro del Interior, Miguel Rodríguez, declararon que la inseguridad era también responsabilidad de todos los ciudadanos, un decir que sirve para socializar la culpa y diluye el compromiso del gobierno en una actividad de su incumbencia, por eso estuvo muy acertado Gonzalo Himiob del Foro Penal Venezolano, cuando dijo "La seguridad es una competencia exclusiva y excluyente del Poder".

Durante todos sus gobiernos el desaparecido presidente Hugo Chávez, de quien Maduro fue el más estrecho colaborador, restó importancia a la espiral de violencia criminal que vivía el país, y hasta se podría decir que la incentivaba cuando dijo en varias ocasiones que las diferencias sociales eran la causa de la delincuencia, una afirmación que estimula la lucha de clases y genera resentimiento, en el mejor de los casos, entre los sectores más desposeídos y los pudientes.

Estas declaraciones de Chávez fueron reiteradas recientemente por Elvis Amoroso, presidente de la Comisión de Política Interior de la Asamblea legislativa de Venezuela, cuando afirmó que la delincuencia fue originada por el sistema capitalista que atropelló y destrozó a los jóvenes desde el punto de vista social, y agregó que si se busca la causa fundamental de la delincuencia esta se encuentra en el pasado.

El odio como factor de lucha, como dijera Ernesto Guevara.

La violencia, tanto bajo Chávez como de Maduro, al igual que las prebendas o favores del oficialismo tanto a partidarios como funcionarios gubernamentales, han sido herramientas útiles para generar en el país una situación de caos e inestabilidad que puede conducir a un sector de la sociedad, a una desesperanza de futuro que solo beneficia a los que detentan el poder.

Varios son los factores que inciden directamente en el incremento de la criminalidad, que las autoridades han permitido crecer y fortalecer aparentemente con fines de facilitar el control político, en estos últimos quince años.

Uno de ellos es el abuso de palabra, la descalificación moral, la intimidación y las agresiones físicas a quienes disienten del gobierno. Exhortar al saqueo de los bienes de quienes no son leales al gobierno, es incitar a la violación de los derechos de los otros y crear condiciones para actos de mayor violencia.

También la impunidad ha sido un incentivo para los delincuentes. Hay informes que mientras en el país aumentan los homicidios disminuyen las detenciones, y que de los pocos criminales que son capturados, el 91 por ciento es puesto en libertad, según la ONG, El Observador Venezolano de Violencia.

Provea, otra organización no gubernamental pero orientada a la educación y a los derechos humanos expuso en un informe, "la impunidad es una de las mayores fallas del sistema de administración de justicia en el país, ya que la no investigación y sanción a los responsables de violaciones a los derechos humanos favorece la persistencia de las violaciones" y agrega, persisten las ejecuciones, torturas, desapariciones forzadas, y violencia en las cárceles.

Otro factor, tal vez el más importante, es la fragilidad del estado de derecho. Las autoridades actúan al margen de sus propias leyes y decretan otras que violan derechos naturales como el de la propiedad, lo que sirve de ejemplo para aquellos que consideran que el control de la violencia es fuente de derechos.

En consecuencias no se puede descartar que el incremento excesivo de la criminalidad en Venezuela haya sido una estrategia de gobierno.

En las actuales condiciones que enfrenta el país, una ofensiva contra la criminalidad demandara medidas severas para llevar el orden a la sociedad, lo que evidentemente repercutiría en la restricción de los derechos ciudadanos pero con el pretexto de combatir la delincuencia, con la particularidad que como régimen despótico, cuando lo considere conveniente situara fuera de la ley a la oposición política.

Regímenes como el venezolano que gustan presentarse al mundo como gobiernos legítimos, tienen que amparar sus acciones represivas como si fuesen reclamos de la población contra quienes representan una amenaza, por lo que se les hace necesario convencer a los ciudadanos de que sus vidas y bienes están amenazados para así conducirlos a reclamar del Gobierno, medidas restrictivas que en el momento adecuado puedan ser utilizadas para cercenar sus derechos.

El fundamentalismo islámico en América Latina

La proyección hacia el exterior del régimen fundamentalista de Irán no es nueva, como tampoco lo es el fortalecimiento de sus fuerzas armadas que amen de desarrollar constantemente nuevas tecnologías y estar intentando desarrollar un arma nuclear, tiene cerca de medio millón de efectivos en servicio activo.

Como todo régimen de fuerza Irán necesita un enemigo externo que le posibilite generar crisis internas que justifiquen las acciones represivas contra su propio pueblo, a la vez que establece alianzas con gobiernos afines con sus propósitos, como en este caso son los países que integran la alianza extremista que encabeza Hugo Chávez.

Históricamente la dictadura de los Guardianes de la Revolución se había circunscrito a respaldar los grupos terroristas de Hamás y Hezbollah, a tener una estrecha relación con la dinastía siria de los Al Asad y a generar una constante desestabilización usando a sus correligionarios chiitas que residen en los países árabes, pero en esta ocasión la proyección hegemónica trasciende el océano y arriba con extremo vigor a América Latina en un momento en que Teherán se apresta a presidir el Movimiento de los No Alineados, que aunque no tiene la influencia del pasado, continua siendo un instrumento conveniente de penetración y propaganda.

Mahmud Ahmadinejad como líder de la teocracia iraní, ha mostrado un gran interés en América Latina, visitándola desde el 2006 a la fecha varias ocasiones.

En la actualidad su país cuenta con representaciones diplomáticas en numerosos países del hemisferio y trata de fortalecer las relaciones comerciales con todos, aunque es evidente que sus asociados más estrechos son los regímenes de Venezuela, Ecuador, Nicaragua y Bolivia, sin excluir la dictadura cubana que es sin duda su aliado más antiguo en el continente.

Vale destacar que las misiones diplomáticas iraníes cuentan con un número importante de funcionarios que se esfuerzan por estar al tanto de lo que ocurre en el país que operan y en ejercer influencia en todo lo que esté a su alcance.

Ahmadinejad que está retando a Estados Unidos en su zona de influencia más cercana y fortalece alianzas con los enemigos de Washington, tiene entre sus objetivos a la opinión pública latinoamericana a la que espera influenciar a través de Hispan TV.

La Habana y Teherán que han negociado para el intercambio de noticias, remarcaron el interés de ambos países de integrar los medios de comunicación en sus relaciones. En estas conversaciones está incluida la red de televisión Telesur radicada en Caracas, que es una herramienta de difusión chavista.

Ezatollah Zarghami, jefe radiodifusión de la República Islámica de Irán dijo que "Esta nueva red española tendrá un papel importante en la reflexión de la legitimidad ideológica de nuestro sistema para el mundo", a la vez, un comentario, que es un instrumento para el proselitismo del islamismo más radical.

El gobierno iraní siempre mantuvo unas relaciones estrechas con la dictadura cubana. La alianza se remonta a 1979, cuando el gobierno de Cuba reconoció al régimen fundamentalista iraní y afirmó que no había contradicción entre religión y revolución, en el preciso momento que los religiosos cubanos eran perseguidos en la isla. Los Ayatolas y los dictadores cubanos siempre han estado asociados por el profundo odio que sienten hacia Estados Unidos y hacia toda sociedad democrática.

Algo similar ocurre con Hugo Chávez, Rafael Correa, Evo Morales y Daniel Ortega.

Venezuela por sus características geográficas, riquezas y la ambición de Chávez, es en la actualidad el aliado natural de los extremistas iraníes. Ambos países han firmado numerosos acuerdos y hasta firmaron un entendimiento sobre apoyo y cooperación militar.

Aunque las relaciones entre Irán y el gobierno de Cristina Fernández, como consecuencia de los atentados terroristas en la embajada de Israel en Buenos Aires y a la Asociación Mutual Israelita Argentina, también en la capital, no son las mejores, están en proceso de renovarse por propia voluntad de la Casa Rosada.

Este no es el caso de Brasil. Mientras Lula da Silva respaldó a Ahmadinejad, la presidenta Dilma Rousseff aceptó la constitución de una Relatoría de Derechos Humanos para el país asiático, cosa a la que da Silva se había opuesto en el pasado.

Ahmadinejad y Chávez están unidos por su odio a Estados Unidos. Hay muchas informaciones de que Irán tiene un especial interés en el uranio venezolano, lo que concuerda perfectamente con las ambiciones nucleares del país asiático, especialmente si se toma en cuenta que en lugares apartados de Venezuela se han instalado fábricas propiedad de iraníes o del gobierno de ese país.

El viaje de Ahmadinejad preocupa a Estados Unidos, y debería causar inquietud en todos los países democráticos de la región, no solo por las características políticas del régimen que representa, sino también por la intolerancia y el sectarismo religioso que personifica el máximo representante de un régimen teocrático.

El hechizo de los redentores

Los griegos decían que el carisma era un regalo divino, en consecuencia si procede de los dioses, es ajeno a los conceptos sobre el bien y el mal de los simple mortales.

Esa habilidad para generar entusiasmo, atraer, convencer, llamar la atención e inspirar confianza, es un don especial que atrapa a los magnetizados en una telaraña virtual de la que se hace difícil escapar porque entre otros factores, engendra dependencia y complicidad.

A esos individuos les puede rodear un aura de santidad o heroísmo. Sus actos difieren de los de las mayorías. Son rebeldes y tienen una infinita confianza en sus capacidades.

Otros componentes posibles de estas personalidades son: una sonrisa perpetua que muta a rigidez y furia celestial, cuando lo que propone está en peligro o es atacado.

Un lenguaje halagador fácil, sencillo. Rápida confraternización con el interlocutor o el público. Capacidad de trasmitir su certeza a la multitud a la que se dirige, como si fuera a un individuo en particular.

El líder carismático se diferencia del "Jefe" en que no inspira miedo, gana adeptos por el respeto y la confianza que infunde. Vende a futuro, promete paraísos que el ávido comprador negaba minutos antes fuera posible su existencia.

Sin embargo en no pocos casos los lideres carismáticos han sido crueles, manipuladores, malignos, y con una capacidad de destrucción de carácter excepcional. Sus seguidores se transforman en las herramientas de sus propósitos.

La condición mesiánica de este tipo de líder suele desarrollar toda su potencialidad en una sociedad en crisis. Una comunidad nacional o local en problemas, es un caldo de cultivo ideal, porque vigoriza la figura del Guía, lo que le permite desarrollar hasta en los más pequeños detalles sus propuestas.

El carisma es intangible y difícil de definir. La apariencia física, la voz, el talento para la comunicación y una inteligencia notable, son entre otros, factores que pueden hacer mas intensa y extensa la capacidad de persuasión del elegido, pero aunque algunas de estas cualidades falten, el individuo sigue siendo una personalidad notable que no pasa inadvertida para quienes le rodean.

El líder carismático tiene una autoridad muy difícil de cuestionar. Sus decisiones son respaldadas voluntariamente por sus partidarios y cuando deciden extender su influencia hasta aquellos que son inmunes a su magnetismo y recurre a la violencia, le es fácil encontrar fieles dispuesto a llevar la nueva verdad hasta el último cobijo.

La confianza que inspiran y las esperanzas que siembran, atraen labriegos morales que sin cargos de conciencia, aplican la guadaña para eliminar la hierba corruptora.

El Profesor Richard Wiseman dice que una persona carismática tiene tres atributos, A) Siente emociones de forma muy intensa, .B) Las induce en otras personas .C) Es ajena a la influencia de otras personas carismáticas.

Por otra parte Max Weber considera que estos lideres tienen la habilidad de trasmitir ideas complejas de forma sencilla, se comunican usando símbolos, analogías, metáforas e historias.

Desde hace mucho tiempo escuchamos decir que a determinado dirigente le falta carisma para convencer, como si esa condición de excepción fuera suficiente para que un elector consciente le conceda su confianza.

El carisma como dice Weber, no es garantía de que la misión proyectada sea la correcta, ética y exitosa, por lo que aquellos que tienen el derecho a elegir a sus representantes, sin rechazar el liderazgo carismático, deben ser mas juicioso y no dejarse encantar por modernas sirenas.

Los medios de comunicación han sido un factor determinante en promover individuos carismáticos.

En el pasado las condiciones de excepción de estas personalidades quedaban circunscritas a espacios limitados, pero en la actualidad son globalizadas y su imagen y discursos, satisfacen las expectativas de los que demandan reivindicaciones hasta en lugares que en el pasado reciente no era posible.

No hay vacunas contra el carisma si exceptuamos la plena conciencia de que se poseen derechos naturales que no pueden ser transferidos ni asumidos por otros. La experiencia es un antídoto, haber padecido o convivido en un "paraíso", puede estimular anticuerpos contra un nuevo hechizo.

Pero es evidente que hay quienes nacen inoculados o tienen disposición a ser contaminados. Son seducidos, atraídos, convencidos y esclavizados por un Mesías redentor, cuyas promesas pueden no ser de este mundo, pero que los partidarios asumen como una realidad incontrastable y pueden hasta matar por ellas.

Muchos opinan que el flautista de Hamelin era un intérprete de gran carisma, que su persona podía pasar inadvertida, pero su flauta tenía la capacidad de conducir hasta la propia muerte a los ratones de aquel modesto poblado alemán, lo que obliga a pensar que algunas personas tienen oídos de ratones y marchan hacia los precipicios sin percatarse del desastre.

El prontuario criminal del castrismo

El legado de Fidel Castro, del que no se puede excluir a su hermano Raúl porque hizo aportes esenciales a la sobrevivencia del régimen, es un prontuario criminal que empequeñece al de cualquier otro dictador del hemisferio.

Castro irrumpió en la política a través del pandillerismo universitario. No pudo acceder al liderazgo de la Federación Estudiantil Universitaria, y se asoció con los dos grupos más violentos que operaban en la década del 40 en la Universidad de La Habana.

Su capacidad para sobrevivir se desarrolló entre aquellas familias mafiosas. Allí aprendió a mezclar el asesinato con la adulación. Audaz, inteligente y manipulador, se rodeó de un grupo de incondicionales que le han sido fieles por décadas.

Más tarde, un enemigo sin convicciones lastrado por la corrupción, le permitieron convertir unas escaramuzas rurales en una epopeya digna de Homero. La clase dirigente cubana y la prensa nacional, salvo honrosas excepciones, hicieron dejación de su soberanía. El populacho fue consumido por un nuevo César que desde el principio les dio circo y poco a poco les robó el pan.

El Totalitarismo se dio nuevas leyes. Las parodias de procesos legales permitían asesinatos públicos. Se fusiló en parques, cementerios y detrás de las escuelas. Se militarizó la sociedad. Se implantó el terror. Se impuso un paradigma que promovía el odio y el tableteo de las ametralladoras para resolver las diferencias. Las bases culturales y morales de la nación, como parte de un Plan Nacional que pretendía recrear la conciencia ciudadana, fueron quebradas para introducir nuevos valores y dogmas

La escuela fue cuartel y centro de adoctrinamiento, las generaciones emergentes crecieron en un ambiente de triunfalismo en el que la frontera la definía la frase "con la Revolución todo, contra la Revolución nada".

Decenas de miles de personas fueron a prisión. Miles más partieron al exilio. La libertad intelectual desapareció. Se estableció un estricto control de los medios informativos. Las religiones fueron enclaustradas en sus templos. Una especie de nueva devoción impuso sus propias tradiciones, cultos, lutos y fiestas

Paradójicamente el chauvinismo que impulsó el oficialismo de que Cuba y lo cubano era mejor y superior, fue transformándose en un profundo sentimiento de frustración, según el individuo fue viviendo los fracasos y padeciendo las contradicciones del régimen.

El "compañero" se quedó de pronto sin los sostenes teóricos que por décadas le habían sido insuflados. Se percató que se había formado en un ambiente en el que las consignas sustituían los pensamientos y la mentira se convertía en verdad y en poco tiempo volvía a ser mentira, que el fraude procedía desde las más altas esferas y que la igualdad era otra gran estafa.

El miedo y la conveniencia sustituyeron al concepto del derecho personal. Un amplio sector del país se conduce con feroz individualismo, practica el cinismo más ramplón y conforma una masa coloidal que se adapta a la situación que menos esfuerzo demande.

Los promovidos progresos cubanos, deporte, educación y salud, fueron otra decepción. Se acabaron las contribuciones y el milagro social se desplomó.

En la isla se ha establecido una nomenclatura que ha disfrutado sin interrupción del poder absoluto. Se instituyó una aristocracia artística, deportiva e intelectual, supeditadas al compromiso político. Las Fuerzas Armadas sirvieron como ejércitos mercenarios, y hoy son generadora de fortunas para sus generales. El movimiento obrero es otra empresa del estado.

La estafa, la vulgarización del lenguaje y las costumbres, la masificación del ciudadano, hicieron desaparecer al individuo y por consiguiente la privacidad.

El pudor se escabulló en la promiscuidad y la prostitución, presentes en toda sociedad, pero siempre cuestionadas, se reconciliaron con la comunidad para ser aceptadas como prácticas comunes, porque lo primero era "sobrevivir" sin importar cómo.

La corrupción, el abuso de poder y el cisma provocado por la sectarización moral e ideológica de la nación, han alcanzado niveles nunca imaginados. Décadas de *castrismo* han esparcido una dolorosa sombra en el presente, y prometen un angustioso alumbramiento de futuro.

El *castrismo* es el principal responsable de la corrosión moral que amenaza extenderse a toda la nación.

En la actualidad la economía es parásita, mendiga, dependiente de la generosidad de otros países como Venezuela y China. Se habla de reformas económicas, pero no se puede obviar que el régimen ha reprimido por décadas el desarrollo de una economía independiente.

Fidel y Raúl Castro dejan una herencia lamentable. Los números están en rojo, no solo porque la economía esté destruida, sino por la frustración de millones de personas que compraron el sueño que les fue robado, por la amargura de los que enfrentaron el sistema sin éxitos y por una sociedad que salvo excepciones, ha pedido las esperanzas.

El terror como instrumento de control

El terror como instrumento de control, intimidación y manipulación es usado por extremistas de toda clase, en particular políticos o religiosos, desde tiempos inmemoriales.

Han sido muchas las minorías étnicas y políticas que han recurrido a la violencia más descarnada para lograr sus propósitos. También la delincuencia común usa el terror como arma de presión para lograr sus fines.

El terror ha estado presente desde el principio de los tiempos. El atentado a la vida inocente o ajena, salvo que sea catastrófico, cuenta con la casi indiferencia de aquellos que no han sido afectados por el desastre.

La muerte del prójimo debería ser menos ajena porque los medios de información permiten visualizarla, pero paradójicamente, la muerte de Abel o de Caín, nunca había calado menos en un número importante de representantes de la especie humana.

La guerra civil Siria, cada día preocupa menos, el terrorismo de los extremistas islámicos de ISIS y los asesinatos en masa contra iraquíes de otras confesiones religiosas, es un crimen de baja exposición si se compara con el histórico conflicto israelí-palestino, que tiene un gran despliegue internacional, porque más allá del lamentable desastre humano que implica, es un instrumento útil para los enemigos de Israel.

Los perjuicios de la práctica terrorista se han incrementado con el desarrollo de las tecnologías, y por la presencia en casi todas las sociedades nacionales de inadaptados que asocian su trascendencia con la destrucción del vecino y sus bienes.

Los llamados estados terroristas son los que más accesos tienen a estos recursos, pero eso es parte de otro trabajo.

El suicida del pasado reciente se ha ido transformado en el suicida-homicida de la modernidad, un individuo de poca humanidad, sin visión de futuro y de una crueldad que solo pueden vislumbrar sus víctimas.

Una gran parte de las organizaciones terroristas contemporáneas están inspiradas en conceptos religiosos o son usadas por estas facciones como pretexto para imponer el modelo político que proponen, dictaduras extrema que en vez de sostenerse en una ideología, lo hacen en una religión.

Estos individuos recurren a la religiosidad para encubrir sus propósitos. Su verdadera intención es el control político y la supuesta difusión de sus creencias religiosas solo tienen el objetivo de promover e imponer estados fundamentalistas en los que la vida este circunscritas a las valoraciones de los iluminados de turno.

Tal afirmación no implica que el terrorismo político haya desaparecido de la escena mundial, lo que sucede es que el proceso de Globalización hace muy difícil la presencia en estado puro de cualquier expresión pública por nefasta que esta sea.

Hay terrorismo político en Colombia, pero contaminado por la droga, el terrorismo checheno y palestino fueron quizás en sus orígenes de carácter político-nacionalista, pero en la actualidad ambos están penetrados por un supuesto integrismo musulmán, condición que se afirma con la vocación suicida de sus ejecutores.

El terrorismo suicida es particularmente peligroso. El suicida-homicida tiene un mínimo de autoestima. Es de suponer que los terroristas suicidas son grandes egoístas, individuos con un profundo temor a enfrentar los retos de la vida y unos enajenados que acortan una meta a la que la mayoría de los mortales no queremos llegar.

Un operativo suicida no tiene que poseer una inteligencia notable ni talentos especiales, solo una fe absoluta que la destrucción de su enemigo le deparara la victoria.

Evidentemente la vocación suicida de los terroristas puede estar influenciada por las miserables condiciones de vida en la que nacieron y crecieron muchos de sus ejecutores, pero el factor determinante para la inmolación como vía de redención está en su conciencia, porque los que encuentren en la muerte propia y en la de los demás, una vía para resolver las diferencias e impulsar concepciones religiosas o filosóficas, tienen más de desquiciados que de justicieros.

Tampoco hay que creer que todos los terroristas que escogen la vía del suicidio para perpetrar sus actos criminales son retrasados mentales o torpes fanáticos que compran el mito del edén de la leche y la miel.

Los hay cultos, técnicamente capacitados y con sensibilidad para cualquier perspectiva humana que no interrumpa su sueño holocaustico de un nuevo mundo redimido en el asesinato colectivo.

Esos son los líderes del terror, los inspiradores, los programadores de la muerte, que también están dispuestos a sucumbir en aras de una oscura intolerancia que habrá de generar nuevos suicidas, porque el mundo que prometen no sería viable para los que tienen la libertad y la dignidad consustanciada a su existencia.

El terrorismo no es básicamente un problema de educación o de miseria económica, sin que estén excluidas absolutamente, es fundamentalmente consecuencia de la crueldad extrema de sus promotores, sustentada en una ambición desmedidas de poder.

En la senda de los mesías

El presidente ecuatoriano Rafael Correa, ha demostrado estar entre los iluminados. Es uno de esos individuos que no padece la agonía de la duda, porque posee la verdad absoluta. Su visión de la realidad solo permite apreciar la existencia de dos colores, el blanco y el negro.

Su lenguaje es el de la confrontación, del género todo o nada y por lo que dice y hace, se puede colegir que está convencido de que el fin justifica el medio, si el propósito es imponer sus convicciones e intereses.

La soberbia del presidente se evidencia cuando concede una entrevista. Sus sonrisas sarcásticas, los aires de superioridad y hasta la fingida condescendencia con la que trata al comunicador, permite apreciar el desprecio que siente para aquel que se atreve a preguntar y no obedientemente esperar que él decida compartir su sabiduría.

Correa personifica una nueva versión del déspota. Es un hombre ilustrado, con títulos académicos, economista, pero que a pesar de su educación, no deja de ser y actuar como el caudillo más primitivo que busca imponer sus caprichos a los que gobierna.

El presidente es enemigo de la prensa y los periodistas, porque considera un reto a su poder que la labor de informar este fuera del control de su gobierno. Rechaza que los medios puedan opinar en su contra, criticar su gestión y en cierta medida detenten un poder que no puede someter.

Correa es un depredador de guantes blancos, al menos, en lo que concierne a la información. Hasta el momento, al parecer, no está dispuesto a cerrar en un acto de suprema soberbia, periódicos, emisoras de radio y televisión, o imponer restricciones a la Internet, tampoco ha enviado a sus partidarios a atacar las instalaciones como hace su colega Hugo Chávez o como hizo Fidel Castro, confiscar los medios informativos de un solo porrazo.

Pero si ha recurrido a los poderes públicos, incluyendo la policía, para confiscar en el 2008, los canales Gama-Visión, TC-Televisión, América Visión y los de servicio por cable, Cable Noticias y Cable Deportes.

Estos medios no fueron vendidos como era de suponer para recuperar los fondos de Filanbanco, sino que están al servicio de la propaganda oficial del Palacio de Carandolet. Curiosamente Correa empezó a usarlos antes de promover la reforma constitucional que le permitía aspirar a un segundo mandato.

El Presidente no concibe la independencia de los medios, porque son el contrapeso a la voluntad de quienes tienen el poder. En su discurso a la nación se cuestionó si la prensa debe ser un contrapoder de los más poderosos, los gobiernos, y como si no fuera suficiente dijo que la palabra "Libertad" se ha convertido en un comodín de la derecha, una expresión digna de las cavernas y no de un individuo que se vanagloria de sus conocimientos y cuestiona los de otras personas.

Consciente de que cuenta con un notable respaldo popular, alimentado por factores que se escapan de este trabajo, recurrió a la nueva fórmula autoritaria que caracteriza a varios gobiernos latinoamericanos y promovió un referendo con la intención de reformar la justicia y controlar la prensa.

Pese a que montó una gigantesca campaña a favor de su propuesta en los medios de prensa, muy en particular en los del estado, también recurrió a la técnica chavista de usar los medios privados con fines políticos y atacó a la oposición, periodistas y medios que le rechazan, desde sus propias sedes.

La victoria le dio herramientas para regular los contenidos sexuales, violentos o discriminatorios, pero los que se oponían a su propuesta declararon que el resultado podía ser usado para "censurar" los medios privados y terminar con las críticas a su gobierno. Un alerta confirmado con la sentencia contra el diario El Universo.

La reforma de la Justicia fue otra de las vías. Un Consejo para depurar a los magistrados que las autoridades califican de ineficientes y corruptos. Una disposición que le permite eliminar la independencia del poder judicial. Una estrategia que está orientada a que los funcionarios judiciales, en todas las instancias, respondan a la voluntad del presidente y no a la justicia.

En fin, el proceso y sentencia contra el diario el Universo, es la antesala del infierno que espera a los periodistas ecuatorianos y una amenaza a la libertad de prensa y expresión en cualquier parte, porque como dijera recientemente el ex editor de opiniones de ese diario, Emilio Palacio, la sentencia de este tribunal sienta un precedente peligroso para todos los periodistas y para quienes defiendan la libertad de expresión en cualquier lugar del mundo.

Sin dudas, tiene un estilo diferente pero igual objetivo que sus colegas del Alba. Es quizás más pulcro, pero no menos letal, porque a fin de cuentas para gobernantes como Correa, el miedo, siempre el miedo, conduce a la autocensura y para aquellos que tengan las convicciones suficientes para vencer sus terrores, están sus tribunales que los enviaran a prisión.

Entre la tempestad y la tormenta

Si hay una actividad de la que es muy difícil permanecer ajeno, hacerlo también se puede considerar una especie de suicidio, es la política, no hay gestión humana en la que no esté presente y en la que su influencia no sea determinante.

En consecuencia, la mayoría de las personas, aunque no tengan compromisos ideológicos ni realicen actividad política partidaria, están pendientes de las ocurrencias de los gobiernos de su comunidad y del país, en particular, cuando se aprecian situaciones que en alguna medida pueden provocar cambios sustanciales en la sociedad.

El electorado estadounidense está viviendo una campaña electoral sin precedentes. Primero, dos líderes populistas, de discursos incendiarios, y con partidarios tan fanatizados, que pueden llegar a atentar contra quienes no piensen como ellos.

Donal Trump y Bernie Sanders, han sido capaces de exacerbar pasiones a instancias poco conocidas en este país, en particular, los seguidores del senador, han demostrado tener tolerancia cero y en ocasiones actúan como si fueran parte de una brigada de respuesta rápida.

Tanto Trump como Sanders al auspiciar posiciones extremistas, han estimulado la división de los respectivos partidos que representan, lo que se apreció con la ausencia de muchos líderes republicanos en la nominación del candidato y las enérgicas protestas de muchos de los partidarios del senador en la convención demócrata.

Sanders quedó fuera de la competencia para el cargo electo más importante del mundo, pero los que restan en la contienda, Hillary Clinton y Donald Trump, tampoco son los candidatos más idóneos para la presidencia de Estados Unidos, lo que sitúa al elector consciente de la responsabilidad de elegir, en una difícil disyuntiva.

No obstante el desencanto de los votantes no debe repercutir negativamente en el ejercicio de un derecho fundamental.

Hay que votar, aunque ambos aspirantes estén empatados en una impopularidad histórica que según diferentes encuestas reflejan que seis de cada diez electores tienen de ambos postulantes opiniones negativas. Otros sondeos exponen que son los candidatos con menos respaldo popular en toda la historia electoral del país.

Decidir por uno u otro candidato, salvo para aquellos que actúan enmarcados en el partido que militan, exige una profunda reflexión y un análisis serio de que puede significar para el país y el mundo favorecer a uno de los dos, aunque no cabe duda que sobraran electores que votaran en contra del candidato del partido rival, no por el propio.

Hay quienes dudan de la capacidad de Trump para seleccionar asesores inteligentes con criterios independientes, capaces de recomendarle decisiones con las que podría no estar de acuerdo. Otros piensan que su egotismo podría llevarle a actuar más como emperador que presidente, que su agresividad puede desencadenar situaciones críticas de difícil solución.

No faltan quienes afirman que su desconocimiento en política exterior puede ser catastrófico para el país y que su ignorancia en la administración pública resultaría perjudicial para el equilibrio entre poderes y la autonomía de los diferentes gobiernos que integran la nación.

Por su parte la situación de Hillary Clinton no es menos espinosa. Hay muchos factores en su contra.

Cierto que contaba con el apoyo de los dirigentes de su partido, pero Bernie Sanders le dio una dura batalla, tanto que la plataforma demócrata presenta un programa más "progresista", como expresó el presidente del Comité Redactor, el congresista Elijah Cummings, de Maryland.

A pesar de su experiencia como senadora, de amplios conocimientos en política exterior, genera muchas dudas y reparos entre los electores, como reflejó un sondeo de Fox que muestra que 6 de cada 10 ciudadanos no confían en ella y no la consideran una política honesta.

Clinton ha estado involucrada en hechos que han dejado muchas dudas y desconfianza sobre su compromiso con la verdad. Sus declaraciones en torno a los atentados terroristas de Bengasi, Libia, los no menos escabrosos correos electrónicos, en relación a los cuales el jefe del FBI dijo que algunas de las declaraciones de la ex secretaria de Estado no eran ciertas y la filtración de correos electrónicos del Comité Nacional Demócrata que la favorecían en detrimento de Sanders.

En concreto los malos candidatos influyen negativamente en el electorado, pero la no participación del elector posibilita que sean los peores los que lleguen al gobierno. Es un circulo vicioso en el que todos son responsables y la manera de resolverlo es participando en la elección, aun antes de que empiece la campaña.

Estados Unidos, una perspectiva

En amplios sectores de la comunidad internacional la tendencia de identificar a Estados Unidos con tres pilares de la civilización occidental: la democracia, la economía de mercado y el desarrollo tecnológico, pero hay otros factores de primordial importancia que distinguen a la sociedad estadounidense.

El sentido de la solidaridad y la voluntad de ayudar a naciones en problemas, sin que cuente el tipo de relación que en ese momento sostengan con el país en cuestión.

Otro elemento importante, se aprecia con particularidad en los círculos intelectuales e informativos de ese país, es no ocultar los problemas que enfrentan la nación y menos silenciar los excesos y abusos de las autoridades, incluidas las agencias gubernamentales.

Existe una clara conciencia de que al gobierno hay que tenerlo a raya porque la soberanía de la nación radica en el ciudadano.

La prensa en particular y el cine en especial, no reparan en abordar asuntos que en cualquier otro país se podrían considerar contrarios a la dignidad nacional o a la seguridad del estado; al extremo que en ocasiones exageran sobre los acontecimientos y obvian la objetividad y el balance que exigen cuando los asuntos tratados por otros no son considerados políticamente correcto.

Una de las ventajas más importantes de la democracia estadounidense es que se puede informar sobre cualquier suceso, y el que guste, por oficio o simple interés, puede modificarlos en base a lo fecunda de su imaginación y llevarlo al cine o publicar un libro que mientras más impugne el "establecimiento", más posibilidades tiene de convertirse en éxito literario o cinematográfico.

Es improbable encontrar un país que haya hecho más filmes críticos sobre los servicios de inteligencia como los cineastas de Estados Unidos, o profesionales que hayan filmado más pietaje sobre conspiraciones del gobierno central contra los derechos ciudadanos, que los realizadores de Hollywood.

Sin indagar en el pasado remoto, están las películas y otras publicaciones sobre Vietnam en la que solo se reflejaban los crímenes, reales o ficticios, en que incurrían las tropas estadounidenses, o las contemporáneas que muestran la actuación, por lo regular desde una óptica negativa, de las unidades militares de Estados Unidos en el extranjero.

Es un privilegio vivir en una sociedad que permite a sus examinadores mostrar crímenes como los que tuvieron lugar en Abu Ghraib, denunciar el traslado ilegítimo de prisioneros a terceros países o la ilegalidad de que un individuo en base a la voluntad de un funcionario, no de un tribunal, por ser calificado como combatiente enemigo, pierda sus derechos ante la justicia y pueda padecer el flagelo de la tortura.

A veces y esto tiene visos de morbosidad, se aprecia una clara deriva a la culpa ajena en algunos estadounidenses cuando arriban a la conclusión de que su gobierno, cualquiera que este sea, es el responsable de todos los males del planeta.

El mundo de hoy es muy complicado. Los focos de tensión son muchos y es justo reconocer que durante la Guerra Fría la doctrina de la Mutua Destrucción Asegurada, abonaba el miedo para no llegar a los extremos.

Como única gran potencia, esta nación tiene grandes compromisos, que en ocasiones pueden ser contrarios a los intereses de sus ciudadanos, pero el deber del gobierno es balancear la situación.

Estados Unidos podrá ser odiado por muchos, pero es un ejemplo para la mayoría. Su sentido de humanidad y solidaridad, mas su concepto de libertad y derecho, son símbolos para los oprimidos.

Estados Unidos ha tenido aciertos y desaciertos, pero independiente de la voluntad y acciones de sus gobiernos a través de su historia, es la nación que más se ha aproximado a respetar la condición humana.

Es de anhelar que las naciones poderosas por venir, superen los compromisos humanitarios cumplidos por Estados Unidos, sin incurrir en sus errores.

La concertación de los césares

Es evidente que fuerzas políticas, algunas de ellas presentes en diferentes gobiernos, tienen una inclinación al control absoluto del poder. Trabajan para alcanzarlo. Lo hacen con denuedo, mucha voluntad, y lamentablemente a veces tienen éxito.

A la voluntad totalitaria se suma el oportunismo y simpleza de pensamiento y acción de muchos de los que se les oponen. La oposición al totalitarismo a veces queda por debajo de sus posibilidades. Afectan infinidad de factores: ambiciones personales, intereses políticos, espíritu sectario, aliados inseguros y la miopía estratégica de la que adolecen algunos dirigentes democráticos.

Ejemplos sobran, el régimen cubano tiene un control total de la sociedad nacional. Su capacidad de intimidación trasciende las fronteras. También su capacidad de premiar, con privilegios o prisiones, es un factor que logra controlar un número importante de aquellos que no están de acuerdo con sus propuestas y acciones.

Hugo Chávez Frías intentó dar un golpe de estado contra una de las democracias más antigua del continente. El golpe fracasó, pero como la clase gobernante aparentemente no tenía una clara conciencia del peligro, siguió jugando con fuego, nunca le sancionaron, lo que le permitió al comandante participar en actividades políticas y llegar a presidente.

Chávez asumió como propio el proyecto totalitario. Algunos dicen que era un durmiente. Un compañero de viajes que estaba esperando la oportunidad de salir del closet y participar en la gesta revolucionaria. Su aproximación a Castro es calificada por entendidos en esas disciplinas de la mente como dependencia sicológica, pero para otros su manifiesta admiración por el dictador insular es una manera de auto declararse heredero del Proyecto de una América cesariana en la que no existan legisladores sino pretores, centuriones que cumplan la voluntad del Caudillo.

Las formulas desestabilizadoras no son nuevas. En alguna medida reproducen las que habían aplicado los viejos partidos comunistas: manifestaciones populares, huelgas, desacreditar las fuerzas políticas y la identificación de un enemigo nacional. Por otra parte, el recurrido discurso de la lucha de clase fue sustituido por uno antiglobalizador y otro de la reivindicación indígena

Un ejemplo del éxito es Evo Morales, quien gracias a la Concertación Castro-Chávez, dejó de ser un líder local para alcanzar el estrellato en su natal Bolivia. Morales desestabilizó el país y fue el motor de la caída de más de un gobierno.

Evo Morales, tal vez el más modesto de los tres, en eso de ambicionar el mundo expreso en una ocasión: "Los movimientos indígenas latinoamericanos estamos avanzando, no sólo para liberarnos, sino para caminar junto a los otros pueblos y liberarlos. No somos excluyentes ni vengativos, por eso hemos llegado a la presidencia de Bolivia, para resolver los problemas de todos". Discursos que con textos diferentes y lugares distintos han pronunciado tanto Chávez como Castro.

Morales, sigue los pasos de sus mentores. Está tratando de "refundar" al país con una nueva Carta Magna, incentiva las diferencias sociales y raciales y se opone a los gobiernos regionales que no están bajo su control. Morales es también el promotor de una especie de internacionalismo indígena. Ha procurado integrar a los movimientos indígenas de varios países y sobreponer esta integración a la nación misma, es el viejo cuento de que los obreros no tienen Patria y deben formar una fuerza internacional que defienda sus intereses.

Otro dirigente providencial es Daniel Ortega que se prepara para perpetuarse en el poder. La Nicaragua de Ortega es un foco de desestabilización en Centroamérica, una región donde todavía persisten focos con vasta experiencia en la guerra irregular.

Esta concertación es una realidad peligrosa porque como decían los castristas de los 60, las condiciones subjetivas están dadas: pobreza, inseguridad social, etc., y las objetivas están constantes y sonantes en las arcas del presidente Hugo Chávez.

El expansionismo castro-chavista es multicolor. Se sostiene en cualquier punto de vista que enfrente la globalización o cualquier proyecto que promuevan los Estados Unidos. También trasciende las fronteras del hemisferio, no para servir de trampolín a las pretensiones de otra gran potencia como hiciera Castro en las Guerras Africanas, sino para generar numerosos puntos de fricción en los que Estados Unidos y sus aliados se vean envueltos. En alguna medida están reeditando el "uno, dos, tres Viet Nam" de Ernesto Guevara.

La fraternidad latinoamericana

El diferendo entre Costa Rica y Nicaragua por el río San Juan pone una vez más en entredicho la muy divulgada fraternidad latinoamericana, hermandad que los numerosos conflictos bélicos y desacuerdos fronterizos desmienten hasta la saciedad.

Prácticamente todos los países del hemisferio tienen diferendos territoriales con sus vecinos. Estas diferencias han generado guerras cruentas y tensiones políticas de variable intensidad, si una de las partes no asume plena conciencia del escenario.

Un ejemplo de esta situación, neutralizada por la actitud de Álvaro Uribe, fue la movilización ordenada por el presidente Hugo Chávez cuando fuerzas colombianas ingresaron en territorio de Ecuador para destruir la narco guerrilla de Raúl Reyes.

Los problemas hemisféricos se remontan a recién terminadas las Guerras de Independencia. La fijación de los límites entre la Gran Colombia (Colombia, Ecuador, Panamá y Venezuela) y el Virreinato del Perú provocó una serie de conflictos.

Desde que Venezuela y Colombia se separaron enfrentan un diferendo fronterizo que incluye la no delimitación de las aguas territoriales y submarinas, que le corresponderían respectivamente a cada país en la península de la Guajira.

Perú y la Gran Colombia (1828-1829) sostuvieron una guerra en la que el Virreinato de Nueva Granada intentaba recuperar unos territorios. Colombia sostiene otra controversia por límites marítimos con Nicaragua. Honduras y Nicaragua tienen una disputa por 130,000 kilómetros cuadrados de su plataforma en el Caribe.

En 1969 las fuerzas armadas de El Salvador ingresaron a territorio hondureño, lo que originó la denominada guerra del fútbol, que concluyó con la muerte de cerca de 5,000 personas.

Por otra parte, Venezuela le reclama a Guyana desde 1963 el territorio del Esequibo, planteando que esa región integraba la desaparecida Capitanía General que radicaba en Caracas. Varios incidentes se han producido en la frontera; uno de los más graves ocurrió en noviembre del 2007, cuando unos 40 soldados venezolanos ingresaron a Guyana por las aguas territoriales del río Cuyuni.

Bolivia tiene un conflicto territorial con Chile, que involucró a Perú por un acuerdo previo existente entre La Paz y Lima. La Guerra del Pacífico (1879-1883), que ganó Chile, determinó que el departamento de Antofagasta dejara de ser boliviano y que Tarapacá y Arica quedaran fuera de la soberanía peruana.

Perú y Ecuador enfrentan un largo y en ocasiones sangriento conflicto en las regiones del Amazonas y los Andes. Ejemplos de esto fueron las guerras de 1941/42 y la guerra del Cenepa en 1995. Perú tiene otras diferencias con Ecuador que incluyen la frontera marítima. Algo similar le ocurre con Chile.

La tristemente famosa Guerra del Chaco (1932-1935) se libró entre Bolivia y Paraguay por el control de la región del Chaco boreal. La guerra fue la más sangrienta que se libró en América en el pasado siglo XX. Durante tres años un cuarto de millón de bolivianos se enfrentó a 150,000 "hermanos" paraguayos.

Murieron 55,000 bolivianos y aproximadamente 40,000 paraguayos. La guerra sumió a los países en una catastrófica crisis económica.

Entre Chile y Argentina existió un serio desacuerdo de soberanía sobre las islas que están situadas al sur del canal de Beagle. En más de una ocasión movilizaron fuerzas militares y se produjeron escaramuzas entre los efectivos de ambos países.

El Caribe es también escenario de conflictos entre naciones que están obligadas a convivir. Haití y la República Dominicana han sostenido a través de los tiempos sangrientos enfrentamientos. Los haitianos ocuparon el territorio de la República Dominicana durante 22 años.

Desde la primera infancia estamos escuchando sobre la fraternidad de los pueblos de América Latina. Recuerdo aquella *América Inmortal* que mal entonábamos los estudiantes de primaria en las escuelas cubanas.

La armonía no es real porque los países más ricos de América Latina nunca han prestado un firme y continuo apoyo a los más pobres, salvo que sea por motivaciones políticas, como en su momento hizo Fidel Castro y en el presente ejecuta su heredero Hugo Chávez.

La solidaridad y la convicción de un destino común de libertad y democracia entre los pueblos del hemisferio parece ser otro cuento de caminos. Haití padeció crueles dictaduras cuando la mayoría de las naciones latinoamericanas más poderosas vivían en democracia, y Cuba padece hace más de 50 años un régimen totalitario, mientras los "gobiernos hermanos" distinguen a los déspotas y disfrutan de su compañía.

La juventud no vuelve

"La Juventud no vuelve", de Manuel Pombo de Angulo, fue para un conjunto de la generación del 60, una especie de ventana al porvenir, una visión de lo cruel que puede ser la vida, realidad que en la adolescencia no se contempla. El libro lo trajo al grupo el escritor José Antonio Albertini.

La narración describe a los estudiantes de una cosmopolita universidad alemana involucrados en la segunda guerra mundial. El libro está lleno de heroísmo y sacrificios. La identificación con aquellos que cumplían el compromiso con su tierra y su tiempo, fue inmediata.

Lejos se estaba de pensar que en un escenario más reducido y sin el encantamiento de la literatura, nos involucraríamos voluntariamente o no, en un proceso que modificaría sustancialmente nuestras vidas.

La política sorbía la vitalidad de la nación, pero todo parecía indicar que la crisis concluiría con la irrupción de una nueva generación que detentaría el poder. Un delirio, un sueño, porque los tambores de la nueva orquesta presagiaban lo contrario. Sectarismo, inquisición. Se estrenó la teocracia. Se inició la siembra de un nuevo orden que sólo produciría una cosecha de horrores y terrores.

La juventud se involucró en el proceso. Los colores políticos se fundieron en blanco o negro. La duda, la inconformidad y la crítica se convirtieron en crimen. Se masificó el individuo y al joven en particular. Tenías que "ser" y si no, pagar las consecuencias con todos los perjuicios que tu decisión acarreaba.

La elección individual fue inevitable. Imposible no asumir responsabilidades. Se metieron los miedos en mochila y se enrumbó a la meta que cada uno ansiaba. Prontamente tirios y troyanos supieron que cumplir con el deber no es recíproco con lo que se entrega, y que la ruta hacia él, es siempre la más difícil.

La sociedad se escindió más que nunca antes y la juventud se fue, lenta e inexorablemente. Algunos perdieron los sueños con la edad y el cinismo y la complacencia ocuparon su lugar. El heroísmo consumió a unos y la vileza a otros. Fueron duros aquellos tiempos.

Pero entre ambas vertientes, en número nunca deseado, crecieron los parásitos. Quizás en algunos hubo convicción, pero el poder los corrompió. La mayoría saboreó las lentejas, simulando creer, simulando entregarse. Miedo, acomodamiento o ambiciones, pero por lo que fuese, el oportunismo los mutó a vampiros. Los "Generales y Doctores", se privilegiaron sobre la miseria material o la desgracia política de otros.

El poder venció. En el enfrentamiento la muerte les llegó a muchos, pero en particular a los que retaron el gobierno. La cárcel fue un duro destino, el exilio, interno y externo, otro. Los que permanecieron en la isla fueron marginados por la complicidad de los otros. A todos, las cicatrices les han dejado sombras.

Pero llegó el día que la juventud se fue, aunque en la vertiente del poder ocurrió en los dorados del éxito. Distinciones. Cuarteles. Maniobras militares. Conferencias. Burocracia. Doctorados.

Conquistar el favor del Faraón los hizo personas. La satisfacción ahogó la conciencia a los que alguna vez la tuvieron. Disfrutaron en grande. Un cuerno de la abundancia los nutrió. El sectarismo y el repudio. La condena inclemente a todo lo que no se ajustaba a las normas impuestas era el oficio diario. En fin, se justificaron todas las maldades, todos los crímenes por la realización de una quimera en la que pocos de sus muchos actores, creyeron sinceramente.

El tiempo siguió sumando más canas, arrugas y menos energías, sin importar ideologías. A mucho de los se fueron con la sirena se les agotó el sueño, unos pocos por un despertar de conciencia, la generalidad por frustraciones personales.

En definitiva, la juventud se fue sin importar acciones o conciencias. Pero las vivencias permanecen. Falso sería decir que las angustias pasadas han sido borradas, como también negar los horrores y satisfacciones vividas. Para unos, para otros y terceros, hubo heridas y sonrisas, pero para todos por igual, la juventud se fue.

Sin embargo, aunque esto sea calificado de exceso de idealismo, la nación permanece tanto para los que la honraron, como para aquellos que la afrentaron. Está para los justos y los viles, porque sobre culpas, complicidades, heroísmos, aciertos, inocencias u omisiones, la nación trasciende no sólo penas y alegrías, sino también la ida juventud que ya no vuelve.

Los cofrades

Un número importante de políticos, latinoamericanos en particular, tal parece que fueron formados por una cofradía que les asigna la misión de acceder al poder, concentrarlo en su persona y conservarlo el mayor tiempo posible.

Otra característica es que identifican rápidamente a quienes tienen su misma visión del mundo y del poder. Establecen redes de cooperación que sirven para respaldarse mutuamente cuando las circunstancias lo demanden.

Practican el elogio y la diatriba de forma constante. Se atrincheran en los extremos con el solo propósito de consumir la energía de la razón para erigirse en los abanderados y trompetas de los conceptos —en realidad meras consignas— que los motivan.

Estos heraldos han elaborado sus propios esquemas, categorías y consignas como fundamentos del proyecto que auspician y solo consideran, escuchan y aceptan, a los que se pliegan incondicionalmente a su forma de gobernar o sus proyectos cuales quieras que estos sean.

Son dogmáticos, impermeables a la crítica, ignoran la punzante angustia de la duda y no vacilan en el pantano de las contradicciones. Para ellos solo existe su verdad, y nada más. No aceptan críticas ni las entienden, cualquier cuestionamiento adverso tiene propósitos destructivos y debe ser erradicado.

Desconcierta la rotunda certidumbre de estos iluminados cuando deciden calificar de héroes o traidores a quienes aceptan o rechazan su mandato.

El delito o la gloria para estos singulares jueces está asociado a una escala de valores sustentada, la más de las veces, en categorías puramente coyunturales e intrascendentes que responden a su visión particular.

Para estos iluminados es demasiado complejo discernir entre enemigos, aliados y adversarios. Sus juicios y sanciones son absolutas en lo que a enemigos y adversarios concierne, pues fácilmente descargan su flamígera verdad sobre unos y otros sin consideración alguna, mientras que sus aliados, para sobrevivir, deben integrarse plenamente a su certidumbre.

Los iluminados enfrentan el riesgo de perder toda capacidad de análisis y creación volviéndose seres dependientes de la única realidad exterior que están dispuestos a considerar, la que ellos crean.

El dogma les hace intolerantes porque pierden el sentido de la universalidad, los que les hace incapaces de nutrirse de las propiedades positivas de las ideas que rechazan.

Su incapacidad de analizar y valorar los contrarios de sus tesis les limita a la vez que le catapultan hacia un mundo muy personal que les hace perder contacto con el ambiente, les hace incapaces de percibir las señales diferentes que emite cualquier sociedad. Rechazan la peculiaridad y prefieren el plural. Están más a gusto con la masa anónima que con individuos con criterios.

Se crean un universo interior que determina su conducta. El medio exterior es secundario, actúan en base a sus sueños y tienden a responder más a los símbolos que a las ideas. Para ellos el abuso de la autoridad siempre se justifica por una necesidad de fuerza mayor. No son capaces de percatarse del estrecho desfiladero por donde transitan y tienden a asfixiar a sus contrarios, eliminar los espacios de disentimientos tan necesarios en cualquier sociedad.

Aquellos que creen que los iluminados aspiran a solo un extremo del arco iris están equivocados. Los iluminados son omnipresentes. Su verdad es tan imperiosa que tienden a llevar a simples rivales hasta la hoguera. Confunden fundamentos y formas, principios y valores, estrategias y medios.

No es de dudar que los que están sumidos en su verdad personal tengan grandes gratificaciones. Las dudas no les agobian y las contradicciones no entorpecen su andar. El infiernillo de los sentimientos comunes de cualquier mortal no les quema la conciencia. Seguro que valoran altamente su hermético y gigantesco horno de la verdad, en el que pueden incinerar todas sus desesperanzas.

Estos personajes son por lo regular rebeldes. Inconformes hasta que logran con su resplandor someter a las luciérnagas. Son una especie de fanáticos, pero con liderazgo. Su maniqueísmo le hace temer a la libertad y por eso impide en todas las formas a su alcance que el ciudadano actué y piense soberanamente. Elimina la independencia personal y rechaza el conocimiento en la medida que este pueda poner en tela de juicio su conducción y propuestas.

Los iluminados tienden a ser violentos, buscan la solución de las diferencias enfrentando al rival y no negociando. Su intolerancia conduce a los conflictos sociales, guerras, masacres, limpiezas étnicas e injusticias. Todo empieza en ello y debe terminar con ellos.

Son autoritarios, déspotas e irreverentes. Contrarios al progreso. Favorecen el estatismo y la parálisis social. Todo cambio es peligroso, por lo que la nave que comanda se mantiene anclada, apresada en los sargazos de una utopía de demencial luminosidad.

Por quién doblan las campanas

Ninguna persona es una isla; la muerte de cualquiera me afecta, porque me encuentro unido a toda la humanidad; por eso, nunca preguntes por quién doblan las campanas; doblan por ti.

Jhon Donne.

La mayoría de las personas son indiferentes al sufrimiento, fracasos y los pesares de los otros, hasta que una parte de esa pena le toca y entonces se percata que nada humano es ajeno y que lo menos ajeno de todo, es la perdida de las libertades, de los derechos, e inclusive de la vida.

La pena es que muchos se percatan de esa realidad demasiado tarde. Cuando no resta tiempo ni posibilidad de enfrentar con posibilidades de éxitos a quienes disfrutan exterminando con cualquier pretexto a sus semejantes.

En el mundo de hoy hay muchas campanas doblando. Guerras cruentas, fanatismo religioso o político, desplazamientos de personas, represión gubernamental y terrorismo de estado o de organizaciones que solo conciben la violencia extrema para poder hacer realidad sus utopías.

Es mucho el redoblar y tan estruendosas las campanadas, que es necesario esforzarse para identificar entre todas las notas aquellas que producen un mayor pesar a quien es capaz de escucharlas.

Por ejemplo, cuando en Cuba se estableció el régimen totalitario de los Castro y paulatinamente los cubanos fueron encerrados en la Granja de Georges Orwell, una ínfima minoría escuchó las campanadas, incluyendo los que habitaban el templo donde estaba el campanario.

Silencio cómplice ante los atropellos y abusos de autoridad. Confiscaciones y robos. Silencio todavía más profundo ante los muertos y presos. El fin de la libertad de expresión e información. Los desplazamientos forzosos de miles de personas, pero lo menos comprensible fue la cantidad de campaneros que en el hemisferio colaboraron con el sacristán cubano para que en sus países no se escucharan las mismas notas fúnebres que cubrían la isla.

Fueron muchos los sordos en Cuba y fuera de ella. Más aún se pudiera decir que sobraron quienes estaban dispuestos halar de las sogas para que el tañer fuera más fuerte y despiadado.

Algo similar ocurrió cuando el mismo sacristán llegó a Venezuela para tocar con furia las campanas de ese país. El tañer es fuerte, la violencia también ha terminado con la vida de muchas personas y al igual que en Cuba los derechos ciudadanos son conculcados de forma permanente y sistemática.

Cierto que ese repicar fúnebre se oye con sordina en Nicaragua, Bolivia y Ecuador y otros países, por eso es tiempo de escuchar, porque aunque no repiquen ensordecedoramente, se aprestan para hacerlo.

Las campanas que suenan en Venezuela también son poco escuchadas, pero vale la pena destacar una diferencia, aunque el resultado es el mismo.

En Cuba el ruido no llega a quienes por compromisos ideológicos, temor al chantaje político o como consecuencia de amenazas, prefieren no escuchar y menos ver, en Venezuela, simplemente la sordera es por razones económicas.

Hugo Chávez en su momento, Nicolás Maduro en el presente, simplemente compran conciencias. Las riquezas venezolanas es la que ha seducido cómplices en gobiernos, empresas y organismos internacionales.

Los cubanos y los venezolanos que escucharon las campanas pagaron caro su sensibilidad, y lo peor, hay quienes todavía siguen pagando el precio por cumplir con sus convicciones y es a dos de ellos a quienes está dedicado este llamado de conciencia que debe superar el tañido de las campanas.

El comisario venezolano Iván Simonovis, cumple una sentencia de 30 años de cárcel por dos de las 19 muertes que ocurrieron durante el golpe contra el gobierno de Hugo Chávez en el 2002.

Simonovis que está muy enfermo y ha cumplido casi diez años presos, afirma que es inocente, de lo que se hacen ecos numerosos sectores de la sociedad venezolana y lo que también demuestra el funcionamiento de los tribunales de justicia de ese país.

Simonovis y sus compañeros de causa que también guardan prisión, fue juzgado por jueces partidarios del gobierno y hasta un comisario encargado de la investigación declaró que no encontraron pruebas que sostuvieran las acusaciones contra los procesados.

En Cuba, aunque por otros motivos, pero igualmente por cumplir con su deber como ciudadano, está encarcelado junto a otros muchos compañeros, Armando Sosa Fortuny.

Este hombre quien también se encuentra enfermo fue a prisión por primera vez en 1960. Enfrentó a la dictadura de los Castro con las armas en las manos y permaneció 18 años en la cárcel. En 1996 de nuevo fue condenado por iguales motivos por lo que ha estado encarcelado treinta y seis años, más de la mitad de lo que ha vivido.

Las campanas están sonando por ellos y por muchos como ellos, porque esperan a que repiquen por todos.

Un nuevo reto a las democracias

Vencer el ventajismo electoral de un movimiento populista con vastos recursos como sucedió en Venezuela con Hugo Chávez y ocurre con su sucesor Nicolás Maduro, es un reto muy difícil de superar, porque junto al control sobre las instituciones del estado que ejerce el ejecutivo, hay que sumar su capacidad de intimidación sobre la clase empresarial y las posibilidades de comprar voluntades con los recursos públicos.

Estos regímenes a pesar del despotismo, abuso de poder y el permanente descredito de todos los que se le oponen, no descuidan la legalidad y en consecuencia procuran controlar cada uno de los órganos del estado.

El control de los poderes públicos les asegura las reformas constitucionales que sean necesarias para seguir gobernando en un marco de legalidad, lo que les concede de parte de la comunidad internacional una especie de impunidad para continuar violando los derechos ciudadanos como en cualquier régimen dictatorial impuesto por la fuerza.

El autoritarismo competitivo, como identificaran esta fórmula Steven Levitsky y Lucan Way, en apariencia cumple los requisitos de la democracia occidental y electoralista, es en realidad una eficiente herramienta que permite al Gobernante promover elecciones plurales y multipartidista, con fuertes garantías de permanecer en el poder, porque entre otros factores, cuenta con el respaldo de los supuestos árbitros electorales.

Estos autócratas no decretan la censura de la prensa, sino que procuran incrementar la presencia del estado en los medios de comunicación, facilitan a sus partidarios el acceso a estos y van limitando con recursos legales la independencia de los medios hostiles. Eliminan las concesiones de licencias de trasmisión, imponen multas millonarias y cumplen otras gestiones que llevan casi al punto cero a la prensa opositora, sin anularla por completo.

Los partidos políticos no desaparecen, pero el ejecutivo recurre a todas las estrategias legales posibles para limitar su capacidad de gestión y en particular la de los líderes de la oposición. Como señalan Levitky y Way, hay competencia, pero las reglas establecidas son contrarias a quienes reten al ejecutivo.

No obstante, hay aspectos que este tipo de régimen no atiende como debería, al menos los implantados en Venezuela, Ecuador, Bolivia y Nicaragua, y es que no han impulsado y prestado el apoyo necesario a los movimientos de masa, tal y como hizo el socialismo real, un aspecto que copió a la perfección la dictadura carismática de Fidel Castro.

El chavismo a pesar del populismo que promueve, no ha impulsado la creación de poderosas organizaciones de masa, que por su gran capacidad de movilización, siempre cuentan con el respaldo económico y logístico del ejecutivo, podrían ser en un momento de crisis la primera línea de confrontación contra los descontentos.

Las organizaciones de masa afines al poder no tienen gran relevancia y el propio Partido Socialista Unificado de Venezuela, es en realidad una cúpula que congrega a un grupo de individuos, mas por intereses que por ideales, aunque estos están presentes en algún que otro cacique.

El no haber trabajado en el desarrollo de organizaciones no gubernamentales que se identifiquen con el proyecto, ha sido un error del chavismo y esa es parte de su debilidad. El régimen no ha construido un entramado sindical fuerte, capaz de movilizar a sus partidarios. Tampoco lo ha hecho con los colegios profesionales.

Los centros universitarios a pesar de las presiones conservan una relativa independencia y los estudiantes en consecuencia, actúan por propias iniciativas.

El régimen centra su estrategia hacia la masa en faraónicos proyectos sociales en los que por falta de un control adecuado se despilfarran los bienes del estado, lo que genera una burocracia con un alto índice de corrupción y una clientela entre la ciudadanía que cada día es más dependiente de la voluntad de los que están al frente del gobierno.

Lo fundamental para la continuidad de este tipo de gobierno es el control de las instituciones del estado como se apuntó con anterioridad. También el acceso sin restricciones a los bienes públicos y los recursos legales

suficientes para proceder con cualquier pretexto a la expropiación o confiscación de bienes privados, pero sin promover la lucha de clases, porque no
son contrarios al enriquecimiento lícito o ilícito de sus partidarios.

La economía independiente no supone un riego para este tipo de gobernante salvo que el empresario actúe como opositor. La lealtad al régimen
hace posible que un empresario fracasado, de la noche a la mañana, posea
una cuantiosa fortuna.

Por último, las Fuerzas Armadas están supeditadas al orden constitucional que representa el Ejecutivo. La promoción de los oficiales al ser potestad del gobierno permite controlar la institución, a la vez que los requerimientos de este estamento son satisfechos con celeridad. Se politizan los
institutos armados y se promueve su corrupción.

El autoritarismo competitivo es difícil de vencer, sin violentar la legalidad impuesta por los déspotas. La mesa ha sido servida por estos dictadores de nuevo cuño.

CUBA: RAZÓN Y PASIÓN

20,805 Días en la oscuridad

Cinco décadas, un lustro, dos años e innumerables días, son lo que llevan Fidel y Raúl Castro explotando a Cuba y a los cubanos.

Un largo tiempo de pesar. Una vergüenza para cualquier pueblo. No honra a ninguna nación padecer una dictadura de un solo día, ni pensar la pena de cincuenta y siete años.

Una vergüenza que se acrecienta cuando se aprecia que restan cubano dentro y fuera de la isla que apoyan a un régimen dinástico en pleno Siglo XXI, le justifican y realizan todos los esfuerzos posibles para que sobreviva.

Los hermanos Castro consideraron que al triunfar la insurrección, la isla y sus habitantes, pasaban a ser una especie de botín de guerra que podían usufructuar a su antojo, lo que explica porque Fidel cuando se hartó de desgobernar el país, se lo entregó a Raúl como si fuera la finca Manacas que el padre de ambos tuvo en Birán.

Fidel Castro irrumpió en la vida pública a través del pandillerismo. Por sus estrechas relaciones con las cuadrillas más violentas que operaron en la Universidad de La Habana en la década del 40, aprendió como manipular el miedo y las ambiciones de los otros, como lo muestra el acierto que tuvo en la selección y manejo de los incondicionales que le sirvieron durante cuarenta y seis años.

Sin la subordinación absoluta de tantos secuaces, incluida la de su sucesor, no le hubiera sido posible conducir el país como un campamento, en el que siempre primó la voluntad y los intereses del caudillo y su horda.

Los días y noches del castrismo han sumido a los cubanos en una tiniebla toxica que ha corroído los valores ciudadanos, al extremo que el concepto de nación enfrenta una seria crisis existencial.

La propaganda del régimen que Cuba y los cubanos estaban en la cúspide del progreso, se transformó en un profundo sentimiento de frustración, cuando el individuo experimentó fracasos y constató mentiras.

La legalidad impuesta por los Castro favoreció la ejecución moral y física. Se fusiló en cementerios y en patios de las escuelas. Se implantó el terror.

Se militarizó la sociedad, al extremo de que la calificación de desertor se le asigna a quien abandone una delegación oficial, así sea un artista, deportista o médico. La intolerancia y la sumisión a las consignas fueron las nuevas normas. Se impuso un paradigma nacional que promovía el odio y el tableteo de las ametralladoras.

Decenas de miles fueron a prisión. Miles más partieron al exilio. La libertad intelectual desapareció. Se estableció un estricto control de los medios de información. Las religiones enclaustradas en sus templos. Una especie de nueva devoción impuso sus propias tradiciones, cultos, lutos y fiestas

El miedo y la conveniencia sustituyeron el concepto del derecho personal. Un amplio sector del país se condujo con feroz individualismo, mientras simulaba acatar el mandato del colectivismo.

El pudor se escabulló en la promiscuidad y la prostitución fue aceptada socialmente. La delación se convirtió en práctica social. Lo importante era resolver y sobrevivir, sin que importara lo que se entregaba en el empeño.

La corrupción —la más profunda y extendida que ha padecido el país— el abuso de poder de funcionarios civiles y militares y el cisma provocado por la intolerancia ideológica, han generado una lobreguez que promete un angustioso parto de futuro.

Fidel y Raúl Castro dejan un horroroso legado. Una profunda frustración en el sector de la sociedad que trabajó y creyó en un proyecto que ha dejado el país en ruinas, junto al sufrimiento de los que enfrentaron el sistema sin éxito, y la desesperanza que agobia a la mayoría ciudadana.

El futuro está amenazado y corroído por las enseñanzas y prácticas del totalitarismo. La crisis de civilidad está en las raíces de la nación. Las normas de convivencia, respeto a las discrepancias y hasta de urbanidad, fueron execradas por el gobierno, al extremo que han intentado infructuosamente restaurar lo que destruyeron.

Las secuelas de un sistema excluyente como el que han grabado los Castro a Cuba son perniciosas. Los civilistas de la isla tienen un gran trabajo por delante.

Cambiar el sistema no será fácil, quebrar los privilegios de la clase dirigente o lograr que hagan dejación de ellos será complicado, tal vez estéril, pero más arduo será laborar para que los ciudadanos adquieran conciencia de sus derechos y deberes, un empeño de titanes, si se considera que la mayoría de los cubanos nacieron bajo la sombra de los hermanos Castro.

Ahora si ganamos la guerra
Raúl Castro. Asamblea Nacional del Poder Popular.

El presidente Franklin D. Roosevelt expresó en una ocasión, "Creo que si le doy a Stalin cuanto me sea posible y no le pido nada a cambio, *noblesse oblige*, no intentará adueñarse de nada y trabajará conmigo para lograr un mundo de paz y democracias", un estilo de negociar que deja a la voluntad del enemigo la capacidad de tomar decisiones fundamentales.

Roosevelt se equivocó y José Stalin impuso un imperio de terror de proporciones nunca antes conocidas en la historia. La indulgencia no seduce a la maldad.

Paradójicamente el presidente Obama está negociando con un dictador de corte estalinista que siempre hizo pública su admiración por el socialismo real que Stalin impuso en la desaparecida Unión Soviética y en sus satélites de Europa del Este.

Al parecer, Obama comparte con Roosevelt, el criterio que la forma más efectiva para resolver los problemas, es haciendo concesiones y no negociar sobre bases que puedan endurecer las posiciones de sus adversarios.

El procedimiento, discutible, quizás de resultados con otros gobiernos, pero con quienes controlan a Cuba desde hace 55 años, es improbable. La dictadura dinástica insular ha gobernado por décadas sobre las bayonetas y en las relaciones internacionales desarrolla una política sustentada en el chantaje y la intimidación.

La medida del presidente Obama de cambiar radicalmente la política de Estados Unidos hacia la dictadura de los hermanos Castro, sin que los mandantes de la isla hicieran concesiones fundamentales, no debería causar sorpresas.

El presidente dijo siempre que estaba a favor de resolver las diferencias entre su país y la dictadura castrista, además durante su mandato ha favorecido la mayoría de las veces la ruta de la menor confrontación posible en los diferendos que Estados Unidos ha tenido con otros países.

Desde hace cierto tiempo analistas de asuntos cubanos apreciaban que algo se estaba cocinando, pero muy difícilmente consideraron que Washington fuera a tomar decisiones tan importantes sin demandar del régimen de La Habana, aperturas en aspectos fundamentales como los derechos humanos, incluidos la libertad de prensa y el pluralismo político.

Es interesante señalar que el presidente Obama en declaraciones a ABC News, dijo que no espera que Raúl Castro cambie su forma de gobierno, dejando esa posibilidad a las nuevas generaciones, lo que permite pensar que triunfó la tesis que la política de contención al régimen castrista no estaba dando resultados, y que era necesaria la apertura, algo así como una decisión de falso positivo.

Muchas han sido las reacciones de gobiernos y entidades internacionales que ha generado esta medida de la Casa Blanca. Todas celebran el acuerdo al que arribaron los dos países de reanudar relaciones diplomáticas.

Pero donde más satisfacción se aprecia es cuando comentan la disposición de Washington de ampliar los vínculos comerciales, culturales y de otros géneros con La Habana, pero no mencionan la situación de los derechos humanos en Cuba o la necesidad de que el gobierno de los Castro actúe recíprocamente, impulsando cambios estructurales que permitan en la isla el establecimiento de una sociedad democrática.

Una vez más el castrismo ha quedado en la contradictoria posición de víctima de Estados Unidos y también como victorioso en el diferendo que ha sostenido con Washington desde el triunfo de la Revolución.

Como víctima porque hay quienes han declarado que cayó el Muro de Cuba, como si la isla hubiera estado encerrada y no fuera la dictadura quien ha enclaustrado al pueblo. Como vencedora, porque Raúl Castro dijo enfáticamente que no habría cambios de ninguna clase y que el régimen tenía sus propias concepciones sobre la democracia y los derechos humanos.

Castro se congratuló por el regreso de los tres espías, uno convicto de asesinato por el derribo de los aviones de Hermanos al Rescate. Reafirmó la vigencia del modelo socialista y se comprometió a continuar los compromisos contraídos con los aliados políticos del régimen.

Las disposiciones del presidente Obama han abierto la clásica caja de Pandora. Las relaciones entre La Habana y la Casa Blanca, entran en una dinámica nueva de la que pueden derivarse muchas alternativas, pero ningún milagro, como sería el hecho de que la dictadura cesara por propia voluntad el control que ejerce sobre sus ciudadanos.

Ante la decisión del gobierno de Estados Unidos ningún cubano, sin importar la orilla en que se encuentre, puede quedar indiferente.

Están satisfechos los que han cabildeado por años por el fin de las restricciones y el cese del embargo con el único objetivo de obtener ventajas económicas, los optimistas de buena fe que esperan que la situación mejore gradualmente y los que decepcionados o no por la decisión del presidente Obama, están comprometidos a continuar combatiendo, sin concesiones, por la libertad y la democracia en Cuba.

Apuntes sobre la oposición cubana

A pesar de las cinco largas décadas transcurridas desde el establecimiento en Cuba de un régimen que ejerce un estricto control sobre la sociedad, en la isla nunca han faltado opositores que hayan pagado con exilio, cárcel o vida su rechazo a la dictadura.

Lamentablemente los antagonistas de la dictadura, por las limitaciones que impone la represión, no han podido vertebrarse como una oposición que pueda significar para quienes no simpatizan con el régimen, una alternativa de cambio.

Para convertirse en oposición viable una de las tareas fundamentales es difundir las nuevas propuestas entre los sectores descontentos. Propuestas concretas sobre aspectos que afectan a la ciudadanía y que el gobierno no resuelve.

Otra función es interpretar las necesidades de la población hasta transformarlas en reivindicaciones sociales que mutaran a políticas por las acciones represivas del gobierno.

El opositor tiene que sembrar la esperanza en la población de que los cambios son posibles, insuflarles confianza en el futuro, convencer al individuo de que serán los protagonistas del futuro y que deben actuar en consecuencia.

Bajo un régimen como el cubano la oposición no cuenta con patrimonios propios y en consecuencia la dictadura la criminaliza por acceder a recursos que le pueden ser provistos desde el exterior.

Los medios de comunicación están sometidos al control absoluto de las autoridades, lo que dificulta la promoción de ideas y liderazgos alternativos y la convocatoria a actividades contestarías que a la vez que envían un mensaje crítico al régimen, consolidan la esperanza de alcanzar un futuro promisorio entre los participantes.

La existencia de miles de litigantes no los convierte en oposición. Sus propuestas, aunque estén recogidas en proyectos y respaldadas por otros opositores, no serán factores determinantes si la población no las conoce y se siente en la necesidad de debatirlas.

Para que la oposición se convierta en una alternativa creíble es mandatorio que cuente con una base popular por pequeña que esta sea. El debate, la discusión y la confrontación cívica ayudan al fortalecimiento de las ideas y a reducir el control que las autoridades ejercen sobre el ciudadano.

El opositor debe ser un ciudadano responsable con los deberes que ha asumido. Su conducta, manera de vestir, expresarse y hasta sus posibilidades económicas, serán desde la perspectiva de sus enemigos y de sus vecinos, un factor importante para enjuiciar las ideas que defiende.

Ganarse la confianza del vecino y lograr no ser considerado un "loco" o "Quijote", por sus conciudadanos es muy importante. El opositor tiene que estar incorporado a la gente de su entorno, no aislarse, porque si no logra convencer de sus propuestas a los vecinos, es prácticamente imposible que estos se sumen a un proyecto que demanda el concurso de muchos.

El trabajo es arduo y muchas veces en solitario, pero mientras los partidarios de propuestas alternativas a las oficiales no reúnan un número considerable de personas, las posibilidades de llegar a ser una amenaza para la estabilidad de la dictadura, y en consecuencia un factor capacitado para acceder al poder, estarán en negativo.

Es cierto que en Cuba las condiciones para alcanzar lo anteriormente señalado son precarias. Los partidos políticos están prohibidos, tampoco organizaciones independientes de la sociedad civil, la constitución no reconoce el derecho de disentir y menos de hacer oposición, la prensa esta presa, y las posibilidades de usar las modernas redes sociales para difundir la realidad están muy restringidas.

En el mismo 1959 la dictadura demostró conocer que para imponer el totalitarismo tenía que destruir el entramado social independiente. Primero prohibió los partidos políticos, dividió a los organismos de la sociedad civil y después los exterminó.

El gobierno es consciente de que conservara el poder mientras un número importante de ciudadanos no participe en la demanda de reivindicaciones sociales y políticas, por eso obstaculiza la formación de una sociedad civil independiente, como lo demostró con la oleada represiva del 2003 en la que los objetivos fundamentales fueron las organizaciones independientes de periodistas, pedagogos, bibliotecarios, sindicales y otras similares.

Los opositores que están en la isla tienen en el presente la posibilidad de viajar y en consecuencia de llevar a la isla nuevas ideas y propuestas, pero deben esforzarse porque el ciudadano medio no vea esa posibilidad como un privilegio similar al que disfrutan los funcionarios del gobierno.

Deben buscar la fórmula que esta ventaja ganada y que beneficia en mucho su labor contestataria, salir de la isla permite diversificar ideas y fortalecer otras, no les aislé de la gente común, el compañero que ya es ciudadano pero que todavía no lo sabe, debe contar con ejemplos de personas abnegadas, que actúan por principios y no por conveniencia como los funcionarios de la dictadura.

Cambio de cabezas

Cualquier observador puede apreciar que Fidel Castro tiene la facilidad de afectar en alguna medida a sus compañeros de faena, comentaba recientemente el doctor Santiago Cárdenas, en relación a la enfermedad que aqueja al gobernante venezolano Hugo Chávez.

Cierto, es fácil notar que muchos de los aliados de Fidel Castro desaparecieron, a pesar de ser más jóvenes, en muchos casos por su asociación con el castrismo o por problemas de salud.

Dos de los individuos más próximos a Fidel Castro, Camilo Cienfuegos y Ernesto Guevara, desaparecieron de manera violenta y sospechosa, en las que no se descarta haya jugado un rol importante la voluntad de quien los llevó a la fama.

Otros tres, entre muchas personalidades del régimen, cayeron por la propia voluntad del eterno dictador: los generales Arnaldo Ochoa, fusilado; José Abrantes, una muerte oscura, y Antonio de la Guardia, fusilado.

Cienfuegos se esfumó. Según la versión oficial el avión desapareció en pleno vuelo. Otras versiones culpan a los hermanos Castro de su muerte.

Guevara cayó en Bolivia y para muchos analistas, su muerte fue la consecuencia del abandono de su patrocinador.

El general Omar Torrijos, un firme aliado de Fidel Castro, siempre defendió el proceso político de la isla en los foros internacionales.

Gobernó Panamá por 13 años con mano de hierro. La muerte le encontró en un accidente aéreo que nunca ha sido esclarecido. Unos afirman que fue un accidente y otros, un sabotaje al avión que lo transportaba.

Otro personaje próximo a Fidel Castro fue el general Manuel Antonio Noriega, el dictador heredero de Torrijos. Durante los seis años que gobernó Panamá, fue uno de los mayores colaboradores del totalitarismo insular, creando condiciones para que el régimen de los Castro hiciera o deshiciera a su conveniencia. Su cercanía al castrismo, entre otras actividades ilícitas, le costó caro. Fue derrocado por una invasión de Estados Unidos a pesar de su bravuconería, y guarda prisión desde 1989.

Otro general, el peruano Juan Velasco Alvarado, militar golpista de claras tendencias populistas, estableció estrechas relaciones con Cuba y la Unión Soviética, donde compró grandes cantidades de armas. Su gestión gubernamental fue un fracaso, particularmente en el aspecto económico.

Su parecido con Hugo Chávez, incluidas las pretensiones de refundación nacional, es evidente. Velasco Alvarado, al igual que Chávez, se enfermó en el poder. Le amputaron una pierna y fue derrocado dos años después por sus propios compañeros de armas.

Salvador Allende, mandatario chileno muerto en el ejercicio de sus funciones, fue uno de los primeros defensores del régimen castrista. Con frecuencia viajaba a Cuba y durante su mandato contó con la estrecha colaboración de la dictadura de La Habana. Castro visitó Chile durante un mes. La presencia de la inteligencia, los asesores militares y de gobierno y el cuerpo diplomático cubano, eran de proporciones gigantescas. La intromisión cubana en los asuntos chilenos tiene mucha similitud con la que tiene lugar en la Venezuela de Hugo Chávez. Hasta África llega la mala sombra de Fidel Castro, como pudieran decir los supersticiosos. Varios dirigentes de ese continente, próximos al dictador cubano, fueron entrampados en su embrujo, por usar un término que no es fácil razonar.

Antonio Agostinho Neto, primer presidente de Angola, enfermó de gravedad y falleció en Moscú. Otro cliente de Castro en África, Mengistu Haile Mariam, impuso un régimen tan cruel en Etiopía, que fue derrocado y culpado de genocidio por un tribunal de su país.

El cambio de cabezas de Fidel Castro ha sido muy efectivo. La antropóloga Mercedes Sandoval, basándose en información de la religión yoruba, dice que hay individuos que le roban la energía a otras personas, y que, en virtud de esa habilidad, sobreviven cuando los otros mueren o enferman.

En lenguaje popular, Fidel Castro tiene un mal de ojos que es particularmente sensible con sus compañeros de ruta, lo que se confirma, aun entre los más escépticos, con la enfermedad de Hugo Chávez.

El gobernante venezolano es el dirigente político extranjero más próximo a Castro. Chávez informaba al mundo sobre la enfermedad de su mentor.

Viajaba a la isla con frecuencia, se entrevistaba con Castro cuando otros mandatarios no contaban con el beneficio de compartir con El Brujo que lo ha encantado.

Por esa proximidad podría cursar el maleficio, y si no que lo digan desde lo desconocido los aliados que Fidel Castro ha despedido.

Cambios sin complicidades

La llegada del presidente Barack Obama a la Casa Blanca ha estimulado a los sectores que promueven un cambio de política hacia el gobierno de Cuba. Los argumentos en cierta medida son los mismos del pasado, pero en esta ocasión se sostienen sobre la propuesta del mandatario de producir un cambio en las relaciones de Washington con La Habana.

La afirmación de que la situación en Cuba no ha cambiado en 50 años como exponen dirigentes de organizaciones defensoras de los derechos humanos, centros académicos y personalidades de prestigio internacional es una realidad, pero muy frágil, ya que se soporta en la hipótesis de que la sobrevivencia del totalitarismo es consecuencia de la política hostil de Estados Unidos hacia Cuba, por lo que obvian una realidad más concreta, y es que entre el Gobierno de Cuba y la mayoría del pueblo, hay un diferendo que nada tiene que ver con el embargo y Estados Unidos.

Además, es indiscutible que la influencia que tienen los cubanos en las diferentes vertientes de la vida política estadounidense hace que en ocasiones las relaciones con Cuba tiendan a parecer como un asunto interno de este país, pero no es así, Cuba no es parte de la Unión Americana por lo que ésta no tiene que determinar el futuro de nuestra nación.

Sin duda alguna muchas de las personas, instituciones y gobiernos que están a favor de relajar las restricciones del gobierno de Estados Unidos a la isla, incluyendo el embargo, rechazan la dictadura imperante en la isla y favorecen un cambio genuino hacia la democracia, pero por lo regular un sector de éstos, acomodan la solución de la crisis insular no en la voluntad del pueblo y de quienes lo gobiernan, sino en la convicción que por la indulgencia de una de las partes, se va a lograr el milagro que la dictadura crea en la alternabilidad democrática, el pluralismo y los derechos humanos.

Recientemente el Brookings Institute, por mencionar uno entre muchos, propuso en una serie de puntos los pasos que debería dar el presidente Obama para mejorar las relaciones entre los dos países y a la vez servir satisfactoriamente los intereses de Estados Unidos y del pueblo cubano. Un esfuerzo valido e importante pero que deja, una vez más, todo en las manos de la Casa Blanca, pasando por alto que los principales responsables de lo que sucede en Cuba no están en Washington.

Días más tarde José Miguel Vivanco, director para América latina de Human Right Wacht, repitió en un programa de televisión en Miami, María Elvira Comenta, que la política del Potomac hacia Cuba tenía que cambiar para lograr así una unidad de acción entre la Unión Europea, Estados Unidos y América Latina que llevara los cambios a Cuba. No dijo, como no lo han dicho tampoco otras instituciones o personalidades, cuál sería la estrategia para lograr el ansiado cambio, en caso de que Estados Unidos cese su hostilidad con el totalitarismo.

Nunca antes en el hemisferio, a pesar de que la isla se vive una sucesión dinástica, en la que el rey padre aparenta seguir con el sello real, había existido una corriente tan favorable a la dictadura cubana como en el presente. Algo similar ha ocurrido en Europa gracias a las gestiones del presidente del gobierno español, José Luís Rodríguez Zapatero

Rodríguez Zapatero y el presidente de Brasil, Lula da Silva, han sido los principales impulsores de la oleada de solidaridad con la dictadura. Ocho presidentes del hemisferio, en menos de tres meses, han visitado Cuba que se integró al Grupo de Rio, recientemente. La Unión de Naciones Suramericana, UNASUR, en su reunión en Chile prácticamente condicionó la mejoría de los vínculos entre Latinoamérica y Estados Unidos al levantamiento del embargo.

En esto coincide Diálogo Interamericano, que apunta que si Washington quiere un acercamiento con América Latina debe reordenar la política hacia Cuba, porque el objetivo de la democracia no debe ser una precondición en las relaciones con la isla.

Por otra parte, es paradójico que algunos de los que impulsan el acercamiento sean los primeros en alegar que Cuba no quiere estrechar relaciones con la Unión. Afirman que la dinastía de los Castro prefiere una política de tensiones, agregando que cuando en la Casa Blanca hay una disposición al diálogo, en La Habana se rompe el puente.

Aseveran que el gobierno de los Castro se gana una legitimidad interna y externa por la política de Estados Unidos, que el embargo le sirve de coartada al régimen y a aquellos que intentan justificar las depredaciones del totalitarismo, a lo que cabe preguntarse, ¿por qué entonces favorecer una política de cambio, si el régimen la sabotea?

Tal parece que la mayoría de lo que defienden una entente cordial entre Cuba y Estado Unidos están convencidos que por el mero hecho de que Washington levante las restricciones existentes y suspenda el embargo, el gobierno de La Habana por mimetismo, o una especie de osmosis, va a cambiar su naturaleza y acceder a las demandas de propiciar una sociedad libre y abierta. ¿Ingenuidad o connivencia?

Sin dudas el embargo al régimen de los Castro se refleja en cierta medida en el pueblo cubano y puede servir de coartada al gobierno y a aquellos que intentan justificar las depredaciones del totalitarismo, pero ese argumento se invalida cuando se guarda silencio ante la represión y las restricciones que las autoridades de Cuba imponen a sus ciudadanos.

El ex presidente del gobierno español José María Aznar, que siempre ha abogado por el levantamiento del embargo, asegura que la miseria y opresión que padecen los cubanos son cosechas del comunismo insular y no consecuencia de esa disposición estadounidense, y afirma que para cualquier acción orientada hacia la democratización de Cuba, se debe tener en cuenta la oposición al régimen.

El desacuerdo entre los demócratas cubanos y la dictadura que los gobierna, debería ser el punto de partida de cualquier ofrecimiento serio que se oriente a resolver la tragedia de la isla. Todas las propuestas que ignoren a los demócratas cubanos, tienen un soplo de desprecio hacia aquellos que por años han confrontado la dictadura.

Cuando un gobernante calla ante las violaciones a los derechos humanos, apoya al régimen en los foros internacionales, viaja a Cuba y se niega a entrevistarse con la oposición, no tiene fuerza moral para hablar de cambios sino de complicidades.

Alambres de púas y minas antipersonales

En territorio cubano, en las proximidades de la Base Naval de Estados Unidos en Guantánamo, la Guerra Fría sigue vigente y en ocasiones se calienta, cuando la sangre de civiles, incluido niños, es derramada por la explosión de una mina antipersonal sembrada por el gobierno de los hermanos Castro.

La base estadounidense está rodeada por una gran cantidad de efectivos de las fuerzas armadas cubanas, cuatro cercas de alambrado electrificadas, decenas de miles de minas antipersonales y antitanques y censores de movimiento, lo que forman un cerco mortal para el que pretenda atravesarlos en una u otra vía.

Las minas fueron colocadas, según la versión oficial del régimen, como un medio de defensa ante una eventual invasión estadounidense por esa región del país, aunque en realidad el objetivo, y para lo que trágicamente ha sido más útil, es para impedir que los cubanos puedan buscar refugio en la instalación militar extranjera y posteriormente salir hacia Estados Unidos.

Cientos de cubanos han arriesgado sus vidas tratando de penetrar la Base, ya sea lanzándose por los acantilados de la costa para arribar a nado a su utopía, o cruzando el campo minado, en el que se arriesgan a ser despedazados por una mina antipersonal sembrada por su propio gobierno, hecho que se ha producido en numerosas ocasiones.

Lo paradójico es que la zona fronteriza ha dejado de ser problemática desde el punto de vista militar, porque las autoridades castrenses de ambos países mantienen unas relaciones fluidas e intercambios periódicos de información, incluyendo visitas mutuas.

Esta situación la confirma que en el 2002, el hoy gobernante Raúl Castro, dijo que si un prisionero afgano lograba huir de la base naval, su gobierno lo devolvería a las tropas norteamericanas, si es "que queda algo", aunque afirmó que dudaba que el potencial fugitivo pudiera atravesar los campos de minas de su régimen.

Por otra parte, confirmando la distensión, el gobierno del presidente George W. Bush, informó al de Fidel Castro "antes de la fecha de llegada del 11 de enero de 2002, de los acusados de terrorismo, y el gobierno cubano permitió que aviones militares estadounidenses con sospechosos de Al Qaida desde Afganistán sobrevolaran territorio cubano para no tener que hacer aterrizajes arriesgados".

También hay referencias que en más de una ocasión militares de ambos países han realizado maniobras conjuntas para estar listos ante desastres naturales o de otro tipo.

Elizei Aranda Matos, residente en Caimanera, Guantánamo, en conversación con el autor le dijo que son muchos y extensos los campos de minas, "que un número grande de ellos no están identificados y que el propio gobierno no conoce su ubicación, que en ocasiones no están cercados, lo que ha hecho posibles incidentes como en el que perdió la vida un adolescente de nombre Miguel Ángel y su hermano, Miguel Antonio, un niño que resultó mutilado".

Aranda Matos señala, que en los últimos meses se han encontrado niños jugando con minas en las cercanías de sus viviendas y que también se dan casos en los que personas que no son de la región y que quieren abandonar el país, ingresan por desconocimiento a los campos minados, lo que les acarrea la muerte o la mutilación. Agrega, que en muchas ocasiones estos casos no se conocen porque tienen lugar en áreas bajo control militar.

Hay que destacar que el régimen de La Habana a pesar de los acuerdos internacionales contra el uso de las minas antipersonales firmados por la mayoría de los países del mundo, es el único gobierno de América Latina que no ha suscrito el acuerdo de eliminar ese tipo de arma y nunca se ha comprometido a limpiar el campo de las minas que ponen en riesgo la vida de los lugareños como ha expresado Elizel Aranda Matos.

Es paradójico, que los únicos países del hemisferio que no han firmado el Tratado de Prohibición de Minas Terrestres Antipersonales son Estados Unidos y Cuba, con la diferencia que el gobierno estadounidense no ha sembrado minas en su territorio, cuando en Cuba una amplia zona del territorio nacional tiene la muerte en su suelo, por voluntad del régimen de los hermanos Castro.

Casa propia en tierra ajena

El pueblo cubano se ha desperdigado. El tronco y la raíz estarán por siempre en la isla, pero las ramas se han extendido tanto y elaborado raíces tan propias, que no será posible su ausencia, en donde hoy están presentes, aunque las causas que determinaron la diáspora desaparezcan. En ocasiones se escribe más con los sentimientos, que con quieto razonamiento, y es que no es difícil arribar a la conclusión de que los cubanos han realizado el milagro de tener casa propia en tierra ajena, y no en una, sino en muchas.

Hechos para demostrar esta certeza no faltan, porque se aprecia en la visión diaria, en esa partida incesante de cubanos que por diferentes motivos, deciden abandonar la tierra que les vio nacer. Ellos podrán o no regresar a la isla, pero es evidente que una mayoría mantiene una identificación ancestral con la nación de origen.

El cubano ha construido pequeñas patrias en decenas de naciones y trasladado a ellas costumbres, hábitos, expresiones, sueños y construcciones. Ha creado en esta nación, en cualquier nación, un círculo interior que en sus diferencias y coincidencias se nutre sin cesar, enriqueciendo de cierta manera el patrimonio nacional.

Nuestra asimilación, integración, podrá ser total en la vida exterior, pero realizamos una vida interior que se manifiesta y enriquece en nuestros círculos existenciales más estrechos. Pensamos y actuamos con las naturales influencias del ambiente, pero determinados por lo más raigal de nuestra idiosincrasia.

Para el espectador, la manifestación pública del cubano del exterior es sólo política, circunstancias, protagonismo, etc., pero para la mayor parte, la acción pública es una manera de expresar y reafirmar la identidad nacional. Es la forma más explícita de proclamar nuestros orígenes, de identificarnos en el medio, sin que esto implique hostilidad al mismo. Es como si dijera: Estoy aquí, estoy bien, pero vengo de allá.

Si no fuera porque los más profundos sentimientos nacionales, no sólo los ideológicos y políticos, están presentes con todo vigor en las manifestaciones, no sería posible una militancia que pasa de los 50 años; en los que la frustración y la desesperanza han ocupado la casi totalidad del escenario. El cubano junto a su rechazo o apoyo a una situación determinada, reclama y clama su origen en consonancia con su carácter.

Ese exacerbado sentido de nación es una visión inconsciente de los peligros que corre la identidad nacional. En la Cuba de los muros, ya derruidos, se perdió mucho de ese concepto por la imposición de un modelo estatal y de gobierno extranjero, que resultó también en la disminución de la autoestima individual.

Pero en la Cuba sin fronteras el concepto de nación también corre peligros tangibles, porque existe la posibilidad de una integración total al medio de las generaciones emergentes. Hasta el presente no ha sido así, por eso hay que seguir trabajando para que el espíritu que ha sobrevivido estos años no cese de nutrirse.

Hasta el momento la Cuba de extramuros representa conscientemente un valor-nación por encima del número de personas que la integran. El individuo promedio manifiesta orgullo por sus orígenes y persuade a sus hijos de que también es retoño de otra tierra. Les incita a que se expresen y comporten como tales.

La realidad es que el cubano promedio se siente orgulloso de sus orígenes, no se avergüenza de sus raíces y contempla con satisfacción sus éxitos y los de sus coterráneos.

Las generaciones emergentes, sin que esto implique acción política por parte de ellas, no les desertan a sus ancestros. Por etapas se identifican con el nuevo andar, pero la mayoría, en su momento, siente el ardor de la tierra casi olvidada y quizás tampoco conocida.

Inadvertidamente el individuo, el joven casi ajeno a las angustias de sus padres, se sensibiliza. Redescubre el idioma, disfruta la comida, antes tal vez poco apreciada. La metamorfosis se produce y hay un vuelco a las raíces. La música le ocupa, las circunstancias de la tierra original le preocupan. El individuo, ante el ejemplo y la perseverancia de su tronco, retoma el rumbo; la angustia de la nación recién descubierta le ahoga y entonces, confiemos, trabajará para perpetuarse junto a ella.

Castro. El decano de los dictadores

No es para sentirse orgulloso, todo lo contrario, desuela decirlo, pero quizás la mejor manera de superar una realidad traumática es reconocer la responsabilidad individual y colectiva, e iniciar una cruzada que conduzca a la redención.

En los tiempos modernos no ha habido un gobernante que haya ejercido el poder por más años que Fidel Castro. Cuarenta y nueve para ser exacto.

El más próximo al tirano caribeño ha sido el autócrata de Corea del Norte, Kim II Sung, que controló su país por cuarenta y seis años. Kim fue quien instauró las dinastías en el mundo comunista, que los Castro no tardaron en imitar.

Los otros dictadores comunistas que se le acercaron fueron Mao Tse-Tung de la República Popular China, 27 años y José Stalin, Unión Soviética por 31, aunque hay que tener en cuenta que Josep Broz, "Tito" mandó en Yugoslavia la friolera de 35 años, y hasta se declaró presidente vitalicio.

Sin duda que una lista de los autócratas más longevos en el poder sería demasiado extensa, pero no se pueden pasar por alto a tres dictadores que fueron muy aliados del tirano cubano, el libio Muammar Gaddafi, 41 años, en Irak, Saddan Hussein, 24 y Hafez al-Assad, en Siria, 29 años.

Otro aliado del dictador cubano fue Sukarno quien impuso su voluntad en Indonesia por 22 años

En la África Negra, Fidel Castro cuenta con autócratas que esperan romper su record.

Por ejemplo Teodoro Obiang Nguema Mbasogo de Guinea Ecuatorial que lleva en el poder 34 años y que sucedió a otro dictador de larga data Francisco Macías Neguema, otros aliados del castrismo que aspiran a superar al mentor, son José Eduardo dos Santos de Angola 34 años y Robert

Mugabe que de héroe de la independencia de Zimbabue mutó a cruel dictador que a sangre y fuego se ha mantenido gobernando por 26 años, aunque ninguno alcanza los 35 que lleva haciendo su voluntad en Camerún, Paul Biya y menos aún los 42 años que gobernó en Gabón, Alhaji Omar Bongo Ondimba.

El despotismo no es potestad de los comunistas ni de nazi o fascista. Los autócratas responden más a sus intereses que a ideologías, por eso cuando llegan al poder por la fuerza o legítimamente no quieren abandonarlo.

Entre los muchos ejemplos, están ChianKai-sheck, que mandó en la China continental poco más de cinco años, pero después se estableció en la República China, Taiwán, por otros veintiséis.

El gobernante de Bahréin por más de 39 años ha sido Khalifaibn Salman Al Khalifa, también la República de Yemen tiene en esta deshonrosa lista a su representante, Ali Abdulá Saleh quien dirigió los destinos del país por 22 años, aunque anteriormente había gobernado por doce y al igual que el tunecino Zine El Abidine Ben Al, 24 años, sucesor de Habib Bourguiba, quien mandó por tres décadas.

América Latina no se queda atrás. Tiene su lista de déspotas sangrientos que actuaron como dueños de vidas y haciendas. Consideremos solo los del pasado siglo y el presente, pero antes un vistazo a la península ibérica donde encontramos a Francisco Franco quien gobernó con mano de hierro a España por 36 años y el portugués Antonio Oliveira Salazar por igual cantidad de tiempo.

Después de Fidel Castro el decanato de los dictadores de América lo ostenta el desaparecido Alfredo Stroessner de Paraguay quien gobernó por 35 años. El déspota cubano se encontraba en Caracas, invitado a la toma de posesión de Carlos Andrés Pérez, 1989, cuando conquistó tan triste distinción.

A Stroessner le sigue el venezolano Juan Vicente Gómez, 27 años, y el mexicano Porfirio Díaz, que, aunque de manera intermitente gobernó a su país por 31 años, el mismo periodo de tiempo que su par dominicano, Rafael Leónidas Trujillo, uno de los pocos dictadores ajusticiado en el poder por un sector del pueblo que victimizaba.

También fueron dictadores Augusto Pinochet Chile, 17 años y Omar Torrijos de Panamá, 13.

Faltan muchos, pero no es posible enumerarlos a todos, aunque si es obligado referirse a dinastías como la de los Duvalier en Haití, Françoise 14 años y Jean Claude, 15 años, y la de los Somoza en Nicaragua, 45 años, solo superada por la dinastía impuesta en Cuba que pronto arribara a los 55 años.

Todos los déspotas tienen un denominador común, creen en la fuerza y le rinden culto y violentan los derechos ciudadanos causando muerte y desolación.

Sin embargo, a diferencia de algunos de estos dictadores el decano Fidel Castro, usurpó todos los poderes del estado cubano. Dispuso de la vida y hacienda de cada ciudadano. Dividió a la sociedad. Condujo a la muerte a miles de personas. Destruyó los valores sobre lo que se sustenta la nación. Acabo con la esperanza e instituyo la doble moral. La herencia que recibe el pueblo cubano del castrismo es desoladora, no hay comparación con el legado de otros dictadores que ha sufrido el hemisferio.

Castro. El renegado

Del viaje de Benedicto XVI a Cuba se podrán hacer infinidad de análisis y evaluaciones, pero sin dudas el encuentro entre Fidel Castro y el Papa, le aportó a la visita un ingrediente muy particular.

El encuentro con Fidel Castro no fue de Estado, porque el caudillo dejó el poder, al menos oficialmente, hace varios años, pero aun así, un contacto entre el viejo cabecilla y el Papa hubiera respondido más a un compromiso protocolar, si se hubiera producido sin la presencia de la familia del hombre que cerró iglesias y confiscó escuelas religiosas.

Ver a Fidel con el Papa, sin que mediara arrepentimiento de su parte, sin la necesaria contrición para el perdón y la reconciliación, debió haber sido un golpe devastador para los que fueron formados en los valores y principios que la Iglesia católica sostiene e inspira.

Castro y su familia en la Nunciatura, rodeado de monseñores y frente al Papa, fue demoledor también para aquellos que vivieron la persecución de la iglesia y las consecuencias que de esa represión se derivó para la sociedad nacional.

El hecho que Benedicto XVI, recibiera a Fidel en compañía de su esposa e hijos le dio a la visita un carácter muy especial, máxime cuando ha sido una familia muy poco conocida, que el caudillo ocultó por décadas, pero que después de su enfermedad y según avanza la decrepitud que lo invade, está adquiriendo un mayor protagonismo.

Otro aspecto es que Castro fue a la Nunciatura, en este caso se pudiera decir que peregrinó para ver a la figura clave de la religión que persiguió.

Cierto que la Iglesia ha sobrevivido por esa indiscutible capacidad para vadear las corrientes más tumultuosas, pero los fieles siempre anhelan que el barquero no le venda al diablo el alma de sus pasajeros. El fin no justifica los medios, aunque se use incienso para disipar las malas acciones.

El castrismo pretendió imponer sus valores, intentó cambiar la historia, atacó a fondo los fundamentos éticos de la sociedad cubana y sus más importantes objetivos fueron las religiones; la Iglesia católica fue el blanco clave a destruir para poder construir el nuevo orden prometido.

Aquella fue una experiencia indeleble. Creyentes discriminados, perseguidos, humillados y encarcelados.

Fidel Castro inculcó y comandó la persecución de la Iglesia y ordenó el fusilamiento de los cientos que en defensa de sus creencias religiosas o convicciones políticas, solo por recordar a dos de aquellos jóvenes, Alberto Tapia Ruano y Virgilio Campanería, cayeron ante el paredón de fusilamiento gritando Viva Cristo Rey.

Los extremismos del castrismo son padecidos por católicos y no católicos, por todo ciudadano que fue y es capaz de defender sus convicciones, y paradójicamente, por muchos de los que han guardado silencio cómplice ante las tropelías de la dictadura. Se ha contado mucho, se ha descrito en demasía, pero nunca es suficiente, porque la mala memoria hace presa de los que prefieren olvidar para poder pescar.

Sin proceder a un análisis sobre los resultados concretos para el pueblo cubano de la visita de Benedicto XVI a la isla, si es evidente que el gobierno y la jerarquía de la Iglesia, eventuales aliados, pero no amigos; están trabajando para ampliar y profundizar los resultados que respectivamente le favorezcan de la visita papal.

Berta Soler, la líder de las Damas de Blanco, declaró que aunque el Papa fue a Cuba con un mensaje de amor y reconciliación, esos sentimientos no fueron recibidos por el régimen y que una de las enseñanzas de la visita papal es que la libertad de los ciudadanos de la isla depende de ellos mismos.

Pos su parte el padre José Conrado, manifestó que el Papa representa a Jesús, que sí es un liberador, y que quiere que los cubanos vivan en la verdad y libertad. Agregó que dudaba de la sinceridad del gobierno cubano en su recibimiento al Papa, porque el arresto de creyentes que querían ver a Benedicto XVI, evidencia que el régimen no respeta la religión, porque no permite a los fieles practicar la fe.

Por supuesto que otra lectura, entre varias, que se pueden hacer del encuentro entre Castro y Benedicto XVI, es que Fidel reincidió en su condición de renegado, porque después que abjuró de la Iglesia para abrazar el marxismo, lideró una corriente de ateísmo militante que escindió el país, manipuló generaciones, hoy frustradas, con falsos postulados por tal de conservar el poder, en el ocaso de la vida, después de destruir la nación, regresa a la Iglesia para reclamar la salvación que no merece. ¿Será por eso que pidió ser recibido por el Papa? De ser así, una vez más, la Iglesia ha vencido a sus verdugos temporales y ocupará más espacios en la sociedad de la isla, pero resta la pregunta, ¿del pueblo cubano qué?

Confrontación

Fidel Castro siente un profundo desprecio por los cubanos, pero particularmente por aquellos que han tenido el coraje de enfrentarlo.

Escribir sobre los mártires de la lucha contra el régimen totalitario es complejo y penoso, pero lo peor es que se puede ser injusto al no hacer referencia a uno y a todos de los muchos que han caído defendiendo la libertad y la democracia en Cuba.

Desde los primeros meses de 1960, cientos de hombres habían tomado las armas o se aprestaban para ello, con el fin de defender con sus vidas el derecho de pensar y vivir en libertad.

Pero antes de llegar a la guerra fueron muchos los esfuerzos para evitarla.

El trabajo cívico entre otros dirigentes políticos de innegables credenciales democráticas, como José Ignacio Rasco, Antonio José Varona y Aureliano Sánchez Arango. Las protestas del presidente Manuel Urrutia y de los comandantes Pedro Luis Díaz Lanz y Huber Matos y la crisis que enfrento David Salvador en el decimo Congreso de la Central de Trabajadores de Cuba.

La dignidad de Pedro Luis Boitel para impedir que el gobierno controlara la FEU, sin pasar por alto la viril protesta estudiantil protagonizada entre otros por Alberto Muller, Juan Manuel Salvat y Joaquín Pérez Rodríguez.

No obstante la falta de convicciones democráticas de los gobernantes determinó que una vez más los llanos y montañas, desde Pinar del Rio hasta Oriente, pero con una crueldad sin precedentes a excepción de los combates de las Guerras de Independencia, fueran escenarios de una cruenta lucha en la que lamentablemente no venció la justicia sino la fuerza.

Las ciudades y poblados fueron los focos de la primera resistencia. Hombres y mujeres, algunas de ellas como Zoila Almeida," La Niña de

Placetas", Oristela López, Vivian de Castro y Gloria Agudín, también se unieron a las guerrillas hasta ser apresadas y cumplir, al igual que otros miles de mujeres y hombres, largos años de cárcel.

Otro aspecto a destacar es que la mayoría de las organizaciones creadas para enfrentar el totalitarismo se identificaban con la Revolución, compartían la convicción de que era necesario hacer cambios políticos y sociales en la isla, pero en un marco democrático y de derecho.

Se gestó un poderoso movimiento clandestino que tenía sus propias estrategias, pero que también eran el sostén fundamental de los grupos guerrilleros que paradójicamente en su mayoría eran liderados por ex oficiales del ejército rebelde, por hombres que también se habían alzado o combatido en la clandestinidad, al régimen de Fulgencio Batista.

Entre esos hombres hay que incluir a Porfirio Remberto Ramírez Ruiz, "El Negro", un joven capitán del ejército rebelde que fue fusilado cuando presidía la Federación de Estudiantes Universitario de Las Villas. Un campesino, también capitán del ejército rebelde, Sinesio Walsh Rios, y un dirigente sindical y maestro, el comandante del ejército rebelde, Plinio Prieto.

Estos tres oficiales del ejército rebelde fueron fusilados el 12 de octubre de 1960 junto a otros dos cubanos que la historia de nuestro país nunca debe olvidar, Ángel Rodríguez del Sol y José Palomino Colon.

Estos hombres fueron procesados junto a más de un centenar de sus compatriotas. Las condenas estaban decididas, pero nunca se emitió una sentencia oficial. Los verdugos clave de ese día fueron el presidente del tribunal, Claudio López Cardet y el comandante Félix Torres, un personaje siniestro que determinaban quien vivía y moría en la región del Escambray.

Refieren testigos de la época que cuando el autobús que transportaba a los condenados pasó por Manicaragua, uno de ellos gritó con firmeza y sin atisbos de temor, "nos llevan para La Campana para fusilarnos".

Fidel Castro siente un profundo desprecio por los cubanos, pero particularmente por aquellos que han tenido el coraje de enfrentarlo. Siempre ha ignorado el heroísmo de sus opositores, lo que quizá motivó la siguiente carta a Hugo Chávez, "Chávez, la guerra tuya es muy distinta a la mía. Aquí mis enemigos más acérrimos se fueron, están en Miami. Allá tú los tienes en tus narices. Tú Miami está allá Chávez".

Falsa como todo él, esta afirmación del dictador. Desde que llegó al poder un amplio sector del pueblo enfrentó a su régimen y en consecuencia miles murieron ante el paredón de fusilamiento, otros tanto en combate.

En Cuba hay desaparecidos porque el régimen nunca ha informado a sus deudos de la muerte de un pariente. Cerca de medio millón de hombres y mujeres han pasado por la prisión, y 53 años después el principal foco de la oposición no está exiliada, se encuentra en Cuba, y en su mayoría nacieron después de la imposición del totalitarismo.

Crisis de valores. Legado del castrismo

Es lamentable e históricamente traumático para la nación cubana que un período fundamental de su historia republicana, prácticamente la mitad, haya transcurrido en el contexto de intolerancia y discriminación que impone un régimen totalitario.

Tales condiciones son determinantes en la formación de los ciudadanos, pero también en estimular en un número importante de individuos, sentimientos perversos que se expresan sin ningún tipo de contención porque están conscientes que actúan en base a las normas y requerimientos del sistema que defienden.

En Cuba existe un control social y político muy estricto y en consecuencia cualquier tipo de disentimiento puede ser brutalmente reprimido. Rechazar la intromisión de representantes del estado en la restringida vida privada implica represalias.

Bajo una dictadura de las características de la cubana, se viven situaciones difíciles de imaginar, aun cuando se haya coexistido bajo otro régimen de fuerza.

Muchos ciudadanos, en particular los que se identifican con la dictadura, tienden a ser violentos con quienes difieren de sus puntos de vista. No aceptan las rivalidades, rechazan el dialogo o el debate, la fuerza es el principal argumento en la promoción del modelo político que defienden.

En derivación no debería causar sorpresa la violencia que siempre han desplegado los partidarios del castrismo ante las críticas y demandas en contra del régimen, ni tampoco que sujetos de diferentes generaciones actúen sin el más mínimo respeto a las discrepancias y a los derechos del prójimo.

Los partidarios del castrismo actúan como si estuvieran defendiendo una religión. Acertado estuvo el escritor José Antonio Albertini cuando calificó al régimen de ser una teocracia con un dios viviente en la figura de Fidel Castro y un sacerdote mayor que encarna su hermano Raúl.

Anatematizan a sus rivales y si les fuera posible los decapitarían al mejor estilo de Estado Islámico, porque cuando un conspicuo representante de la dictadura como Eusebio Leal, dice que los que se oponen al régimen son personas absolutamente impuras que no deben participar en un dialogo político y que cuando se está cerca de ellos "uno siente que le ha caído una salpicadura de lodo en el traje limpio", tal parece que se está escuchando un conjuro sacerdotal contra los paganos.

Leal, no es un representante de la sociedad civil cubana. Es un historiador oficial de la dictadura. Un empresario que gerencia y disfruta de todos los privilegios imaginables. Becas gestionadas por el gobierno. Viajes innumerables que no costea con sus recursos. Administrador con mucha libertad de fondos proveídos por organismos internacionales.

Eusebio no es de los que da paliza, las promueve con sus expresiones. Su condición de intelectual orgánico de la nomenclatura le permite sentenciar, sin manchar sus espurios hábitos, a los que disienten. Su defensa de la dictadura no deja espacios a la duda y su compromiso de defender el modelo que promueven los Castro, es firme.

Otra de las personalidades de la dictadura insular que muestra sentirse orgulloso de sus habilidades de depredador es el ex ministro de Cultura, Abel Prieto, un cargo en el que pudo desplegar todas sus mañas de fiscal y censor a las ideas contrarias a lo que él encarna.

Abel Prieto es uno de los principales asesores de Castro, un alto funcionario del gobierno sin relación alguna con una genuina sociedad civil, como tampoco lo son quienes regentan los diferentes organismos de masas constituidos por el régimen, que en realidad son parte de la maquinaria por medio de la cual la nomenclatura controla la sociedad.

Prieto expresó recientemente que Cuba había sido acusada de ser un "Estado que lo controla todo, que no hay espacio para ningún tipo de sociedad civil", sin embargo favoreció la reafirmación de esa imagen al dirigir un grupo de jenízaros contra individuos que expresaban libre y pacíficamente sus opiniones políticas y calificar de títeres de un país extranjero a los que se oponen al régimen.

Otro caso a destacar es del supuesto heredero del dictador designado, Miguel Díaz Canel quien manifestó que era inadmisible compartir espacios de debates con disidentes que clasificó de mercenarios del imperio.

El futuro de la nación cubana está muy amenazado y corroído por las enseñanzas y prácticas del totalitarismo. La crisis de civilidad entre los cubanos es muy profunda. Las normas de convivencia, respeto a las discrepancias y hasta las de urbanidad han sido execradas por el gobierno, situación que se aprecia en la gestión de amplios sectores de la población.

Las secuelas de un sistema excluyente como el que han grabado los Castro a Cuba son perniciosas. Los civilistas de la isla tienen un gran trabajo por delante. Derrocar el sistema y laborar para que los ciudadanos adquieran conciencia de sus derechos, pero también de sus deberes.

Cuba: Regreso al futuro

Todo parece indicar que la dictadura cubana está en la ruta de repudiar muchas de las reglas económicas y sociales que impuso a sangre y fuego en la década del 60, siempre y cuando estas rectificaciones no afecten el control político que ejerce sobre el país.

El pretexto para imponerlas fue que en la isla se había inaugurado un régimen marxista que se regía por paradigmas totalmente contrarios a los que habían tutelado la sociedad.

Se inició una campaña para convertir a toda la población al Nuevo Orden. Se demonizó el pasado siendo el objetivo fundamental educar al individuo en la creencia que la Republica había fracasado y que la Revolución concedería las oportunidades y derechos que el pueblo no había gozado.

El disfrute de los derechos ciudadanos fue eliminado, a la vez que se instrumentaba una campaña a favor de nuevos paradigmas totalmente contrarios a los que habían regido la sociedad.

Se incentivó la grosería, el mal vestir. Las religiones fueron vituperadas. La educación formal era un rezago burgués. Se vulgarizaron las costumbres, incluyendo el lenguaje y se promovió la división familiar, haciéndole creer a los menores que la emancipación de sus padres les haría libres y que el estado todo poderoso era la solución.

El respeto a las ideas de los otros fue eliminado. La tolerancia se extinguió. El adversario se transformó en enemigo. El que partía para el extranjero era un traidor. Se dejó de decir señor, solo compañero. Se irrespetaba todo, menos a Fidel Castro y los que integraban su olimpo. La delación se trocó en oficio y la prostitución, una práctica repudiada hasta entonces por la sociedad, se convirtió en un hacer respetable.

Los derechos más elementales fueron conculcados. El país se sumió en la ineficiencia, el derroche de lo ajeno, las consignas sustituyeron las ideas y los mejores hábitos y costumbres fueron asfixiados por quienes trepaban sobre las desgracias de otras personas.

Muchas personas se convirtieron en victimarios. Se prestaron para abuchear, acosar, delatar, golpear y hasta matar a quienes consideraban herejes de la nueva religión. El homosexualismo era un crimen. Surgieron centenares de prisiones y campos de concentración. El paredón ocupó espacios importantes en el diario vivir, y tronchó la vida de muchos.

Sin embargo, a pesar de los sacrificios de la población y los abusos y crímenes en los que incurrió el gobierno y sus partidarios, la promesa de un país mejor no se cumplió.

En el presente el individuo ama a su país mucho menos que nunca antes en el pasado. El esfuerzo por descristianizar la isla para imponer el marxismo, ha dejado al ciudadano sin sostén ético o moral. Un número importante de personas solo aspiran a abandonar a Cuba y reiniciar sus vidas, paradójicamente en Estados Unidos, la nación que según el castrismo había que odiar y destruir.

No es difícil suponer lo frustrante que debe ser para los que se sumaron con fervor a la destructiva maquinaria del castrismo, con los sacrificios personales y familiares que implicó, amén de aquellos que sientan remordimiento por los crímenes o abusos en que incurrieron, cuando ven como sus quimeras están siendo desmontada, no por los enemigos del proyecto, sino por sus propios inspiradores.

El castrismo está muriendo por consunción. Los fracasos acumulados, corrupción, abusos y el despilfarro, han agotado todas sus expectativas y posibilidades de sobrevivencia.

Por eso es válida la pregunta sobre que pensaran aquellos que envejecieron y crecieron trabajando a favor de las intervenciones y confiscaciones, o a tono con el gobierno rechazaban la inversión extranjera, y ven como en el presente los mismos líderes favorecen lo que antes querían destruir.

Aprecian como muchos de esos dirigentes se han enriquecido. Sus hijos disfrutan de bienes para los que no han trabajado. Estudiado en universidades extranjeras o tienen negocios fuera de Cuba.

Los que creían en un estado interventor y aprecian que sus dirigentes históricos despiden a millones de trabajadores y abren paso a la gestión privada aunque sea tímidamente. Los que se hicieron enemigos de las religiones y ahora ven como el gobierno las acepta o reconoce, los que rompieron relaciones con los familiares que se asentaban en otros países y en la actualidad el gobierno promueve lo contrario.

Como estarán los veteranos que mataron o fueron heridos en Angola y otros países para difundir un modelo político que sus conductores en el presente están abandonando y aunque no sea políticamente correcto es obligado preguntarse, ¿los que formaron parte de los pelotones de fusilamientos, los que dieron tiros de gracia, como estarán al vivir un cambio que tal vez les conduzca a una mejor vida, que no les librara de las angustias de sus culpas?

Cuba: Discriminación sin fronteras

Los flagelos de la discriminación y la represión están presentes en toda sociedad. No importan el nivel de desarrollo económico ni la solidez del estado de derecho. El individuo y la comunidad siempre están sujetos a ser objeto del abuso de los poderes públicos y privados, pero bajo las condiciones excepcionales que priman en un estado totalitario ambos conceptos se manifiestan en toda su dimensión, al extremo que tienden a confundirse y perder sus respectivas connotaciones.

La discriminación y la represión que aborda este trabajo, no es la individual, la que una entidad no gubernamental, natural o jurídica, aplica contra otros individuos, sino la oficial, la que un estado instituye contra la persona y la comunidad, para impedir el libre curso de las opiniones y en consecuencia el disentimiento u oposición.

El ciudadano cubano padece todo tipo de opresión y sería válido suponer que cuando el individuo decide abandonar el país ésta termine, pero en la isla no es así. El gobierno considera traidor a todos los que deciden asumir su propio destino y romper con la tutela oficial, por eso el futuro expatriado tiene que expiar la culpa padeciendo todo tipo de vejamen. La expulsión de centros de estudios o laborales. Le entrega de todo tipo de bienes y la espera de un permiso de salida, convierten en agonía el arribo de un futuro incierto. El proceso es lento. La vida se hace más precaria y pendiente de la voluntad de un funcionario o de un vecino mal intencionado.

La partida es traumática. Dura. Dejación de pasado y las esperanzas. Desarraigo. Tocar el fondo de la existencia e iniciar un periodo en deriva que por siempre se ignora cuando concluye, pero aun así, nos vamos con la casi certeza de que las palmas esperarán toda la eternidad.

Iniciar una nueva vida, prepararse para nuevos retos y asumir otra vez la responsabilidad de la propia existencia. El país quedó allá. Está en la memoria, en los sentimientos y por eso se actúa de acuerdo a las convicciones y querencia. La tierra dejada se quiere, se tiene con uno al igual que su gente, sin que importe la realidad política en la que estamos todos inmersos.

Un día deseas ir a ver a los tuyos y hacer realidad los regalos que te dan los sueños. Vives en libertad y en el disfrute de tus derechos, pero cuando decides regresar sobre lo andado chocas con el pasado.

El nuevo pasaporte es costoso. El boleto para viajar supera los planes y el humillante permiso para entrar al país es también de un valor que hace vacilar el presupuesto. Pero no es todo. Puede que venga la represión como carga de machete. Depende de cual haya sido tu conducta en el exterior.

Discreción, silencio, olvido del pasado y ceguera total ante el presente pueden ser considerados factores positivos para reconocer tus derechos de regresar a la tierra de tus padres. Escritos, manifestaciones, protestas, cuestionamientos a la dictadura o sus asociados, es la espada que hace trizas pasaje, pasaporte y regalos. La garra del totalitarismo hace de esa manera sentir su ponzoña.

Para muchos exiliados es muy difícil librarse de la presión que generan las autoridades cubanas. La protección consular que debe dar todo país a sus nacionales en el extranjero está supeditada a la posición política. Los derechos siguen conculcados. No importa que se esté fuera de la patria, se constata una vez más que en la isla solo cuenta la voluntad de los que gobiernan. La realidad es cruel pero no se puede ignorar. El totalitarismo insular sigue cercenando derechos y oportunidades, sin importar fronteras.

Hay que admitir que el régimen es consecuente y parte de su compromiso es hacer sentir fragilidad e indefensión ante su poderío. Para lograrlo invierte cuantiosos recursos en una eficiente burocracia y en una clientela política que se presta a todas sus maniobras. Son sus reglas. La discriminación trasciende las fronteras del país de origen y el patrón de todo y todos no ha olvidado el pecado original en que se incurrió. El traidor, el apátrida, lo seguirá siendo por siempre salvo que tenga la disposición de aceptar que los derechos naturales son privilegios que otorgan los que gobiernan.

Como contraparte una columna vertebral flexible y una moral nutrida en la mentira, permite disfrutar de ciertas oportunidades. El silencio cómplice es bien retribuido. Viajes, atenciones y permisos especiales y hasta la posibilidad de convertirse en socio empresarial del régimen si hay disposición a seguir mudo y ciego ante la situación. La militancia, la crítica al exilio y sus actos pueden transformar en héroe oficial el antiguo "traidor". Un colaborador siempre listo para acusar, denigrar y entorpecer la labor de aquellos que están a favor de la democracia en Cuba, sin que importe la nacionalidad del defensor.

Tampoco se puede olvidar a los agentes. Individuos entrenados para espiar, organizar campañas y neutralizar enemigos. Esos, juntos a los funcionarios de las sedes diplomáticas, son los más peligrosos porque establecen contactos con personas y agrupaciones que tienen aproximaciones ideológicas o de cualquier tipo con el régimen cubano.

Entre comerciantes sin escrúpulos, mercenarios políticos, agentes y tontos útiles se sustenta la represión extraterritorial que tienen su mejor aliado en organizaciones nacionales que reciben cuantiosos fondos para montar campañas favorables al gobierno de La Habana y de descrédito a quienes lo rechazan. Los partidarios de estas agrupaciones pueden actuar en su momento como genuinos miembros de Brigadas de Respuesta Rápida en el exterior.

Un aspecto poco abordado en los controles que ejerce el estado cubano sobre sus ciudadanos que residen en el exterior incide directamente en la ayuda de familia a familia. Una persona que viaja al exterior tiene que pagar $ 150.00 para obtener el permiso de salida, una carta de invitación que cuesta $140.00 y pagar $150.00 por cada mes que permanece fuera del país. El costo del pasaje es muy superior a los precios del mercado y está el requerimiento de comprar otro boleto completo para el regreso a Cuba si se ha estado más de 30 días fuera del país. Por otra parte cuando el gobierno, único autorizado para efectuar el cambio de moneda, hace una transferencia, cobra un impuesto del 20%. Por supuesto que estos gravámenes los paga el que reside en el exterior, es contra nuestros bolsillos donde actúa esa discriminación.

Esa segregación también se refleja en la ayuda material, medicinas, ropa y calzado que se remite a Cuba. Mientras una libra a Colombia cuesta $2.50.00, a Venezuela fluctúa en $4.00.00, un bulto de una libra a las isla de los Castro es de alrededor de $15.00. Un excelente negocio para el gobierno de Cuba y para aquellos que en el exterior tienen algún tipo de asociación económica con el totalitarismo.

Pero quizás la discriminación mas real, directa y oprobiosa es la que padece el cubano que al fin viaja a la isla. El viajante en el aeropuerto de partida siente una presión real. Se habla más bajo, no se protesta por las arbitrariedades sufridas. Se está a expensas del cambio de humor de los agentes de viaje, el temor a la cancelación de la partida hace presa de la mente de todos. La represión una vez más trasciende las fronteras.

Y en Cuba. La aduana. Las confiscaciones. El miedo a una fotografía indiscreta, una conversación o una militancia olvidada. Una amistad "peligrosa", cualquier suceso no grato a las autoridades puede determinar ser conducido a un cuartelillo de la seguridad, ser arrestado y en el mejor de los casos deportado. Esa es Cuba, donde siempre el ciudadano está en peligro.

Cuba rumbo a la democracia

La oposición a los hermanos Castro siempre ha tenido como meta el cambio político, un objetivo valido y trascendental, para cualquier persona o entidad que está a favor de construir una sociedad que respete los derechos ciudadanos, pero quizás hubiera sido más efectivo haber logrado vincular esa gestión a un trabajo comunitario intenso que expusiera en toda su crudeza los abusos sociales y económicos que la dictadura cargó a la ciudadanía.

Pero la realidad es que las fuerzas políticas que se opusieron al totalitarismo nunca tuvieron oportunidad de asociar sus propuestas de cambio con las necesidades de la población, porque el régimen estableció un control absoluto sobre los gremios, colegios profesionales y sindicatos, aún más, creó nuevas organizaciones que como correas de transmisión, hicieron posible que las disposiciones gubernamentales llegaran hasta el último rincón de la isla.

Las grandes limitaciones con las que ha operado la oposición por décadas le han impedido desarrollar junto a la lucha política, una paralela que tuviera como meta denunciar y concientizar a la ciudadanía sobre los derechos sociales y económicos que les eran violentados.

El gobierno con zanahoria y garrote sedujo a un amplio sector de la población. La gente perdió la conciencia de sus derechos y con los años y las inagotables cosechas de fracasos que sumían cada día más en la miseria al individuo, se fue desarrollando una masa indiferente en todo lo que no fuera satisfacer sus propios intereses.

Una vanguardia que nunca dejó de estar, pero que se hizo pública cuando fue oportuno, apartó en alguna medida el cambio de régimen de sus objetivos primarios, y se abocó a una campaña a favor de los derechos humanos, pero con valoración política.

Posteriormente los objetivos de esa avanzada fueron evolucionando y progresando para constituir grupos especializados que tenían objetivos más definidos y concretos, como fue la constitución del periodismo y el sindicalismo independiente entre otras vertientes, actividades que no impidieron que se gestaran agrupaciones estrictamente políticas de carácter contestario que proclamaban el objetivo de cambiar el régimen.

Estas actividades fueron reprimidas, y a pesar de las protestas y el descontento creciente entre antiguos partidarios, el régimen mantuvo el control de todas las entidades de la sociedad civil.

La incapacidad del gobierno para encontrar soluciones a las demandas naturales de una sociedad moderna, le paralizaba todavía más, la improductividad y corrupción azotó el país. El desencanto cundió, la oposición creció, y la represión se incrementó.

Si el fin de la Unión Soviética fue un severo golpe para la dictadura en el aspecto económico, también lo fue para la imagen pública de la nomenclatura que no cesó de afirmar durante décadas que el futuro del mundo era del socialismo.

Este porrazo afectó negativamente a un sector de la clase dirigente cubana. La fe de muchos de los conversos se quebró cuando vieron a las repúblicas soviéticas caer por ineficiencia e incapacidad, pero aunque las contradicciones internas se multiplicaron, hasta ahora no han sido suficientes como para afectar el control que ejerce la nomenclatura sobre el país.

El periodo especial precisó a la dictadura a replantearse algunas de sus tácticas de gobierno, entre ellas la legalización del dólar y el trabajo por cuenta propia, que fueron en cierta medida el acicate para enterrar al régimen en un círculo vicioso de obligadas reformas que demandan constantes reajustes que afectan su control sobre la sociedad civil.

La falta de voluntad de los gobernantes para introducir cambios estructurales ha hecho que los fracasos se acumulen junto a una espiral ascendente de ineficiencia y corrupción, lacras que hacen cada vez más inviable la dictadura, determinaron nuevas reformas como fueron el cambio de relaciones con la iglesia, una reforma migratoria, reajustes en la represión, y flexibilización de algunas de las regulaciones que habían limitado el hacer individual por décadas.

Todas estas disposiciones han dejado fisuras en el control del estado sobre la sociedad, grietas que algunos sectores de la oposición han ido ocupando paulatinamente, lo que ha hecho posible una aproximación e identificación entre los que ya tienen conciencia ciudadana, la oposición, y los que están asumiendo, aunque sea lentamente, conocimiento de sus derechos.

Una de las tareas que ya cumple la oposición ha sido ir identificando los problemas del ciudadano con la ineficiencia y el abuso de poder de los gobernantes, a la vez que los asocia con la falta de derechos políticos.

El camino de las reivindicaciones sociales, individuales y colectivas, es una de las rutas por las que se asfixiará a la dictadura, en consecuencia, la oposición tiene la posibilidad de vincular las necesidades generales de la sociedad y las demandas ciudadanas, a su objetivo de llevar la democracia a Cuba.

Cuba y el socialismo del siglo XXI

El supuesto propósito de la nomenclatura castrista de establecer en Cuba una sociedad justa y próspera resultó en un rotundo fracaso, porque el régimen violentó de forma permanente y sistemática los derechos de los ciudadanos y asumió el control absoluto de los bienes de la nación.

Aun mas, a pesar de las cuantiosas ayudas económicas recibidas de varios países, en particular de la Unión Soviética y Venezuela, fue incapaz de construir una sociedad en la que el ciudadano disfrutara de mejores condiciones de vida.

Sin embargo a pesar del poder que detenta hace más de cinco décadas, la nomenclatura está consciente desde hace varios años que el proyecto fracasó y que para conservar el control tienen que efectuar movimientos que encajen perfectamente entre los intereses de la clase dirigente; y es en ese aspecto en el que algunas recetas del Socialismo del Siglo XXI pueden servir al régimen, por lo que pudiera decirse que el totalitarismo cubano se está reinventado.

La estructura superior del Poder se subvirtió a si misma modificando algunos de los factores que caracterizan el totalitarismo castrista, fundamentado en la figura dominante de Fidel Castro y en un control absoluto de la economía, de otros gobiernos identificados con el llamado "Socialismo Real".

El Socialismo del Siglo XXI parece ser útil para el proceso de sucesión que se inició en el 2006 y que aparentemente llegó a su final este año cuando Raúl Castro declaró que este sería su último periodo de gobierno.

Al parecer los Castro han determinado que es mandatorio iniciar un proceso de transición que garantice a la nomenclatura la impunidad de sus acciones y la conservación de las riquezas adquiridas.

Por otra parte el poder en Cuba está centralizado en el Partido Comunista, una corporación mafiosa, más que ideológica o política. En realidad las decisiones fundamentales las determina un pequeño círculo de altos dirigentes, primordialmente los que integran el Buró Político.

La transición que procuran, no está orientada a cambios en la concepción del poder ni en la forma que se eligen a los gobernantes. Falta ver si incorporaran la pluralidad política, condición que permite el Socialismo del Siglo XXI, situación posible si se tiene en cuenta que el régimen tiene el control de las instituciones del estado.

El crítico balance de la realidad cubana quizás determine que la clase dirigente mezcle el modelo castrista y el SSXXI, porque evidentemente se retroalimentan. Muchos de sus aspectos encajan perfectamente con los intereses del régimen isleño por lo que es lógico que la dictadura insular implemente algunos de ellos, en particular, después que el núcleo fundador del totalitarismo desaparezca.

La dictadura cubana tiene a su favor que ejerce un control total de la economía y si el estado redujera ese control, hay una "gerencia", aproximadamente el 65 por ciento fueron militares de alta graduación, que asumirían con relativa independencia el manejo de las corporaciones del estado, lo que transformaría a estos individuos de privilegiados a multimillonarios.

Una situación similar ocurre con los medios de información y las organizaciones de la sociedad civil que en el presente son parte de la maquinaria estatal.

Los líderes de estas entidades y compañías se transformarían en empresarios independientes o en propietarios de los medios, formándose un entramado de intereses que viabilizaría la permanencia de la nomenclatura y el surgimiento de nuevo dirigentes interesados en mantener lo ya establecido.

La seguridad y privilegios de las Fuerzas Armadas son esenciales. Un número considerable de miembros del Comité Central del Partido son militares, porque el régimen cubano es esencialmente castrense.

Por otra parte en lo que respecta a la dictadura institucional que caracteriza al SSXXI, el gobierno cubano tiene que efectuar pocos cambios. En la isla los poderes públicos están supeditados a la voluntad de la clase regente.

Cierto que en los últimos años se han producido ajustes económicos y algunas que otras modificaciones de carácter legal que la propia sociedad demanda, gestiones que tal vez fueron promovidas por sectores de la clase dirigente identificadas con el tipo de despotismo que implica el Socialismo del Siglo XXI, pero estas todavía no se aproximan al modelo antes citado y aun corren el riesgo de ser revertidas.

Hasta el presente las decisiones se han tomado en base al deterioro del régimen, no por la convicción de la clase dirigente, lo que podría conducir a un escenario de contradicciones peligrosas si el liderazgo emergente decide profundizar los ajustes económicos y sociales.

Esas contradicciones podrían derivar en una ruptura en la nomenclatura, que inexorablemente conducirían al surgimiento de dirigentes más radicales, que tal vez no encuentren satisfactorio a sus intereses asumir el modelo del Socialismo del Siglo XXI.

Cuba, entre Eisenhower y Obama

La ruptura de relaciones entre Estados Unidos y Cuba fue una decisión de la Casa Blanca, que puso punto final al deterioro de las relaciones entre los dos países.

El presidente Dwight Eisenhower, en la nota ejecutiva al efecto refería "es mi esperanza y mi convicción que en un futuro no muy lejano será posible que la amistad histórica entre nosotros encuentre una vez más su reflejo en relaciones normales, de todo tipo". La parte final del documento apuntaba, "Mientras tanto, nuestra simpatía está con el pueblo de Cuba, que ahora sufre bajo el yugo de un dictador".

Eisenhower, tampoco el futurólogo más calificado, podía presagiar que Estados Unidos restablecería relaciones diplomáticas con una Cuba que cincuenta y cinco años después muestra la penosa distinción de contar con dos dictadores y no con uno, como sucedía el 3 de enero de 1961.

Este 20 de julio los gobiernos radicados en Washington y La Habana restablecieron relaciones diplomáticas, una decisión que como afirman muchos analistas, abre una ruta en la que no faltaran desencuentros y problemas, reto que ambos gobiernos han decidido afrontar.

Aunque la ruptura fue una decisión de Washington una somera investigación permite conocer que el presidente John F. Kennedy hizo al menos un intento por descongelar las relaciones con Cuba, gestión que no recibió respuesta de La Habana.

El republicano Ronald Reagan dispuso que el embajador Vernon Walter volara a la isla y sostuviera una entrevista con Fidel Castro. Antes, en el primer año de su gobierno, determinó que Alexander Haig, secretario de Estado, se encontrara en México con Carlos Rafael Rodríguez, vicepresidente del régimen de la isla.

Antes que Reagan, y bajo el gobierno de Richard Nixon, se afirma que el mandatario ignoraba la gestión, el secretario de estado Henry Kissinger envió un mensaje a Fidel Castro planteando que consideraba absurda la política de su país hacia la isla.

Los esfuerzo de aproximación de Kissinger a la dictadura cubana se acentuaron bajo la presidencia de Gerald Ford, cuando Washington determinó no oponerse a la decisión de la Organización de Estados Americanos de que los estados miembros, que así lo desearan, estaban en libertad de normalizar sus relaciones con La Habana. Ford también eliminó el embargo comercial impuesto a Cuba de comerciar con subsidiarias de corporaciones de Estados Unidos.

Kissinger en su afán de repetir laureles hizo que dos enviados suyos se reunieran con sendos funcionarios cubanos con el fin de explorar la posibilidad de restablecer relaciones. Los representantes de La Habana fueron categóricos, las relaciones pasaban al menos por un relajamiento del embargo, a los pocos días Cuba enviaba miles de soldados a Angola. La frustración del inefable secretario de Estado fue tan visceral que propuso a Ford aplastar a Castro.

El presidente James Carter fue el mandatario que más se esforzó por establecer relaciones con Cuba a excepción del presidente Barack Obama, sin embargo sus esfuerzos fueron torpedeados por los Castro porque entre sus requerimientos demandaba un irrestricto respeto a los derechos humanos, compensación por las propiedades confiscadas a ciudadanos de Estados Unidos y el cese de las intervenciones militares de Cuba mas allá de sus costas.

Carter entre otras decisiones suspendió los vuelos de aviones espías sobre Cuba, firmó un acuerdo pesquero y de limites marítimos, autorizó los viajes de estadounidenses a la isla y estableció contactos diplomáticos directos al acordar ambos gobiernos la apertura de oficinas de intereses en las respectivas capitales. Esfuerzos que inexplicablemente La Habana congeló al incrementar su presencia militar en Angola y enviando un contingente de miles de soldados a Etiopia.

Por último la dictadura obsequió al mandatario estadounidense el éxodo de El Mariel, lo que afectó dramáticamente la política migratoria de Estados Unidos y la figura presidencial.

Durante su mandato Bill Clinton firma un segundo acuerdo migratorio con Cuba, pero La Habana impide otro tipo de aproximación cuando derriba las avionetas de hermanos al rescate, por su parte el presidente George W. Bush incrementó las sanciones contra el gobierno cubano, sin dar muestras de estar interesado en establecer mejores relaciones.

En cambio el presidente Barack Obama, durante la campaña electoral en el 2007 declaró enfáticamente que la política hacia la isla era fallida y que era preciso cambiarla, promesa que se materializó el pasado 20 de julio.

La realidad es que hasta ahora el gobierno de Cuba había ignorado todos los esfuerzos de Estados Unidos a favor de un acercamiento diplomático, quizás porque en el pasado la voluntad de Washington de descongelar las relaciones pasaba por demandas que los hermanos Castro nunca han estado dispuestos a satisfacer, porque consideran que la Casa Blanca debe otorgarlo todo y el Palacio de la Revolución nada.

Cuba, un tiempo que se repite

Hay quienes afirman que la historia no se repite, sin embargo, es fácil encontrar en su devenir analogías y similitudes, lo que confirma el aserto de que "hay que conocer la historia para no repetirla".

Por supuesto que los sucesos no se reproducen con exactitud porque cada período tiene sus especificidades y personalidades, empero, hay elementos casi constantes que hacen evocar el pasado, así como una especie de "espíritu de la época", que se reedita conservando valores fáciles de identificar en las vivencias de cada pueblo.

La historia de Cuba no es una excepción. En ella hay elementos constantes que conforman su quehacer nacional a pesar de los nuevos escenarios y actores que se sucedan. Hay situaciones que tal parece se re proyectan, como si se contemplara una película reconstruida sobre otro ambiente.

Hay una singularidad en el pueblo cubano de fácil verificación y es la capacidad qué posee para involucrar en sus conflictos domésticos a países extranjeros, con independencia de la inclinación intervencionista o mediacionista que puedan tener esos estados.

Los cubanos han sido hábiles en internacionalizar sus conflictos y el reciente restablecimiento de relaciones diplomáticas entre Cuba y Estados Unidos, lleva a evocar el Tratado de París pero también la mediación de Summer Welles en la crisis nacional de 1933.

Durante el Tratado de Paris, 1898, el rol de Estados Unidos fue muy importante, como también las omisiones y participaciones del resto del mundo, particularmente la de los países de América Latina, que por lo regular han optado por ignorar lo que sucede en Cuba bajo la dictadura de los Castro.

En relación a la isla hay agentes históricos muy similares entre la época colonial y el actual régimen, por ejemplo, un régimen autoritario, poderoso, represivo, cimentado en la fuerza y la intolerancia.

Un gobierno que al igual que el colonial, muestra mas interés en negociar con poderes extranjeros los conflictos internos de la nación, que con los propios nacionales que reclaman respeto a sus derechos.

Paradójicamente se repite la existencia de un exilio influyente y poderoso que trabaja contra la dictadura, mientras paralelo a este, hay isleños que como los viejos autonomista, prefieren que actores extranjeros decidan sobre su país, antes que sus compatriotas que enfrentan el despotismo.

En 1896, el gobierno de la República de Cuba en Armas, intentó celebrar un Congreso Panamericano que auspiciara el proceso independentista cubano, lo que resultó en un rotundo fracaso, porque faltó el apoyo de las naciones hermanas.

Frente al castrismo la desidia y la falta de solidaridad latinoamericana también han sido constantes, y donde mejor se ha apreciado esa conducta ha sido en los foros internacionales, en particular en las instancias defensoras de los Derechos Humanos de Naciones Unidas.

Hay que destacar que de América Latina no ha partido una sola iniciativa que promueva el establecimiento en Cuba de una sociedad democrática.

Sin embargo, aunque los países del viejo continente no respaldaron a los independistas cubanos en la lucha contra España, en 1996, la Unión Europea instituyó una posición común hacia la dictadura de la isla, ahora en revisión, pero en términos generales, Europa ha sido más solidaria con la oposición democrática cubana que los países que integran el continente americano.

Por otra parte, la influencia ejercida por Estados Unidos en Cuba durante la colonia, el periodo independentista, la república y durante el totalitarismo, es un factor que ha marcado de forma indeleble a la nación isleña.

La Resolución Conjunta, 1898, la referida intervención de Welles ante la dictadura de Machado, 1933, el embargo de armas al régimen de Fulgencio Batista, 1958, el diferendo con Washington que se extendió por más de cinco décadas, han sido factores claves en el devenir histórico de la isla, no obstante, toda la relevancia de esos acontecimientos, palidecen ante las expectativas que generó en la población, el restablecimiento de relaciones entre Washington y La Habana.

El castrismo intentó sembrar el odio contra Estados Unidos y todo lo que ese país representa, pero el rotundo fracaso del modelo político y social que impusieron en la isla, ha sido un factor clave para que muchos isleños hayan dejado atrás la consigna "Cuba sí, Yankees no" y miren hacia la nación del norte con una devoción que nunca antes sintieron.

Esta situación se testimonia en el comportamiento lastimoso de un sector de la sociedad cubana después del restablecimiento de relaciones entre Washington y La Habana, y la visita del presidente Barak Obama, porqué al parecer estiman que los problemas del país se resolverán por la gracia extranjera y no por la voluntad y el esfuerzo de los cubanos.

¿Ejército de los Castro o de la República?

La columna vertebral de la dictadura cubana han sido los militares y no la Seguridad del Estados como tiende a creerse. Tampoco se ha sostenido sobre el inefable Partido Comunista.

Más del 70 % de la alta dirigencia isleña es de extracción castrense, e igualmente un número considerable de miembros del Comité Central del Partido son militares.

En el mismo año 1959, se apreciaba que los militares asumían el control, mientras los civiles abandonaban el gobierno o eran desplazados.

No era difícil darse cuenta de la militarización de la sociedad. Los comandantes se convertían en ministros, la sociedad cada día parecía más un cuartel y en cada crisis el militar se vestía de civil y ocupaba el puesto del funcionario que había sido defenestrado.

En 56 años de dictadura, el ejército ha tenido una línea de mando sin quebrantos visibles (posible excepción caso Ochoa) lo que expresa una estabilidad y fidelidad no igualada en otros organismos, incluyendo el ministerio del Interior.

Los apetitos imperiales de los Castro siempre fueron satisfechos por los militares que de manera encubierta, o actuando como gendarmes internacionales, intervinieron en tres continentes sin que se produjeran cuestionamientos a los dictados del tirano.

Siempre han mostrado disciplina, deseo de servir, una mística de gloria, u otro sentir que cohesionaba e impedía trágicas fracturas.

Las fuerzas armadas del régimen de los Castro aparentan una inquebrantable lealtad. En ellas habrá quienes lo hagan por devoción al "máximo líder"; otros por la pasión que les embargó cuando cumplían funciones pretorianas a miles de millas de las costas de Cuba, y quizá haya quienes sirvan por convicciones políticas.

Pero el tiempo ha pasado, las medallas han perdido brillo y los vientres se han extendido junto a las artritis físicas, pero también morales que debe causar el haber construido un edificio que se derrumba y cada día se parece menos a lo que muchos de sus constructores, particularmente los militares, proyectaron.

Es de suponer, que en Cuba, solo por el conocimiento de lo que ha sucedido en otros cuerpos militares que se identificaron con dictaduras y que en un momento determinado fueron factores fundamentales en su derrocamiento, haya un grupo de militares con sentido común que se percate que de no impulsar cambios, el país se hundirá mas en el tremedal en que se encuentra y en consecuencia, ellos perderán sus privilegios.

No obstante no debemos perder de vista que los ejércitos formados en los desaparecidos países socialistas no intervinieron en la caída de los gobiernos del bloque, si exceptuamos el fugaz episodio del golpe de estado contra Mijail Gorbachov.

El actual aparato militar cubano fue creado en 1959, por los Castro, a diferencia de los ejércitos ya constituidos que encontraron Adolfo Hitler, Benito Mussolini o el Ayatola Khomeyni, entre otros.

En consecuencia es lógico creer en la galvanización de las fuerzas militares alrededor de sus líderes, lo que ha permitido establecer en la isla un régimen político-militar sin antecedentes en el hemisferio.

Sin embargo, los fracasos subvierten valores y fidelidades al igual que se producen "fatigas" en los metales, y en Cuba, indudablemente, los fiascos han hipotecado el presente y futuro del individuo y la sociedad.

Tampoco se puede pasar por alto una realidad. Un numero de altos oficiales en activo y en condición de retiro, dirigen empresas millonarias usufructuando esas riquezas, un factor que puede influir en su "lealtad"

Sin embargo otros ejércitos, caudillistas o profesionales, en situaciones similares, han originado crisis terminales en las dictaduras.

El derrocamiento del portugués Marcelo Caetano, después que el ejercito sirvió al dictador Oliveira Salazar por más de 30 años. En Egipto, el ejercito derrocó al rey Faruk I. En Italia Mussolini tuvo serios problemas con las Fuerzas Armadas en los últimos años de su gobierno.

Otro ejemplo de que la totalidad de una fuerza armada no es absolutamente leal a su comandante en Jefe aunque aparente lo contrario, fue el sector de los militares germanos que servía al Tercer Reich pero que se sumó a la operación Walkiria.

Estos militares que habían combatido y arriesgado la vida por Hitler decidieron derrocarlo cuando se percataron que el país se hundía y que la victoria no era posible. En consecuencia el 20 de agosto de 1944, ejecutaron en la persona del conde Staumferberg, un atentado contra el jerarca nazi.

Ejemplos hay de obediencia y rebeldía a través de la historia, por lo qué cabe preguntarse. ¿Enfrentaran los Castro una operación Walkiria, que haga temblar la dictadura hasta destruirla, o los militares cubanos continuaran actuando en contra de sus propios intereses al persistir en apoyar un régimen que no cuenta con el respaldo de su pueblo y que ha fracasado en todos sus proyectos?

El agrio embrujo del castrismo

La memoria nos lleva voluntariamente a recordar los acontecimientos gratos, el deber a tener presente los malos, y nunca olvidarlos, por ese motivo evocar a Fidel Castro, es importante.

Por supuesto que Fidel no es el único culpable. Tuvo de su lado a excelentes ingenieros, arquitectos y artesanos en su plan de destruir a Cuba, una labor en la que alcanzó el éxito.

Es incomprensible el aura de mentiras y fantasías que envuelve la figura del dictador cubano. A pesar de su anacronismo y sus innumerables fracasos, sigue siendo un referente para gobernantes como Evo Morales, Daniel Ortega, Rafael Correa y muy en particular para Nicolás Maduro, pero también, paradójicamente, para personas que han demostrado su compromiso con la democracia y el respeto a los derechos humanos.

Castro ha sido cruel, despiadado e ineficiente en todo lo que no sea conservar el mando, pero también ha sido, junto a la condición de ser el gobernante que por más años ha controlado el poder, el individuo que estableció en pleno siglo XXI, una dictadura dinástica en el hemisferio occidental.

Es preciso tener presente que los victimarios del castrismo siguen al acecho. Recordar que el régimen se dio leyes para justificar sus crímenes y que siguen contando con la capacidad legal para encerrar o ejecutar cuando lo estimen conveniente.

Existen tribunales que interpretan fielmente los pensamientos extremos de sus mandamases. Muchos profesores como consecuencia de las enseñanzas del gran Maestro no dudaron en acosar a los hijos de los presos políticos, discriminarlos y expulsarlos de las escuelas, porque no eran un buen ejemplo para sus compañeros.

Las bases culturales y morales de la nación fueron quebradas como parte de un Plan Nacional que pretendía recrear la conciencia ciudadana instrumentado una ingeniería social que solo cosechó fracasos, al extremo que las últimas generaciones, salvo contadas excepciones, repudian el modelo que Fidel y Raúl Castro, junto a Ernesto Guevara, impusieron a sus padres.

Castro ya no usa uniforme, pero aun enfundado en una costosa sudadera, no deja de ser el anciano, para aquellos que quieren ver, que refleja en su físico la maldad y los crímenes que cometió contra el pueblo.

Su condición de depredador no ha desaparecido, se le aprecia todavía su convicción de que a los adversarios hay que tratarlos como enemigo y en consecuencia merecen ser aplastados.

Increíblemente, a pesar de los muchos estudios publicados, el castrismo sigue viviendo del cuento del "heroico mito" de la expedición-naufragio del Granma y de la insurrección guerrillera en la Sierra Maestra, una acción militar intrascendente, hábilmente manipulada y mejor divulgada.

También le asistió en la conservación de la fábula su rivalidad con Estados Unidos, tanto, que muchos han preferido olvidar que Cuba fue una plataforma nuclear soviética. Castro respaldó a Moscú cuando invadió a Checoslovaquia, lo que repitió cuando la ocupación soviética de Afganistán, una acción bélica contra un país miembro del Movimiento de los No alineados, agrupación que dirigía en esos momento el dictador cubano.

El régimen castrista ha sobrevivido por su capacidad represiva pero igualmente por la debilidad moral de quienes le han respaldado en Cuba y en el extranjero.

Particularmente en Latinoamérica muy pocos gobiernos y dirigentes políticos cuestionaron los crímenes de su gobierno o rechazaron directamente la subversión que auspició en todo el hemisferio.

Provoca vergüenza ajena que Luis Inacio Lula da Silva, líder obrero, se enorgullezca de ser amigo del individuo que destruyó uno de los movimientos sindicales más poderoso del continente, o que Cristina Fernández y Dilma Rousseff, busquen compartir con la persona que auspició el terrorismo en los países que gobiernan.

Es lamentable que figuras públicas internacionales muestren satisfacción cuando se acercan al veterano tirano, lo que lleva a preguntarse cuan orgullosos estarían si pudieran compartir con Adolfo Hitler o José Stalin.

El arrobamiento, el hechizo que padecen estos personajes en el gobierno o en la ruta de acceder al mismo no tiene explicación racional, salvo que aspiran a regir de la misma forma que por décadas lo hizo Fidel Castro.

Por supuesto que no es justo ni racional atribuirle a la ceguera o complicidad extranjera la longevidad de la dictadura. Los primeros garantes han sido los cubanos.

Los que hicieron dejación de sus derechos y se sometieron voluntariamente a la voluntad del régimen y los que después de casi seis décadas de fracasos acumulados siguen apoyando la dictadura.

Responsables son los que se envilecieron para ser parte del poder, los que nunca confrontaron la dictadura, huyeron en estampida o se plegaron en rebaño, pero también los que en el presente, escondiéndose tras cualquier pretexto, reniegan de sus compromisos de luchar por un cambio a la democracia en el país en que nacieron.

El Castrismo y su naturaleza de escorpión

La desclasificación de documentos del gobierno de Estados Unidos que reseñan que Henry Kissinger cuando fue Secretario de Estado, consideró la posibilidad de invadir militarmente a Cuba y destruir el régimen de los Castro, una vez más ha colocado al gobierno de la isla en su papel preferido, el de víctima inocente de la potencia más poderosa del mundo.

La dinastía cubana desde 1959 a la fecha se viene presentando como un país acosado. Una nación injustamente atormentada por las diferentes administraciones estadounidenses , once mandatarios y diez y seis periodos presidenciales, mientras en la isla los dos hermanos han compartido el poder por el mismo periodo de tiempo, cincuenta y cinco años.

El acceso a documentos que reseñan lo bueno, lo malo y lo feo de los gobiernos, es posible en un país donde hay libre acceso a la información, condición que no habrá en Cuba hasta que haya un cambio de sistema.

Cierto que Estados Unidos ha elaborado numerosos planes contra el régimen cubano y algunos puestos en práctica en su momento, pero la dictadura castrista no ha sido menos confrontacional, porque siempre ha apoyado a los grupos antisistema que operan en este país, a la vez que sigue captando funcionarios y académicos para que espíen dentro del gobierno de Estado Unidos a su favor.

Las relaciones entre Washington y La Habana han estado signadas por la desavenencia, pero también por esfuerzos oficiales u oficiosos de Washington por normalizar vínculos diplomáticos, culturales y económicos, aunque es de esperar que la intención final de la Casa Blanca sea lograr un cambio de régimen en Cuba, una situación también apetecida por los Castro, pero a la inversa.

Hay que destacar que Kissinger tuvo éxito en mejorar sustancialmente las relaciones de Estados Unidos con la República Popular China y que un cambio similar con Cuba habría significado un triunfo diplomático sin precedentes.

La propuesta de atacar a Cuba de Kissinger, aunque está en los archivos del país, no pasó de ser una proposición, sin embargo su objetivo de normalizar las relaciones con el gobierno de La Habana si se concretó, aunque no tuvo éxito.

Inició sus gestiones hacia La Habana durante la administración de Richard Nixon, pero fue bajo el presidente Gerald Ford, que Kissinger, entre otras medidas, favoreció una resolución de la OEA que permitía a los estados miembro eliminar las sanciones a Cuba, otorgó licencias a subsidiarias norteamericanas en terceros países para que comerciaran con la isla y cambió algunas regulaciones que impedían atracar y suministrar combustible a barcos que viajaban a puertos cubanos.

Hubo negociaciones. Funcionarios americanos y cubanos se reunieron con el fin de superar las diferencias, pero no ocurrió porque Fidel Castro, consecuente con la visión imperialista que tenía del poder que detentaba, envió a Angola a miles de soldados con el único propósito de incrementar su imperio e influencias en la esfera internacional.

Kissinger no fue el pionero en favorecer las relaciones con Cuba. John F. Kennedy, aunque envió la Brigada 2506, también auspició contactos con el embajador cubano en la ONU, Carlos Lechuga, para llegar a algún tipo de convivencia. Hay también información de que el periodista Jean Daniels conversó con Fidel Castro y le entregó un mensaje conciliador del entonces presidente estadounidense.

Otro mandatario que favoreció mejorar las relaciones fue James Carter. Levantó restricciones de viaje a la isla, se establecieron las oficinas de intereses y se hicieron convenios que distendían las relaciones, pero la situación de nuevo cambio, cuando Cuba envió tropas a Etiopia.

El propio Ronald Reagan no dudó en enviar a su secretario de Estado, Alexander Haig a conversar con Carlos Rafael Rodríguez y posteriormente al embajador Vernon Walter viajó a La Habana y se entrevistó con Fidel Castro.

El presidente Bill Clinton intercambió mensaje con Castro a través del novel Gabriel García Márquez, ex presidente de México Carlos Salina de Gortari y su disposición a dialogar fue abortada por el castrismo con el asesinato de los pilotos de Hermanos al Rescate. El presidente George W. Bush, aunque impuso sanciones a la dictadura cubana, también propició un incremento en las ventas de Estados Unidos a Cuba.

Por su parte el presidente Barak Obama ha favorecido lo que algunos especialistas denominan "relaciones pueblo a pueblo o intercambio culturales", a la vez que ha demandado la liberación de los presos políticos y cambios a favor de la democracia.

Las relaciones han sido históricamente complejas entre ambos países, pero en todo momento se aprecia una constante, y es que más allá de la voluntad de Washington el gobierno de Cuba sigue demostrando su naturaleza de alacrán, porque no cesa de aguijonearse a sí mismo para envenenar a los demás.

El clamor de los sin derechos

En la supervivencia del totalitarismo cubano ha influido de manera determinante su capacidad represiva. Otros factores han concurrido a su longevidad, pero evidentemente el castigo o la reprimenda, según el caso, ocupa un sitial importante en el arsenal que le ha permitido conservar el poder.

La represión no ha podido sofocar a la oposición aunque sin dudas la ha controlado eficientemente, al extremo que nunca ha sido, a pesar del heroísmo de quienes en su momento ejercieron el derecho a actuar en base a sus convicciones, un peligro a la estabilidad del régimen.

La represión en Cuba puede ir desde la brutalidad extrema a la sofisticación más exquisita. Es constante, relativamente uniforme en sus reacciones y enmarcada en un proyecto en el que el victimario responde a un plan general y no a situaciones coyunturales.

La policía política cubana, en cualquiera de las siglas con las que se identifique, es fría y calculadora porque procura evaluar previamente los perjuicios que se derivan de sus acciones.

La represión ha sido institucional. Su aplicación en tiempo y profundidad depende del alto gobierno, no de un funcionario que en base a su humor, carácter y prejuicio toma decisiones.

Cierto que los resultados pueden variar, la represión no es una ciencia exacta como las matemáticas, pero con la planificación y coordinación en su implementación, se pueden disminuir los daños colaterales que puedan afectar los cimientos del poder.

La represión ha tenido a su disposición incontables recursos para imponer el control. No ha dudado en aplicar la violencia extrema, la cárcel, el paredón, o el abuso en cualquiera de sus formas, pero siempre lo ha hecho enmarcado en la mayor discreción, y cuando esto no ha sido posible, ha recurrido a las turbas divinas del castrismo para aplastar cualquier oposición.

Los mítines de repudio, Camarioca, las Brigadas Johnson, las cacerías del Mariel, los sucesos de la embajada de Perú, los balseros de 1994, los acosos y golpizas contra la oposición, los arrestos de la Primavera Negra y las vilezas contra las Damas de Blanco, son un apretado resumen del prontuario del maldad del totalitarismo cubano que procura extirpar todo lo que pueda afectar su supervivencia.

Esta labor deleznable ha sido cumplida, las más de las veces, por funcionarios vestidos de civil que liderando concentraciones de supuestos ciudadanos irritados han aplastado y sofocado la dignidad ciudadana. Este cuadro de civiles contra opositores, le ha permitido al régimen disfrutar por años una imagen de falsa popularidad, que fue muy útil para esconder bajo la alfombra del totalitarismo todas las brutalidades.

En la prisión la situación es diferente. El esbirro está vestido de verde olivo o al menos la pistola la lleva al descubierto. Los interrogatorios despiadados. Aislamiento. Severas modificaciones ambientales. Fusilamientos, ejecuciones extrajudiciales, largas condenas a prisión, torturas que incluyen experimentos biológicos como los de la escalera de Boniato, la aplicación del pentotal sódico y los electroshocks entre otras bestialidades, sin que se olviden los ahogamientos de la laguna de Topes de Collantes, son realizados por funcionarios que usan uniformes y sus grados, porque saben que solo los sobrevivientes podrán ser testigos de sus crímenes.

La represión uniformada ha sido la mayor parte de las veces encubierta. El sicario, el esbirro, viste de civil. Los autos policiales circulan por lo regular como vehículos regulares y los arrestos no son informados por los medios salvo que formen parte de una campaña que tiene el fin de generar una intimidación masiva, o enviar un mensaje al exterior de que el régimen proyecta algo de proporciones que trascenderán las fronteras.

No obstante, la represión es la isla está cambiando, no es que sea menos brutal, sino que se está quitando la careta. Los gases lacrimógenos y los policías antimotines rompen el ancestral principio castrista de tirar y esconder la mano, lo que implica que el régimen está en una fase de agotamiento irreversible, ya que su principal instrumento de control se está deteriorando.

El ciclo final de la dictadura se aproxima. Sin contar el obituario, en días o meses, el régimen está acabado, su liderazgo ha perdido la confianza de quienes le creyeron por décadas, y la fatiga del poder ha alcanzado a los más conspicuos de sus dirigentes.

Pero la represión fue y es la última cara del sistema, y no es de dudar que en sus postrimerías, procure callar el clamor de los sin derechos con una ferocidad sin antecedentes

El control social del castrismo

Según cubanos que residieron en diferentes estados sometidos al control de la Unión Soviética, el totalitarismo cubano fue más severo en lo que respecta a controles económicos y sociales, que en el resto de los países del bloque soviético a excepción, de Albania.

Consideran que tal vez en esos países durante los primeros cinco o diez años, las prácticas fueron similares a las de Cuba, pero que durante sus estancias en esas naciones, incluida la Unión Soviética, a partir de la década de 1960, se apreciaba que las leyes y su aplicación eran menos restrictivas que en la isla.

Una de las singularidades del totalitarismo cubano fue vincular los organismos de masa que rápidamente habían constituido, CDR, FMC, ANAP entre otras y la politizada Central de Trabajadores, a la represión más cruenta y letal, que cumplían fielmente los órganos de la seguridad del estado y las fuerzas armadas.

El apoyo de las masas legitimaba, en la opinión de la nomenclatura castrista, todos los actos del gobierno contra los sectores o individuos descontentos, por crueles e injustos que fueran esas manifestaciones.

En toda sociedad el número de ciudadanos pusilánimes e inseguros, que prefieren no ver ni escuchar y mucho menos protestar contra los abusos es elevado, y de esa realidad solo se pueden percatar los que han vivido en una sociedad de miedo como la vigente en Cuba, por eso es que el resto de la población de la isla, la mayoría silenciosa como alguien la identificó en su momento, calla y se hace cómplice de las actuaciones de las autoridades y sus instrumentos.

Situaciones tan distantes en el tiempo como el abuso de las mujeres que en febrero de 1959 marcharon por La Habana demandado el fin de los fusilamientos, el entierro del Diario de la Marina que simbólicamente sepultaba para siempre la libertad de prensa en la isla, los progroms del Mariel y los acosos y violaciones flagrantes que padecen en pleno Siglo XXI las Damas de Blanco y todo el que haga oposición a la dictadura, han sido constantes que caracterizan al gobierno de los hermanos Castro.

Asumir el manejo absoluto de la gestión económica fue fundamental para la dictadura. Impedir la independencia financiera de los ciudadanos y hacerlos exclusivamente dependiente del estado, son factores claves para la permanencia del poder, porque entre otras condicionantes una eventual oposición debe contar con recursos económicos propios para ser viable y al controlar el estado la producción y los servicios, es muy difícil que la oposición se pueda convertir en una alternativa de cambio.

El gobierno de Cuba ha sido capaz, a pesar del agotamiento real del sistema y de la ausencia de su principal gurú, Fidel Castro, de seguir ejerciendo un fuerte control sobre los organismos de masas y continuar movilizándolas de acuerdo a sus conveniencias, porque los dirigentes de esas entidades están conscientes que rápidamente pueden cambiar de represores a reprimidos.

Los valores que la dictadura inculcó entre sus partidarios no fueron asimilados en la medida que convenía al régimen.

Cierto que muchos de los elementos en el proceso de adoctrinamiento masivo, eran contrarios a la naturaleza humana, pero también el rotundo fracaso de la dictadura en la gestión económica y social ha conducido al desencanto de amplios sectores de la sociedad y en el presente, aunque todavía cuenta con suficientes gamberros para el acoso y el abuso, cada día son menos los que están dispuestos al atropello, en consecuencia, las presiones que ejercen sobre ellos las fuerzas represivas para que cumplan con el objetivo de legitimar los actos de la dictadura, cada vez son más severas.

La independencia ciudadana en Cuba está llegando. Cierto que es lenta. Apenas perceptible, pero indetenible.

Sin hacer referencia a la vanguardia de la sociedad que está integrada por quienes en contra de la voluntad oficial demandan espacios propios y enfrentan los riesgos de la cárcel o el exilio interno o externo, cada día más ciudadanos hacen conciencia de sus derechos y se percatan de lo alienada que es la sociedad en la que malviven.

Al principio el cambio de régimen no forma parte de las perspectivas de estas personas, pero el aislamiento que padecen y los ataques que sufren de inmediato, les conducen a una mayor independencia en su conducta hasta que concluyen que para alcanzar una plena realización ciudadana, hay que destruir el control social que el castrismo ejerce sobre uno y todos.

El embargo, ruptura o contención

El objetivo de Estados Unidos cuando impuso el embargo a Cuba no fue derrocar el régimen de los hermanos Castro. El embargo fue una retaliación, un castigo a las disposiciones que había tomado el régimen castrista en contra de los intereses económicos estadounidenses. El embargo tampoco fue una especie de sanción al castrismo por los fusilamientos, o por la situación de los derechos humanos en la isla.

Su propósito era estrictamente económico, aunque es cierto que con el transcurso del tiempo y paralelo a la disminución de la capacidad de la oposición para derrotar la dictadura por medio de las armas, se transformó en el imaginario de un amplio sector de quienes enfrentaban el castrismo, en el ariete que daría fin al totalitarismo insular.

Por supuesto que las diferencias ideológicas y políticas estaban implícitas, pero las estrategias de Washington para derrocar la dictadura se instrumentaron por medio de la ayuda al movimiento clandestino en la isla, la expedición de la Brigada 2506 a Bahía de Cochinos, la Operación Mongoose y otras maniobras ofensivas de menor intensidad que con el tiempo desaparecieron de la agenda de los ejecutivos estadounidenses.

Indudablemente que la hostilidad entre los dos gobiernos no desapareció. Cuba se alineo con la Unión Soviética durante la Guerra Fría, y en consecuencia las diferencias entre los dos países se hicieron más graves. Ambos gobiernos nunca dejaron de ser enemigos y procuraron mutuamente, sin llegar a una confrontación abierta, infringirse el mayor daño posible.

Washington mantuvo una política hostil hacia el régimen de La Habana, pero la agresividad de sus estrategias fueron disminuyendo. Las nuevas disposiciones podrían ser útiles para entorpecer el fortalecimiento del régimen y neutralizar, aunque fuera parcialmente, su influencia en el exterior, pero no contenía elementos que por sí mismos hicieran posible su derrocamiento.

Por su parte la dictadura insular nunca ceso sus agresiones contra Estados Unidos o sus intereses. La subversión armada que patrocinó en el hemisferio, la presencia mercenaria en África, la constitución del Foro de Sao Paulo, la base de espionaje de Lourdes, la conversión de Venezuela en un centro de desestabilización hemisférica, sin obviar, entre otras prácticas, la intensa actividad que los servicios de espionaje cubano ha desplegado en territorio estadounidense.

El gobierno de Cuba es por naturaleza belicoso y provocador. Durante décadas insufló en la población el odio a Estados Unidos. Responsabilizó a Washington de todos sus errores y fracasos. No en vano Fidel Castro escribió desde la Sierra Maestra a su amiga y compañera en la destrucción de Cuba, Celia Sánchez, "Una vez que la guerra llegue a su fin, comenzaré lo que para mí es una guerra más larga y de mayor envergadura, la guerra que voy a librar en contra de los americanos. Comprendo que este será mi verdadero destino".

La Habana sin perder tiempo y aunque mantiene relaciones comerciales con más de 170 países calificó el embargo de bloqueo, asumiendo el rol de victima de Washington, un papel que ha cumplido satisfactoriamente a pesar de que el 6, 6 por ciento de sus importaciones proceden de empresas estadounidenses, y compañías de ese país suministran el 96 por ciento del arroz y el 70 por ciento de la carne avícola que se consume en la isla.

Un trabajo del periodista Pablo Alfonso en Martinoticias, acota que Cuba ha importado desde Estados Unidos entre el año 2000 al 2014, mas de 4,600 millones de dólares. En el 2012, importó de país que lo tiene "bloqueado" la tercera parte de los alimentos que consumió y en el 2008 adquirió la friolera de 695 millones de dólares en alimentos.

Sin duda alguna el embargo de Estados Unidos a Cuba afecta a este último país, pero es muy peregrino asegurar, aunque la dictadura castrista lo proclame, que el embargo ha sido y es la herramienta clave de Washington para destruirla.

La Casa Blanca optó por la ruptura en los primeros años, después estableció la política de contención en la que el embargo es fundamental y por ultimo instrumentó lo que podría calificarse de convivencia hostil con la dictadura —condición no afectada por la ley Helms-Burton— de ahí el aumento del comercio y los numerosos acuerdos suscritos entre ambos gobiernos.

La nueva política de Estados Unidos hacia Cuba restaría herramientas al arsenal retorico de la dictadura, pero no tiene por qué afectar positivamente la situación de los derechos humanos en la isla, como tampoco sucedió cuando esa medida económica fue impuesta hace casi cincuenta y cinco años.

Washington está a favor del fin del embargo, el problema es que no se sabe a favor de que esta la dictadura cubana, a excepción de sobrevivir a toda costa, aunque incluya dormir con el enemigo.

El exilio

El exilio cubano cuenta con unas características y cumplido un rol en la lucha a favor de la democracia que no tiene precedentes.

Entre los factores que le confieren esa condición está la diversidad de orígenes políticos de quienes lo integran, la estrecha relación de los exiliados con quienes luchan al interior de la isla, haber organizado durante décadas congresos, protestas y manifestaciones a favor de la libertad y la democracia y como colofón, por más de medio siglo, haber sido el principal acusador del castrismo en foros nacionales e internacionales.

Cierto que en principio un exiliado es un perseguido, un opositor, un individuo que pudo ser encarcelado por el gobierno que combatió y que se vio precisado a huir de sus país, pero es justo decir que el exilio no es cuestión de veteranía, sino de la conducta que se asume cuando se llega a otra nación.

No importa los años que puedan llevarse fuera del país. Hay que estar laborando por el regreso. Dejar de trabajar por retornar a la patria, coloca la condición de exiliado en pasado y el individuo ha mutado a inmigrante.

Entre el exiliado y el inmigrante hay diferencias de causas y conducta. El exiliado ha sido perseguido por sus ideas o acciones de carácter político. Exiliarse nunca fue el objetivo de los que enfrentaron un gobierno, sino una opción para continuar la lucha en otras latitudes.

Exilio es crisis de conciencia, no con la nación sino con el gobierno que la conduce. El exilio, voluntario o por destierro, es distancia, lejanía de la patria pero no del culto. Se sigue con la casa a cuestas. En la conciencia está la memoria y el compromiso.

Justo es recordar que en los tiempos más oscuros del castrismo cientos de hombres partieron de playas ajenas con las armas en la manos, a reconquistar las propias. Muchos murieron en combate, otros fueron fusilados y no faltan los desaparecidos.

Amplios sectores del exilio invariablemente han prestado asistencia a los que han luchado en Cuba. Primero con armas y explosivos, después con los recursos necesarios para la acción no violenta que los opositores desarrollan en la isla.

El exiliado siempre será un militante de la causa que lo llevó al extrañamiento, nunca un individuo indiferente a lo que acontece en su país ni que eluda los riesgos que conlleve actuar para producir un cambio.

Hay que destacar que el exilio también ha sido el reservorio de muchas de las mejores tradiciones cubanas. El exilio conserva costumbres y evoca lugares trascendentales de la historia de Cuba. El arte en todas sus manifestaciones y la cocina se conservan en cada hogar. La mayoría de los padres tratan de que sus hijos conserven la lengua materna.

Algunos exiliados pueden faltar al compromiso contraído con los ideales defendidos. La frustración, el desencanto y haber sembrado sin frutos, puede conducir a un punto de no retorno en que el olvido es necesario para poder seguir viviendo, un sentir valido, pero ya no se es exiliado.

El sentir del exiliado no tiene relación con la nostalgia dulce y quieta de emigrante que puede ser anulada con una nueva experiencia, o con el retorno temporal al lugar de los recuerdos.

Exiliarse es una decisión política. Una resolución que se toma porque el gobierno anula el espacio individual.. La condición de exiliado, exige pensamiento y acción en contra del gobierno que destierra, que reprime.

El exilio ha durado tantos años que algunos lo califican de histórico, un término válido para representar a las decenas de miles de personas que abandonaron Cuba en su juventud y han envejecido laborando por un retorno en libertad y democracia, pero no resta méritos a quien arribando a otras costas en tiempos más recientes, se suman a la digna tarea de trabajar por el bien del país en que nacieron.

Sin embargo es justo rendir tributo a los pioneros del exilio. A los que arribaron a cualquier país, a los que se asentaron en cualquier pueblo y sin importar el tiempo que transcurría y los problemas que podían enfrentar en el país que les había acogido, seguían luchando por destruir la dictadura.

Hay muchas personas que han pasado a ser paradigmas del exilio, pero también hay muchos héroes desconocidos que nunca deberían ser olvidados. Mujeres y hombres, abuelos, abuelas, desaparecido en su mayoría, que hubieran deseado dejar sus huesos en la tierra en la que nacieron, que los que han sobrevivido, deberían honrar.

Se aprecian sombras de componendas y traiciones. El exilio y la oposición interna enfrentaran profundas crisis y retos, en consecuencia, la colaboración debe ser cada día más estrecha, y defender a ultranza la independencia de acción para evitar un nuevo Tratado de París.

El miedo, siempre el miedo

En una ocasión, hace mucho tiempo, el destacado economista cubano José ``Pepe" Illán expresó en el programa La Peña Azul, que dirigía el doctor Salvador Lew: ``En 1959 nos debatíamos entre el miedo y la esperanza, pero solo un año después la esperanza murió, y solo quedó el miedo". ¿Qué ocurrió en Cuba para que un individuo y su corte pudieran asumir el control del país sin que aparentemente existiera una organización con capacidad suficiente para imponer un nuevo sistema, y menos aún para sostener por décadas un gobierno repleto de contradicciones teóricas y prácticas donde la única coherencia ha radicado en su capacidad para conservar el poder político por medio de la represión, aun a costa de incumplir la utopía que decía inspirarlo?

No faltan quienes consideran que el pueblo había agotado sus expectativas políticas y que al haber perdido la confianza en sus líderes tradicionales, solo estaba a la espera del momento oportuno para expresar con extrema sensibilidad y fuerza la frustración que había reprimido por años.

Otros insisten que lo que acontece en la isla es producto de la profunda vocación imperialista de sus habitantes, que siempre están en la procura de coyunturas políticas que les permitan proyectarse internacionalmente, aunque para ello tengan que involucrar en sus debates internos a naciones extranjeras y correr el riesgo de que la soberanía resulte lesionada.

También cabe la pregunta por qué una isla que gozaba de niveles de desarrollo económico y social superiores a los de la mayoría de las repúblicas americanas, fue escenario de una revolución extremista con masivo apoyo popular, cuando en otros países del hemisferio donde la pobreza, discriminación e injusticias eran más flagrantes, no se produjeron acontecimientos semejantes, máxime cuando muchos de estos países sufrieron la desestabilización insurreccional que auspició el gobierno castro-comunista.

No pocos —y entre éstos se encuentran fundamentalmente personas comprometidas con el proceso insurreccional que a posteriori se rebelaron— afirman que el golpe militar del general Fulgencio Batista fue una especie de agente catalizador que engendró fuerzas políticas que desestabilizaron la sociedad, provocando junto a la crisis institucional la conciencia pública de que la sociedad demandaba una cura a fondo que erradicase las angustias ético-morales que periódicamente la afligían.

Hay quienes a lo anterior agregan que la sociedad cubana, gracias a los progresos obtenidos, gozaba de una población relativamente educada y consciente de sus derechos y que tendía por esos motivos a procurar una mayor justicia para los desposeídos, por lo que la insatisfacción se hacía más aguda y perentoria.

Otros consideran que la corriente extremista coincidió con que en la comunidad nacional estaba haciendo acto de presencia un liderazgo emergente de franco carácter progresista, que aunque no compartía los abusos en los que siempre incurrió la Revolución, no dudó en sumarse a ésta con la convicción de que el rumbo y la velocidad política podrían ser reducidos en el momento que lo creyesen conveniente.

Pecado de ingenuidad y soberbia, se dice hoy, porque la Revolución los manipuló tanto en cuanto fueron útiles por su fidelidad sin cuestionamiento.

Es difícil racionalizar por qué en 1959 muchos ciudadanos de un civismo activo y comprometido no denunciaron los juicios al estilo del que se efectuó contra Sosa Blanco, el doble proceso judicial a los pilotos, los fusilamientos sin proceso judicial adecuado, el golpe de Estado contra el presidente Manuel Urrutia, que dirigió el propio Fidel Castro, el encarcelamiento del comandante Huber Matos y otras muchas barbaridades que no tenían justificación alguna y presagiaban lo que vendría después.

Pero especulación aparte hay una dolorosa realidad. La sociedad civil ha sido destruida. La economía está en bancarrota. La represión abierta y descarnada, junto al control económico del país que convirtieron al gobierno en benefactor o inquisidor según el caso, fueron los factores que determinaron el establecimiento de un régimen totalitario que se ha extendido por más de cinco décadas.

La dictadura ha parido un ciudadano depredador del entorno y del prójimo. Sujetos que disfrutan la cosecha de víctimas que subsisten en un perenne ambiente de miedo, inseguridad y dudas. Individuos sin compromisos sociales que en sus empeños egoístas, hagan imposible la reconstrucción del país.

Por eso lo peor de esta herencia totalitaria no es el desastre económico, ni los sueños robados y ni aun las vidas perdidas, sino el robo cometido contra el futuro de la nación al corromper a un amplio sector de la ciudadanía.

Refundar el país será costoso en todas las instancias. Será un trabajo duro y arduo que demandará el concurso de todos los que tengan la voluntad y el coraje suficiente para levantar a Cuba desde sus ruinas.

El mito del antiexilio

Este es el titulo de un ensayo del escritor Armando de Armas, es un trabajo que los que acusan al exilio militante deberían leer, para que aprecien que el denominado exilio duro es más solidario y comprometido con el bienestar de los cubanos de la isla, que la generalidad de los que se rasgan las vestiduras manifestando preocupación por los perjuicios que el pueblo de la isla enfrentaría, si se ponen en vigor las restricciones que demandan los expatriados que procuran el fin de la dictadura.

En primer lugar, el Exilio no es una identidad homogénea, conducida por un liderazgo único o colegiado. La conducta de los exiliados puede ser contradictoria y responder a las diferentes estrategias y tácticas que interpreten el compromiso político o ideológico de los grupos que lo integran.

No obstante y a pesar de esta condición, la mayoría de ese exilio ha expresado de manera constante un sentimiento de solidaridad humana hacia sus compatriotas que difícilmente, salvo la asistencia internacional de los hebreos hacia Israel, encuentra paralelo en el mundo moderno.

El exilio no solo ha mantenido viva la causa política que lo llevó al destierro y fortalecido el concepto de nación a través de nuestras expresiones culturales, sino que la idea "familia" como pueblo y núcleo social, ha sobrevivido los largos años de separación, la distancia, las ideas políticas y hasta las ofensas e injurias que en no pocos casos sufrieron muchos exiliados cuando un inquisidor de su entorno se enteraba que él o ella se iría del país.

En los años de gloria, cuando el castrato y sus acólitos se creían poseedores del presente y futuro, los funcionarios, militares y hasta simples ciudadanos eran coaccionados a "olvidar al amigo o pariente" que se marchaba. Cierto que muchos resistieron la presión y la represión subliminal que contrariar tal mandato implicaba, pero no pocos se prestaron gozosos para hacer público su repudio. Su fe revolucionaria tenía un slogan abominable "Yo sí no creo en nadie, ni en mi familia cuando de la Revolución se trata".

La dictadura penetró la casa. Dividió la familia y parte de ésta se prestó al juego, y es justo aclarar que en aquellos tiempos el juego no se practicaba para sobrevivir sino para vivir mejor. No es difícil recordar padres, hermanos y hasta hijos que proclamaban que sus allegados eran unos traidores por el solo hecho de haber salido de Cuba. Presente estaba, cuando un joven de unos veinte años le dijo a su padre, mi amigo, "Si te vas, hazte la idea de que estoy muerto". Hoy el hijo está aquí, y el padre que lo acogió a su llegada, muerto.

Eran tiempos que comunicarse con un pariente en el extranjero no era políticamente conveniente. En fin, todo el que se iba era para un sector del país un desertor o traidor.

Es bueno no olvidar, no para incriminar, sino como experiencia, que mientras unos envilecieron, otros hicieron del amor a la familia y a la amistad una peligrosa virtud. Mientras unos intentaban destruir la familia, otros atesoraban la raíz, allá y acá, sin importar tempestades, hasta lograr su presente fortalecimiento.

Por suerte, el concepto familia sobrevivió, al igual que la religiosidad. Los que nunca repudiaron el vínculo de sangre o la amistad y los que siempre hicieron de su fe religiosa un soporte para su existencia, han triunfado.

La solidaridad del exilio se ha expresado en estos 52 años en forma diversa: casa de asistencia a cubanos en España, Estados Unidos, Venezuela, etc. En la Florida funcionó por varios años un Hogar de Tránsito en Cayo Hueso y la Casa del Balsero en Miami. Actuaron varias agrupaciones de detección aérea, aunque la más conocida es Hermanos al Rescate, que lamentablemente cuenta con cuatro mártires por la información suministrada por agentes de la Red Avispa a la dictadura de los Castro.

También funcionario unidades de rescate naval. La ayuda económica y refugio a cubanos en Venezuela, Sto. Domingo, Méjico, Jamaica y otros países fue un éxito.

Pero hay otra más íntima y sentimental que es la ayuda a la familia en la isla. Durante años, a pesar de saber que la dictadura explota sus sentimientos el exiliado ha enviado paquetes de ropa, alimentos, medicinas, y dinero. Las restricciones las impone la dictadura con los altos costos de los servicios de pasaje, remesas y envíos de paquetes.

Muchos de esos exiliados están consientes que indirectamente ayudan al régimen pero consideran que la familia es parte esencial de la Patria.

Tal vez en el futuro se cuestione la efectividad política de los exiliados, es posible que cuando reposen los tiempos se vean mejor nuestros errores en el proyecto de derrocar la dictadura y en otras actividades, pero en algo sí podemos estar tranquilos, y es en nuestro sentir de pueblo, porque nunca hemos negado nuestras raíces y que la familia sigue siendo nuestra, aunque estemos en tierra ajena.

El proyecto imperial de Fidel Castro

Hay que reconocer que Fidel Castro fue uno de los pioneros de la globalización, porque independiente a su condición de decano de los dictadores, fue el único que no se conformó con imponer a sangre y fuego su voluntad en Cuba, sino que intentó exportar el fundamentalismo del poder que le animó.

El expansionismo castrista era consecuencia de la visión mesiánica que Fidel tenía de sí mismo, también, porque compartía la visión de León Trostky y de Vladimir Lenin que para que una revolución socialista pudiera sobrevivir tenía que ser global y permanente, de ahí, su manía de llamarle revolución a un proceso anquilosado y negado a la lógica de los cambios por necesarios que estos fueran.

Ambos factores fueron determinante para su patrocinio de la subversión a todos los niveles posibles, con independencia de que se consideraba un salvador, un ser providencial con capacidad para eliminar lo que a su consideración fueran injusticias sin importar las consecuencias de las acciones que comisionaba.

Fidel Castro y su hermano Raúl, patrocinaron por décadas la subversión, nunca repararon que los gobiernos que aspiraban derrocar hubieran sido elegidos democráticamente, o fueran dictaduras, su propósito era situar a sus aliados al frente de cada país de América Latina para imponer el totalitarismo en cada punto del continente.

Un recuento superficial del hegemonismo castrista deja apreciar que en 1959, entrenó, avitualló, e hizo desembarcar contingentes armados integrados parcialmente por miembros del ejército rebelde en Haití, República Dominicana, Panamá y Nicaragua.

Toda América, incluido Estados Unidos, padecieron en alguna medida los espasmos imperiales de Fidel Castro. La injerencia no fue ni ha sido exclusivamente armada.

En la isla, paralelo a los campos de entrenamientos en los que se alistaban guerrilleros y grupos terroristas como los Tupamaros de Uruguay, los Montoneros de Argentina y el chileno, Frente Patriótico Manuel Rodríguez, tres ejemplos de muchos, se montó un aparato político e ideológico con el fin de preparar individuos que laborarían por la subversión y desestabilización de sus respectivos países hasta la toma del poder. Estos sujetos eran también la primera frontera, el escudo que usaba el castrismo, para protegerse de cualquier represalia procedente del exterior.

Esta intromisión en los asuntos internos de otros países de un gobierno que se decía abanderado de la No Intervención fue reconocida por el propio Castro en junio de 1998 en una convención de economistas en La Habana. Por décadas negó haber auspiciado el espionaje, las guerrillas y el terrorismo.

El castrismo fundó organismos subversivos de carácter internacional. Estas entidades fueron tan perniciosas a la libertad como las Internacionales del marxismo de las primeras décadas del siglo XX. La Habana fue la dueña de las corporaciones subversivas llamadas OLAS, OSPAAL y la Conferencia Tri-Continental, la joya de la subversión mundial.

La muerte del senador chileno Jaime Guzmán, profesor, abogado constitucionalista y colaborador de la dictadura de Augusto Pinochet, fue consecuencia de la asesoría y las armas que entregó Cuba al FPMR

Venezuela, fue objeto de múltiples agresiones de la dictadura cubana. Por la playa de Tucacas el fusilado general cubano Arnaldo Ochoa, desembarcó con armas y hombres.

Por Machurucuto hizo otro tanto el general Ulises Rosales del Toro. En La Habana en declaraciones al periódico Granma Elías Manuit Camero, jefe de la Comandancia FLN-FALN, admitió ser responsables del asesinato del doctor Julio Iribarren Borges, hermano del canciller de Venezuela. En 1963, las FALN, estrechos aliados del castrismo, cometieron el horrendo crimen del Tren del Encanto, un acto terrorista que fue repudiado hasta por los partidarios de los insurgentes.

La proyección hegemónica de Fidel Castro no se saciaba con desestabilizar América. Envió tropas a Argelia para combatir a los marroquíes. Mandó hombres a Siria para que enfrentaran a los israelíes, todo para extender su influencia y convertirse en un factor determinante en la política internacional.

Sin embargo fue en África donde puso en ejecución su plan maestro de subvertir y ocupar territorios como si Cuba fuera una nueva Roma o mas apropiadamente un replica del Tercer Reich de Adolfo Hitler, por lo que se puede afirmar que la ultima tropa de habla hispana con actuaciones imperiales fueron las cubanas.

En África la proyección de los Castro fue diferente. No era subvertir y que sátrapas gobernaran en su nombre. Cuba ocupó militarmente Angola y Etiopia, también lo intentó en otros países de ese continente. Miles de soldados de la isla abonaron con su sangre tierras africanas para que Fidel Castro pudiera saciar sus apetitos imperiales.

La devastación causada por Fidel trasciende su muerte, sino que lo cuenten las madres, esposas e hijos que perdieron a sus seres queridos defendiendo el castrismo o combatiéndolo.

El silencio del cardenal

Ortega es un hombre de silencio. Calla todo lo que puede afectar a la dictadura castrista y en particular lo que pueda resultar en su perjuicio, por eso sus declaraciones de que en Cuba no quedan presos políticos, encuadran perfectamente con su comprobada inclinación de favorecer al régimen de la isla en todo lo que le sea posible.

Su conducta permite suponer que escogió la vida eclesial más por conveniencia que por fe. También deja apreciar que su actuar se semeja más al de algunos clérigos de las antiguas cortes europeas que gustaban incursionar en el poder temporal y para lograrlo, hacían todo tipo de concesiones a los reyes, dicho sea de paso, los Castro tienen más de monarcas absolutos que de dictadores.

Jaime Ortega y Alamino es posiblemente el más sinuoso y genuflexo Obispo que ha tenido la iglesia Católica Cubana. Su petulancia no honra en medida alguna el evangelio que predica.

El cardenal es incapaz, cabe la pregunta de cómo ascendió al purpurado, de insuflar valores cristianos o predicar la ética sobre la cual se ha sostenido el mundo occidental. Su práctica es la de un político oportunista. Calla, tergiversa y manipula con eficacia.

La realidad es que las conmociones sociales y políticas tienden a generar oportunidades para que determinadas personalidades accedan a posiciones protagónicas, capitulo en el que es de suponer debe ser encasillado el cardenal cubano Jaime Ortega y Alamino.

El cardenal Ortega debe ser catalogado como un sobreviviente exitoso. Superó la cruel experiencia de las Unidades Militares de Ayuda a la Producción, entidad criminal creada por el castrismo para encerrar a miles de jóvenes desafectos al nuevo orden.

Todo parece indicar que su estancia en los campos de concentración le llevó a concluir que la fórmula ideal para su éxito personal, estribaba en no ver y enmudecer, ante los crímenes que la iglesia en la que hacia vida condenaba. Pasar por alto que miles de fieles se pudrían en las cárceles y que centenares de creyentes, antes y después de sus vivencias en la UMAP, ofrendaron sus vidas frente a un pelotón de fusilamiento clamando por Cristo Rey.

Ortega escaló posiciones en una iglesia que enfrentaba serios problemas por falta de sacerdotes y restricciones gubernamentales que le impedían acceder a la población, cuyos fieles eran brutalmente reprimidos y discriminados.

Paralelo a la represión e intimidación contra los creyentes y sus iglesias, el futuro Obispo establecía relaciones personales con los jerarcas de la dictadura, con un gobierno que especificaba en su constitución que era oficialmente ateo.

Paulatinamente se fue asegurando un rol importante en el escenario principal del totalitarismo cubano. El fracaso absoluto del castrismo le favoreció y se convirtió en el interlocutor más relevante del régimen.

La crisis estructural de la dictadura ha beneficiado el protagonismo de Ortega. El régimen necesita un cardenal de sus características, por eso le permitió ser uno de los intérprete en la ficción de diálogo que culminó con la salida del país de prisioneros políticos y sus familiares.

Raúl Castro había tomado la decisión de la excarcelación y deportación, pero necesitaba que Ortega y Alamino asumiera un rol protagónico para afianzar una figura que favorecería su propósito de lavar la cara de la dictadura, con el único fin de que todo siguiera igual.

Las declaraciones del cardenal sobre los prisioneros políticos le colocan una vez más en la principal línea de defensa de la dictadura, ya que la prisión la nutre el régimen con sus acciones represivas y las injustas condenas que dicta.

El cardenal debería ver el informe de la Comisión Cubana de Derechos Humanos y Reconciliación Nacional, firmado por el activista Elizardo Sánchez. El documento refiere que en la isla hay 21 personas que llevan entre 12 y 24 años encarcelados por delitos contra el estado, al no ser que Ortega y Alamino no considere a estas personas como prisioneros políticos tal y como hace la dictadura.

La relación presenta 71 personas que han sido condenadas o procesadas por razones políticas. Entre ellas, Mario Ronaide Figueroa sancionado a tres años de prisión por hablar en contra del gobierno o Armando Sosa Fortuny, penado a 30 años, por infiltrarse clandestinamente en Cuba, una misión que cumplieron Fidel y Raúl Castro en 1956, con el agravante de que ellos con sus acciones han causado la muerte de millares de personas y la devastación de todo un país.

El cardenal debería revisar la lista. Está Ernesto Borges, un prisionero político visitado por su eminencia en el 2012 cuando realizaba una huelga de hambre. Borges, 17 años presos, reclamaba ser puesto en libertad condición a la que tenía derecho según las leyes cubanas, pero no, "en Cuba no hay presos políticos".

El verdugo tras el mito

Ernesto Guevara posiblemente sea la última figura pública defensora a ultranza de la violencia extrema que se ha convertido en mito, lo que lleva a ser escéptico con muchos contares de la historia, porque "El Che", como le califican sus partidarios, se destacó por intentos bélico en los que solo cosechó fracasos.

La rentabilidad política o monetaria de la imagen de Guevara, es el resultado de un entramado político de intereses en ocasiones contrapuestos que solo coinciden en compartir una propuesta antidemocrática, y también de sectores que solo tienen el objetivo de promover el consumo, aunque sea de la soga con la que van a ser colgados, parafraseando a otro victimario de la historia, Vladimir Ilich Lenin.

El mito de Guevara tal vez se habría extinguido sino fuera por la conjunción de intereses y, porque la casa matriz de esa marca, el régimen de los hermanos Castro, necesita seguir explotando una imagen sobredimensionada que la memoria colectiva erróneamente asocia con la justicia social y la voluntad del individuo que pone sus conveniencias y convicciones, por encima de los intereses y la voluntad de los poderosos.

Ernesto Guevara no pasó de ser un aventurero con suerte, porque su primera incursión de rebeldía armada resultó triunfadora en un contexto en el que mito y las medias verdades, bajo la hábil conducción de un manipulador sin escrúpulos fue convertida en epopeya.

Gracias a una falsa historia aquellos que requieren de ídolos para sostener una ideología, propuesta o fantasía, cuentan con un icono multipropósito, porque la imagen del "Che", sirve por igual para la pancarta que exhorta a la violencia extrema, para la maleta de un escolar inocente y de padre ignorante, como para la camiseta de un joven inconforme que confunde la imagen con un par suyo de los 60, los mismo inconformes que Guevara persiguió con saña porque pensaba y actuaban de manera contraria al hombre nuevo que él procuró incubar en Cuba.

Guevara nunca fue una víctima, siempre fue un victimario mas allá de todas las especulaciones que se puedan hacer en torno al final de su existencia.

El individuo que algunos escogen como ejemplo de la defensa de las convicciones hasta las últimas consecuencias fue quien escribió a su madre "No soy Cristo ni un filántropo, soy todo lo contrario de un Cristo. Lucho por las cosas en las que creo con todas las armas de que dispongo y trato de dejar muerto al otro para que no me claven en ninguna cruz o en ninguna otra cosa".

Fue el mismo que le dirigió una misiva a su esposa Hilda Gadea, desde la Sierra Maestra el 28 de enero de 1957: "Querida vieja: Aquí en la selva cubana, vivo y sediento de sangre, escribo estas ardientes líneas inspiradas en Martí. Como un soldado de verdad, al menos estoy sucio y harapiento, escribo esta carta sobre un plato de hojalata, con un arma a mi lado y algo nuevo, un cigarro en la boca".

Negar que Guevara era un sujeto audaz, disciplinado, inteligente y culto es absurdo, pero también lo es refutar su sectarismo, intolerancia, crueldad y su convicción de que era poseedor de las formular que resolverían los problemas sociales.

Guevara era un sádico en la absoluta dimensión que implica esa palabra, condición que mostró con particularidad al triunfo de la revolución cuando dijo a la madre de un policía ejecutado que su hijo merecía ser fusilado por el simple hecho de usar ese uniforme.

Este individuo fue quien en julio de 1960, durante un congreso de juventudes latinoamericanas que se celebró en Cuba, manifestó: *"La moderación es otra de las palabras que les gusta usar a los agentes de la colonia, son moderados, todos los que tienen miedo o todos los que piensan traicionar de alguna forma. El pueblo no es de ninguna manera moderado"*

Durante toda su vida Guevara demostró ser un ferviente defensor de la violencia en la que no cosechó triunfos cuando la ejecutó por su cuenta, porque su extremismo y rigidez de pensamiento le impedían aprender de los errores y rectificar en los empeños. Le faltaba el sentido de la oportunidad y quizás la falta de cautela que caracterizó a su mentor, Fidel Castro.

El victimario Guevara fue quien dijo en una Asamblea General de Naciones Unidas, "Nosotros tenemos que decir aquí lo que es una verdad conocida, que la hemos expresado siempre ante el mundo: fusilamientos, sí, hemos fusilado, fusilamos y seguiremos fusilando mientras sea necesario. Nuestra lucha es una lucha a muerte. Nosotros sabemos cuál sería el resultado de una batalla perdida y también tienen que saber los gusanos cuál es el resultado de la batalla perdida hoy en Cuba."

¿ Este es el sacrificado por Fidel Castro?

Embargo y totalitarismo

La influencia a favor de los derechos ciudadanos de los residentes en Cuba, si Estados Unidos levanta el Embargo al gobierno de la isla es muy discutible, por otra parte es prudente recordar que el embargo es parte del diferendo Washington y La Habana, y que este desaparecerá cuando los intereses de ambos gobiernos, no lo de sus pueblos, coincidan.

El fin del embargo no implica necesariamente cambios a favor del derecho ciudadano, pero si un mayor enriquecimiento de la nomenclatura y el fortalecimiento de la represión, si el gobierno cubano accede a recursos económicos que nunca le han faltado, recordemos lo generoso de los subsidios soviéticos y venezolanos, por qué suponer qué los bienes y dineros de Estados Unidos harán la diferencia.

Con estas experiencias previas sería prudentes que las organizaciones e individuos que están favor de la democracia en la isla y consideran que el cese del embargo mejoraría las condiciones de vida, quizás deban solicitar a Washington haga de Cuba su protectorado con la facultad de administrar la vida y bienes de sus ciudadanos.

El totalitarismo insular es agresivo, sectario y controlador por naturaleza. Sus ajustes del presente no corresponden a cambios del proyecto original, están motivados simplemente por razones de sobrevivencia.

En el año de la victoria revolucionaria se fundó la Seguridad del Estado, se inició la subversión en el continente, incluido Estados Unidos, y Fidel Castro anunció por televisión que militarizaría la sociedad.

En julio de 1960, Eisenhower, como consecuencia de las nacionalizaciones de numerosas propiedades de EEUU., decidió reducir la cuota azucarera cubana en 700.000 toneladas. Tres meses después, octubre, Eisenhower, impuso un embargo parcial a la isla y rompió relaciones diplomáticas en enero de 1961.

La sociedad civil organizada desapareció y la autonomía universitaria se extinguió. Se reafirmó la pena de muerte con la ley 923. La ley 988, 1961, hizo más expedita la aplicación de la pena máxima y abolió ciertos recursos judiciales, aún vigentes, en la precaria legalidad socialista.

En noviembre de 1960 fue intervenido el circuito radial y televisivo más importante del país, CMQ, otros medios como el Diario de La Marina había sido confiscado con anterioridad, y los que sobrevivieron cayeron antes del tercer año del triunfo de la insurrección. Se estableció en el país una censura sin paralelos en el hemisferio.

Un año antes de decretarse el embargo, Fidel Castro dictó la Ley de la Nacionalización de la Enseñanza para crear las bases de la ideologización de la educación. Promulgó el carácter socialista de la Revolución, suscribió con Moscú acuerdos para la compra de armas y determinó la expulsión de los sacerdotes extranjeros que oficiaban en el país. La represión a las prácticas religiosas se hizo sistemática.

El 10 de septiembre de 1961 una turba del régimen asesinó en una procesión religiosa al joven Arnaldo Socorro, que portaba un cuadro de la Caridad del Cobre. Seis meses antes del embargo, 17 de septiembre, ocurrió la mayor expulsión de sacerdotes y religiosos del hemisferio. En el vapor "Covadonga" fueron desterrados junto al obispo Monseñor Eduardo Boza Masvidal, otros 130 clérigos.

En marzo de 1962, el mes del embargo, el régimen instrumentó la libreta de abastecimiento. También en ese término se constituyeron las ORI, Organizaciones Revolucionarias Integradas, golpe mortal a un eventual pluralismo.

El presidente John F. Kennedy, aumentó las restricciones comerciales en febrero y marzo de 1962, estableciéndose lo que en la actualidad conocemos como el embargo comercial de Estados Unidos a Cuba.

Después de la Crisis de los Misiles de octubre de 1962, en febrero de 1963, Washington impuso restricciones en los viajes a Cuba, dictó regulaciones para el Control de los Recursos Cubanos y los bienes del estado cubano en Estados Unidos, fueron congelados.

Las limitaciones de viaje de estadounidenses a Cuba fueron suspendidas en marzo de 1979 por el presidente Jimmy Carter. Las restricciones para el gasto de dólares fueron también reducidas. En respuesta Cuba intervino en Angola y Etiopia. Posteriormente el presidente Ronald Reagan, 1982, reinstauró aspectos del embargo comercial que habían sido disminuido.

Una visión retrospectiva permite apreciar que las legislaciones y disposiciones del naciente régimen totalitario en detrimento de los ciudadanos de la isla, tuvieron lugar antes del Embargo, pedir el fin de este sin concesiones del castrismo, es ignorar el pasado.

El fin del embargo tal vez de un poco de color a las mejillas de los cubanos, pero no las libertades y derechos perdidos. Una realidad que trasciende los resultados o fracasos del embargo, es que Washington lo impuso después que el totalitarismo devoró la isla.

Apostar porque dictadura y embargo desaparecerán simultáneamente, es jugar a la ruleta rusa con un revólver de seis cargas con cinco balas y olvidar que el hombre puede ser o no libre, sin que importe su cuenta bancaria.

Fidel Castro, un legado devastador

La historia de Cuba lamentablemente no podrá ser escrita sin hacer referencia al mandato de Fidel Castro. Ha sido el personaje más destacado de la historia nacional en los últimos 60 años. Su figura trascendió las fronteras de la isla y su gestión política situó al mundo al borde de un holocausto nuclear.

Se ignora cuántos restos de cubanos yacen en las praderas africanas y cuántos más están esparcidos en los bosques y montañas de América Latina, ahogados en el mar o fallecidos por acciones de su dictadura.

Sin dudas la herencia de Fidel Castro tiene más de prontuario policial que de acta de dejación de bienes.

Castro irrumpió en la política cubana a través del pandillerismo universitario. No tuvo éxito en su propósito de convertirse en líder de la FEU, pero sí tuvo la capacidad de asociarse con los grupos más violentos que operaban en la década del 40 en la Universidad de La Habana.

Su capacidad para sobrevivir se desarrolló entre aquellas familias mafiosas. Aprendió a mezclar la violencia con la adulación. Su agudo sentido de la oportunidad le sirvió mucho. Audaz, inteligente y manipulador, se rodeó de un grupo de incondicionales que le han sido fieles por décadas.

El cuartelazo militar fue el caldo de cultivo perfecto para el mejor desarrollo de sus "talentos". La crisis que generó en la sociedad cubana el golpe del 10 de marzo, fue anillo para su dedo.

El pandillero se transformó en revolucionario, una especie de deidad de la sociedad cubana de la época que sintetizaba todas las virtudes del Príncipe Azul de las novelas románticas del siglo XIX.

El sentir revolucionario se transformó en una especie de religión particularmente cruel. Hijos se enfrentaban a los padres. Las familias se dividieron. Los amigos desaparecieron. La desconfianza y la duda se propagaron por toda la sociedad. En cada cuadra había una jauría de perros rabiosos listos a morder por cualquier hueso. Delatar era un deber, el callar, traición a un estado celoso de sus prerrogativas.

El Totalitarismo se dio nuevas leyes. Las parodias de procesos legales permitían asesinatos públicos. Se fusiló en parques, cementerios y detrás de las escuelas. Se militarizó la sociedad. Se implantó el terror. Se impuso un paradigma que promovía el odio y el tableteo de las ametralladoras para resolver las diferencias. Las bases culturales y morales de la nación, como parte de un Plan Nacional que pretendía recrear la conciencia ciudadana, fueron quebradas para introducir nuevos valores y dogmas

El régimen hizo pública su intención de crear un Hombre Nuevo. Transformó la educación, vedándole a los padres el derecho de participar en la formación de sus hijos.

Decenas de miles de personas fueron a prisión. Miles más partieron al exilio. La censura se impuso en todo el país. La libertad intelectual desapareció. Se estableció un estricto control de los medios informativos. Las religiones fueron enclaustradas en sus templos y sus practicantes reprimidos. Una especie de nueva devoción impuso sus propias tradiciones, cultos, lutos y fiestas

En la isla se ha establecido una nomenclatura que ha disfrutado sin interrupción del poder absoluto y de las prerrogativas que del mismo se derivan. Se instituyó una aristocracia artística, deportiva e intelectual, en la que cualidades notables estaban supeditadas al compromiso político.

Las Fuerzas Armadas de rendir tributo a un ejército y nación extranjera, ha mutado a una corporación empresarial corrupta en la que los jerarcas se enriquecen y la población vive en la miseria.

El pudor se escabulló en la promiscuidad y la prostitución, presentes en toda sociedad pero siempre cuestionada, se reconcilió con la comunidad para ser aceptada como práctica común, porque lo importante es "sobrevivir" sin interesar lo que hubiera que dar ó hacer a cambio,

El *castrismo* es el principal responsable de la corrosión moral que amenaza extenderse a toda la nación. La soberanía personal ha sido sustituida por la dependencia del estado. La disciplina laboral se ha extinguido. Acabó con la fortuna de los ricos para distribuir mejor la miseria. El extranjero se transformó en primer ciudadano. En los inicios, el privilegio se sustentaba en la política, en la actualidad en dólares o en ambos atributos.

En el país se ha establecido una dictadura familiar. Un régimen dinástico que pretende una transición política y económica en el marco del castrismo en el que paulatinamente exista la posibilidad de que los esclavos puedan tener aire acondicionado en sus barracones, pero no la libertad de escoger la forma de gobierno y sociedad de sus deseos.

Fidel Castro deja una herencia lamentable. Los números son rojos, no sólo porque las cuentas están en negativo, sino porque rojos son los sufrimientos de millones de personas y rojos por la sangre derramada.

Guevara un fraude en evolución

El fraude generado en torno a la figura de Ernesto Guevara continúa vigente a pesar de los 45 años transcurridos de su muerte, porque junto a los intereses de los grupos políticos e intelectuales que defienden un legado que no existe, han cohabitado a través de los tiempos un número importante de personas que requieren de un símbolo para usarlo en ocasiones como lanza, para las agresiones, y otras de escudo, en la que resguardan debilidades, contradicciones y remordimientos.

El mito de Guevara ha evolucionado. En el presente un ignorante incapaz de ofender al prójimo le compra a su hija una maleta escolar con el rostro del verdugo de La Cabaña, otro usa camiseta o carga pancartas con su efigie para reclamar respeto al medio ambiente, porque ignora que fue el "Che", como le dicen sus partidarios, quien dirigió el desmonte de los bosques cubanos a fuerza del uso indiscriminado de explosivos, y un tercero puede apoyar un proyecto político contrario a las ideas que Guevara promovió hasta el día de su muerte, porque ignora que su ídolo vivía el dilema de si admirar a Mao Tse Tung o a José Stalin.

El Guevara de los 60, el real, tiene muy poca relación con el revolucionario vegetariano, tolerante y flexible que algunos pretenden presentar. El "Che" era un hombre violento. Creía en la lucha armada, defendía el tableteo de ametralladoras y aseguraba que el odio era una eficiente arma para matar.

El Guevara que murió en Bolivia, que fue capturado vivo y que clamó por el respeto de su vida, defendía la censura, estaba a favor de la ejecución de sus enemigos, y fue capaz de responderle a Gamal Abdel Nasser, el líder egipcio, cuando este comentó que su revolución había generado pocos exiliados: "Eso significa que en su revolución no ha ocurrido gran cosa. Yo mido la profundidad de una transformación social por el número de gente afectada por ella y que piensa que no tienen cabida en la nueva sociedad".

El Guevara real, el que planteó que había que llevar la guerra a todos los rincones y escribió sobre la necesidad de conflictos como el de Viet Nam, expresó en más de una ocasión: "El camino pacífico está eliminado y la violencia es inevitable. Para lograr regímenes socialistas habrán de correr ríos de sangre y debe continuarse la ruta de la liberación, aunque sea a costa de millones de víctimas atómicas".

Ese Guevara, de quien tal vez un fervoroso creyente colgó un afiche en su habitación, le escribió a su madre desde México: "No soy Cristo ni un filántropo, soy todo lo contrario de un Cristo. Lucho por las cosas en las que creo con todas las armas de que dispongo y trato de dejar muerto al otro para que no me claven en ninguna cruz o en ninguna otra cosa".

Como si esta misiva no fuera suficiente para mostrar su verdadera naturaleza, escribió a su primera esposa, Hilda Gadea, desde la Sierra Maestra: "Querida vieja: Aquí en la selva cubana, vivo y sediento de sangre, escribo estas ardientes líneas inspiradas en Martí. Como un soldado de verdad, al menos estoy sucio y harapiento, escribo esta carta sobre un plato de hojalata, con un arma a mi lado y algo nuevo, un cigarro en la boca".

Aquellos que impulsan una plena tolerancia y respeto a las tendencias sexuales no deberían usar a Guevara como un icono de esas demandas. El "Che" era un odiador de oficio. Fue pionero en perseguir a homosexuales y lesbianas, desterrando a muchos en el otoño de 1960 a la península de Guanahacabibes. Posteriormente envió al mismo lugar, sin que mediara tampoco un proceso judicial, a prostitutas y proxenetas.

Este individuo expresó en una ocasión "solamente enviamos a Guanahacabibes aquellos casos dudosos de los que no estamos seguros que deban ser encarcelados… a la gente que no debería ir a la cárcel, gente que ha cometido crímenes contra la moral revolucionaria, en mayor o menor grado".

Ernesto Guevara no respetaba a los que no pensaban como él. Creó su propia escala de valores en la que los derechos de los otros no tenían cabida. Trató de imponer sus convicciones a sangre y fuego, por eso es incomprensible que instituciones, partidos políticos, intelectuales y personalidades que si conocen a Guevara, no se esfuercen porque sus partidarios y afines rompan con el mito, o es que también les gusta la fantasía de la boina que se llenó de sangre.

Intelectuales y dictadores

> ¿Cuáles son los derechos de los escritores y de los artistas revolucionarios o no revolucionarios? Dentro de la Revolución: todo; contra la Revolución: ningún derecho.
>
> Fidel Castro.

La muerte del Nobel de literatura Gabriel García Márquez, sitúa una vez más el tema de la fascinación que padecen algunos intelectuales ante el poder político, en particular, cuando este está representado por un dictador que encarna ideas extremistas.

García Márquez fue un adorador de Fidel Castro. Nunca puso reparo a los abusos de su gobierno. A pesar de su indiscutible talento, fue absolutamente insensible a la situación de los derechos humanos en Cuba.

La isla era para el laureado escritor un centro de veraneo. Disfrutó de riquezas extremas en medio de la crónica pobreza material y espiritual que impuso el totalitarismo castrista en Cuba.

Muchos escritores, pintores, creadores en general fueron cautivados por el proceso insurreccional y posterior triunfo de ese proceso. Confiaron que se iniciaba en Cuba, con posibilidades de extenderse al resto del hemisferio, un proceso de justicia social con libertad.

Los abusos y fracasos acabaron con el encantamiento de muchos de esos intelectuales. Se decepcionaron del proceso y de su conductor, pero ese no fue el caso de Gabriel García Márquez, quien según pasaba el tiempo y Fidel Castro sumaba muertes y violaciones a los derechos humanos, la amistad y la admiración entre ambos se profundizaba.

Algo similar ocurrió con los muchos intelectuales que adoraron a José Stalin.

Por ejemplo Rafael Alberti, escribió cuando murió el dictador soviético, "Padre y maestro y camarada: quiero llorar, quiero cantar. Que el agua clara me ilumine, que tu alma clara me ilumine en esta noche en que te vas". Pablo Neruda no se quedó corto y manifestó, "Stalin es el mediodía, la madurez del hombre y de los pueblos...Stalin alza, limpia, construye, fortifica, preserva, mira, protege, alimenta". Nicolás Guillen expresó, en la *Canción a Stalin*, "*Stalin, C*apitán, a quien Changó proteja y a quien resguarde Ochún. A tu lado, cantando, los hombres libres van", y el poeta Antonio Machado señaló, "es la mano abierta y generosa, el corazón hospitalario para todos los hombres libres".

Adolfo Hitler también contó con admiradores en el mundo intelectual. Se afirma que el filósofo Martin Heidegger, considerado uno de los pensadores más importantes del siglo XX, simpatizaba con el dictador nazi, y Gunter Grass, admitió haber pertenecido a las SS, fuerzas nazis de elite, y Leni Riefenstahl, fue calificada de haber sido la cineasta oficial de nazismo.

Hugo Chávez, el caudillo venezolano, fue venerado por más de un creador, destacándose entre ellos el realizador Oliver Stone, que siente por Fidel Castro igual devoción, sin embargo hay que destacar que García Márquez apenas escribió sobre el déspota venezolano, teniendo en cuenta el protagonismo hemisférico que este tuvo por un largo periodo de tiempo y la amistad que unía a ambos con Fidel Castro.

El ensayista cubano Jacobo Machover, en su libro el "Sueño de la Barbarie" denuncia como autores de la talla de Jean Paul Sartre le hicieron el juego al castrismo por un periodo de tiempo, y que personalidades como el desaparecido José Saramago e Ignacio Ramonet, entre otros, siguen defendiendo la tiranía de más de cinco décadas de los hermanos Castro.

No obstante la devoción de García Márquez por Fidel Castro es la más difícil de entender, porque el laureado escritor tuvo la oportunidad de ser testigo del triunfo de la insurrección, pero también del deterioro del régimen.

García Marques prefirió ignorar lo que sucedía en Cuba por conservar la amistad de Castro. Calló ante los fusilamientos, prisiones, exilio, la destrucción económica del país, la exportación de la subversión desde La Habana al resto del continente, y la subordinación del régimen a la Unión Soviética.

El supo del caso Heberto Padilla y del exilio de Guillermo Cabrera Infante y del ostracismo interno y externo que padecieron muchos de sus pares de la isla.

La conducta del autor de Cien Años de Soledad, conduce a pensar que el talento puede no ser compatible con el más elemental sentido de justicia y puede ser capaz de generar un ambiente de "realismo mágico" que propicie ignorar todo aquello que colisiona con sus pensamientos e intereses.

El gobierno de Cuba valoró con tanta estima la aquiescencia de García Márquez que el propio Fidel Castro le entregó una lujosa casa de protocolo y le distinguió con las medallas Haydee Santamaría y la Orden Félix Varela.

García Márquez el escritor deja una profunda huella en la literatura mundial, el hombre lamentablemente deja muchas preguntas sin respuestas, entre ellas su amistad con Fidel Castro y por qué no vivió y murió en Colombia, si como dice el presidente Juan Manuel Santos, fue el más ilustre de los colombianos.

La epifania del totalitarismo

Cincuenta y cuatro años transcurridos, es tiempo más que suficiente para reflexionar sobre la extrema facilidad con la que un amplio sector de la ciudadanía fue seducido y posteriormente voluntariamente sometido, a un liderazgo que generaba conflictos sociales, sectarismo y victimización.

Controlar la conciencia individual y colectiva de un sector importante de la nación cubana y lograr una adhesión total de una parte significativa de la ciudadanía, incluidos la mayoría de los dirigentes de la época, a la persona de Fidel Castro y el proyecto que este personificó, fue un objetivo alcanzado que estableció las bases para la destrucción de la nación cubana.

Quizá la idea de que lo que estaba ocurriendo era providencial, fue debido a que un sector de la ciudadanía estaba desalentado, frustrado en sus proyectos como individuo y nación como consecuencia de los malos manejos gubernamentales y por lo tanto eran receptivos para un Mesías redentor, que purgara los errores y horrores de los que habían mancillado la República.

Pero el rasero con el que se analiza el pueblo llano y que podemos usar para excusarle en los excesos en que incurrió, no es válido para medir la conducta de aquellos que con responsabilidades en los asuntos nacionales, enceguecieron, prestaron, o facilitaron la mistificación de un individuo y su entorno en el que solo el Elegido decidía, mientras ellos, en una contemplación casi religiosa e indiferente ante el sufrimiento de las nuevas víctimas, le concedieron tiempo suficiente al supuesto Redentor para que éste afirmase y acrecentase el mito, mientras sus seguidores más fieles se apropiaban de la nación

Por iniquidad, oportunismo o conversión sincera, fueron muchos los políticos, empresarios, intelectuales, profesionales y líderes que, junto a una mayoría ciudadana, prescindieron de sus capacidades críticas y acataron sin objeciones, a un criminal disfrazado de libertador.

Aquella epifanía herética, causal o casual, pero cimentada en los errores de la República que también contaba con muchos aciertos, conformó la magia suficiente para que una seducción tan masiva no impidiera que cada uno de los cautivados se creyese protagonista único y por lo tanto capaz de influenciar de manera determinante en los acontecimientos por venir.

Los que vivimos 1959 recordamos el fanatismo religioso de las multitudes. Tal parecía que se inauguraba un tiempo nuevo con todo lo que implica de sectarismo e intolerancia. Las familias se dividieron, los extremistas se hicieron presente con la persecución a los no conversos. Anatemas, ofrendas y nuevos mandamientos aparecieron con los inaugurados dioses y pontífices que también eran intocables y omnipotentes.

Surgieron santuarios, ritos y cosas sagradas y como contraparte una herejía que en su mayoría había laborado y creído en el nuevo amanecer, pero que con estoicismo heroico rompió con sus sueños y pobló las prisiones o estrenaron una novedosa forma de crucifixión, los paredones de fusilamiento, porque fueron éstos los recursos más usados para aplastar a los incrédulos.

Lo sorprendente es que Castro, que supo interpretar los defectos de carácter y formación del pueblo cubano, encarnando promesas de Pan y Justicia, era un individuo de historias turbulentas, de claros antecedentes pandilleros, sin vida laboral que lo acreditase, sin valores familiares que le distinguieran y de un constante y conocido oportunismo político.

No obstante el mito fue tan descomunal que devoró la realidad. En el imaginario popular el individuo sintetizó sueños y promesas. Con lenguaje popular, costumbre de vecino humilde, promesas infinitas y un tuteo personal que le hacía fieles seguidores, fue tendiendo una red donde los incautos cayeron voluntariamente y los rebeldes fueron atrapados sin piedad.

En realidad, más que la victoria de un sector político, lo que se produjo en el primer año de la nueva era fue una ascensión plena de misticismo.

Repleta de entusiasmo y espontaneidad. Un sector del país no sólo le entregó al máximo líder el poder político, sino que lo estimuló a que personificase la nación y su destino aceptando su voluntad como un mandato final y confiando que el hombre nuevo prometido, los redimiría a todos de las vilezas que estaban cometiendo y por cometer.

La devoción atroz con la que se aceptó aquel alumbramiento dio origen a un fundamentalismo donde lo más significativo no era la doctrina acogida, sino el individuo que la representaba.

Las muchedumbres fueron manipuladas para transformarse en instrumentos de represión e intimidación hasta escindir el país entre devotos e impíos, y se estableció en la nación un régimen totalitario en el que las libertades y derechos fueron extinguidos.

1959, fue un año en el que la siembra de esperanzas de un país mejor, solo resultó en una cosecha de destrucción material, sufrimientos, sangre y terror.

La guerra nuclear de Fidel Castro

El desplazamiento en Cuba de cohetes con capacidad nuclear era una lógica consecuencia de la visión mesiánica y redentora que Fidel Castro tiene de sí mismo.

Las ambiciones de extender su poderío y de retar a Estados Unidos pusieron al mundo al borde de una conflagración nuclear en octubre de 1962. Castro se situaba en el núcleo de la Guerra Fría, no por presión del gobierno de Washington, sino por su decisión y la colaboración de todos sus subordinados.

Por su parte, Nikita Kruschev, jefe del Kremlin, deseoso de extender el comunismo a todo el orbe, vio en Castro un aliado vital e inició una política de subsidios económicos para garantizar el respaldo del déspota insular en todos sus planes de expansión.

Pero la sumisión de Castro a Moscú, no fue por consecuencia de la ayuda económica. El dictador convirtió a Cuba en una base de cohetes con capacidad nuclear y condujo al mundo al borde de una conflagración atómica, porque realizaba el sueño supremo de un iluminado, situarse en una posición cimera de poder, a la vez que se convertía en la pesadilla más atormentadora de la Casa Blanca.

La falta de escrúpulos del dictador y sus ambiciones no conocían límites. Había decidido por tal de ocupar una posición clave en la política mundial, sin consultarlo con el pueblo, arriesgarlo todo, incluyendo la supervivencia de los habitantes de la isla.

El frenesí destructivo del dictador cubano llegó a tal paroxismo que escribió a Nikita Kruschev, en el momento más álgido de la crisis: "Si el segundo escenario es implementado y los imperialistas invaden a Cuba con el objetivo de ocuparla, el peligro que esa política agresiva representa para la humanidad es tan grande que tras tener lugar ese hecho la Unión Soviética no debe nunca permitir circunstancia alguna en que los imperialistas puedan ser los primeros en lanzar un ataque nuclear contra ella... Le manifiesto lo anterior porque yo creo que la agresividad de los imperialistas es extremadamente peligrosa y que si ellos de hecho llevan a cabo el acto brutal de invadir a Cuba en violación de la ley y la moral internacional, ese sería el momento para eliminar tal peligro de una vez y para siempre a través de un acto de legítima defensa, y aunque se trataría de una solución dura y terrible no hay otra alternativa".

Ernesto "Che" Guevara viajó al frente de una delegación militar por segunda vez a Moscú para iniciar conversaciones sobre el establecimiento de armas nucleares en Cuba. Posteriormente visitó la URSS Raúl Castro, quien dio los toques finales al acuerdo, por supuesto con la total anuencia de su hermano Fidel.

Kruschev y Castro acordaron, junto con sus respectivos jefes militares y políticos, situar en Cuba 24 misiles R-12 de alcance medio, que podían llegar hasta 1,690 kilómetros, y 16 misiles intermedios R-14, con un alcance de 3,380 kilómetros. El plan establecía desplazar en la isla unos 44,000 militares, varios miles de trabajadores civiles y una base naval soviética para barcos de superficie y submarinos capaces de portar misiles nucleares.

En los momentos determinantes de la crisis se estableció, según varios informes, que los soviéticos habían logrado llevar a Cuba un total de 162 ojivas nucleares, entre ellas cerca de 100 del tipo táctico. Posteriormente han surgido versiones de que las fuerzas soviéticas usarían en principio las ojivas tácticas en caso de que se produjera un desembarco estadounidense en la isla.

Estados Unidos detecta las bases y misiles entre los días 14 y 15 de octubre. El 22 el presidente John F. Kennedy se dirige a la nación y anuncia la grave situación que se enfrenta. Ordena un bloqueo naval a Cuba, el 27 una batería de cohetes antiaéreos operada por soviéticos, no por cubanos como gustaba decir la mitología castrista, derribó un avión U2, causando la muerte de su piloto, Rudolph Anderson.

Se inició un duro proceso de negociaciones. Fuertes tensiones, intereses nacionales, egos personales, un coctel explosivo y peligroso en el que el futuro de la humanidad estaba en juego.

Kennedy y Kruschev, independientemente de las valoraciones históricas que merezcan cada uno, acordaron concluir la crisis. Sin embargo, Fidel Castro insistió en la confrontación, acusó a Kruschev de traidor, rechazó la inspección de una delegación de Naciones Unidas in situ; en resumen, hizo todo lo posible porque la crisis se prolongara, para que la desconfianza obligara a actuar a uno de los protagonistas y lanzara los primeros misiles. Su intransigencia conducía al holocausto nuclear. El fin de todos, si él dejaba de ser el centro.

La libertad y sus gestores

Hay quienes optan por callar y justificar los errores y faltas en las que incurren personas u organizaciones con las que comparten un proyecto, conducta que se corresponde con la frase "la ropa sucia se lava en casa", una opción muy discutible, porque es contraria a la necesaria transparencia de la gestión pública.

Esta consideración es consecuencia de que un sector de los activistas pro democracia en Cuba, rechazan los cuestionamientos y criticas de que son objetos algunos dirigentes que dentro o fuera de la isla, enarbolan propuestas y estrategias que tienen como objetivo derrocar al régimen de los Castro.

Los opositores sin que importen el lugar donde operen, no son perfectos. Hierran como cualquier hijo de vecino y como figuras públicas, su actuación puede y debe ser cuestionada si las circunstancias lo ameritan.

La gestión pública implica victorias y fracasos, en consecuencia, en el trayecto, se ganan partidarios y adversarios y en muchas ocasiones, enemigos.

Los que asumen posiciones de liderazgo, incluidos los que han llegado a distinguirse por casualidad o por reflejo de influencias de terceros, están obligados a tomar decisiones, lo que genera un porcentaje de aciertos y errores en sus acciones.

No hay persona infalible y quien crea que un dirigente lo es, no pasa de ser un fanático, a la vez que le inflige a la causa que defiende, un gran perjuicio, porque el liderazgo más competente necesita de críticas y rectificaciones.

El discurso, el debate, la comparecencia pública, la participación en eventos internacionales y cualquier otra actividad que tenga como fin el establecimiento en Cuba de una sociedad democrática es de suma importancia, pero no se debe perder la perspectiva qué el escenario y los actores del cambio están en la isla y no fuera de ella.

Los exiliados no deben tratar de imponer sus opiniones y valoraciones a los que cumplen la tarea a favor de la libertad dentro de Cuba. Es un deber sugerir, aconsejar y apoyar en todo lo que las circunstancias requieran, pero jamás tratar de exportar estrategias y tácticas a un escenario conocido por otros actores que son los que deben tomar las decisiones.

Los opositores que operan al interior de Cuba tienen la gran responsabilidad de hacer que los ciudadanos hagan conciencia de que tienen que reclamar a la dictadura respeto a sus derechos, y que comprendan también que el gobierno es el único responsable de las precarias condiciones materiales y espirituales en las que transcurre su existencia.

Deben trabajar con los problemas diarios de la población. Denunciar la falta de agua y alimentos. Las graves deficiencias en los sistemas de salud y educación, las dificultades en el transporte, la corrupción, así como divulgar la gestación de una nueva clase que disfruta de bienes y oportunidades a las que solo tienen acceso los que pertenecen a la aristocracia política.

Es una labor compleja y difícil. Cuesta arriba, pero el político debe interpretar y bregar por la solución de los problemas del pueblo que pretende representar.

En el presente algunas agrupaciones como UNPACU, FANTU y las Damas de Blanco, procuran cumplir con la acción social que demanda la población sin descuidar su proyecto de trabajar a favor de un cambio de sistema en la isla. Es preciso combinar y mezclar, la solidaridad humana con la protesta política, ambas tareas se complementan.

Es posible que más de uno manifieste que es fácil expresar esta opinión desde el exterior, cierto, pero aun así no deja de ser una realidad, máxime si quienes lo expresan pagaron su cuota por luchar contra el régimen cuando muchos callaban o eran sus cómplices.

No hay razones para enmudecer ante quienes pretenden hacer creer que la lucha contra el totalitarismo se inició con su participación. Este proceso ha sido muy largo y cruento. En alguna medida todos los cubanos han sido afectados, en derivación, todos tienen derecho a opinar y demandar, y por supuesto la obligación y deber de participar.

Otros habrán de pensar que estas líneas son consecuencia de la frustración y la amargura, dos condiciones que pueden estar presentes en la mayoría de los hombres y mujeres que durante estas casi seis décadas han confrontado sinceramente al castrismo, pero que no les inhabilita para expresar su opinión y trabajar a favor del cambio.

Cierto que el régimen reprime, pero esa es una de las consecuencias que sufren los demócratas que enfrentan las dictaduras en cualquier país del mundo.

A fin de cuentas el respeto, admiración y solidaridad que hayan ganado a través de los años los opositores al régimen totalitario, son el resultado de sus acciones y sacrificios, no solo por sus discursos o proyectos, por luminosos que estos hayan sido.

La nueva clase cubana

Cuba ante la falta del poder omnímodo de Fidel Castro es gobernada como si fuera una corporación. Se pasó de la dictadura carismática a la burocrática y estos últimos aparte de disfrutar del poder, también son muy entusiasta de las fortunas que del mando pueden derivarse.

Este último aspecto es clave para tratar de entender que los eventuales cambios en la isla estarán limitados por los perjuicios que puedan causar en los privilegios de la clase dirigente.

La gerontocracia cubana, en particular la que bajó de la Sierra Maestra, junto a los burócratas, antiguos y recientes, han dejado atrás los tiempos en que aparentaban vivir en la austeridad, mientras el pueblo era sepultado en la miseria.

Los dirigentes castristas consideran que los peligros que corrieron y los esfuerzos que realizaron para controlar el país por más de cinco décadas, a la vez que se involucraban activamente en las ambiciones imperiales del Comandante en Jefe, deben ser retribuidos, así que han decidido disfrutar de las ventajas materiales que se derivan del poder.

La nueva clase cubana tal como describiera lo que ocurrió en su país el yugoslavo Milovan Djila, a fin de cuentas solo ha servido para sustituir a las clases dirigentes desplazadas, pero sin la capacidad de crear riquezas que aquellas tenían.

La nomenclatura que impuso o se incorporó al totalitarismo gusta en el presente de una vida confortable, casas, autos y en particular viajar al extranjero, pero como es lógico también están muy interesados en que sus hijos y nietos puedan cursar altos estudios, o al menos disfrutar de lo que ellos construyeron encarcelando, matando, y conculcando los derechos más elementales a los ciudadanos que no se plegaron al pensamiento y a la autoridad del nuevo orden que se impuso en la isla en enero de 1959.

Muchos de los hijos y nietos de estos generales y doctores, residen en el extranjero disfrutando de los bienes que sus parientes adquirieron gracias a su obediencia y aportes a la dictadura. Otros estudian en universidades de países capitalistas o simplemente viajan sin restricciones de ninguna clase.

No faltan los que trabajan con corporaciones extranjeras radicadas en la isla. Buenos salarios, mejores relaciones y un futuro independiente de la política, pero consecuencia de esta.

También están los que con espíritu emprendedor han montado negocios propios, lo que obliga a preguntarse de dónde sacaron los bienes para poder tener independencia económica, sin dudas que puede ser a base de talento y esfuerzos, pero también porque una mano amiga les hizo llegar los dólares necesarios para echar a andar el proyecto que promuevan.

Por supuesto que hay hijos y nietos de dirigentes cubanos que enfrentan dificultades como cualquier hijo del vecino, porque no cuentan con la generosidad de sus padres o parientes, ya que tuvieron el coraje de condenar el régimen de oprobio que sus familiares ayudaron a construir.

La corporación *Gobierno de Cuba, Ltd.* est's presidida por Raúl Castro, y su junta de accionistas la integran generales, dirigentes del partido y doctores, todos muy celosos de sus prerrogativas por lo que están listos para impedir cualquier ajuste que le reste equilibrio al entramado que les garantiza poder, riquezas e impunidad.

Es razonable suponer que si bien Raúl Castro exterioriza la mayor autoridad, nunca podrá gobernar al estilo de su hermano, y deberá conciliar sus intereses y criterios a los del resto de su directorio, quienes por lógica política no favorecerán un cambio radical que puede afectar las prerrogativas de que disfrutan.

A pesar de la importancia e influencia de cada integrante del entramado principal, no se puede obviar que hasta el momento Raúl tiene la llave de los truenos.

A falta de su hermano es el único con capacidad para mantener la casa en orden y por eso es de suponer que sus asociados, más que ningún otro sector en la sociedad, deben trabajar a favor de un proceso de ajustes lentos, sin traumas, que permita la emergencia de nuevos líderes suficientemente comprometidos con el pasado, para que no inicien un proceso de cambio que se sabe como empieza pero no como termina.

En la memoria colectiva de la nomenclatura castrista está presente el proceso que condujo a la extinción de la Unión Soviética, y no están dispuestos a permitir que afloren las contradicciones internas y conflictos entre poderes, que pongan en riesgos sus respectivas sinecuras.

Todos están consciente que el modelo ideológico y político sobre el que decían gobernar ha fracasado, pero también tienen pleno conocimiento de que para que el régimen sobreviva sigue siendo necesario que un individuo, solo un individuo, como en la era de Fidel, ostente el verdadero poder.

Las religiones en Cuba se fueron a presidio

La descristianización de Cuba fue parte de un plan magistral del castrismo que tenía como objetivo destruir los valores fundamentales de la nación cubana para poder establecer un régimen a su imagen y semejanza, ilusión magna de cualquier caudillo mesiánico.

Las primeras víctimas de la agresión a las religiones fueron las iglesias, sacerdotes y creyentes, pero el objetivo era el pueblo, quebrar sus bases morales y éticas para imponer un nuevo pacto social con un solo acreedor, el gobierno, encarnado por Fidel Castro.

La nueva religión, la revolución, tenía que ser acatada con devoción ciega. El naciente Dios, Fidel, era omnipresente y omnisapiente. Todo lo podía y conocía. Sus bendiciones eran rápidas y concretas, pero su furia vengadora se mostraba implacable cuando los mandatos no eran acatado.

Las religiones y sus cultos fueron execrados. Las fiestas religiosas abolidas, en particular aquellas que el pueblo había incorporado a su consciente colectivo, como la Semana Santa y las Navidades.

La Semana Santa fue transformada en la Semana de Girón. El faraón en una de sus habituales diatriba determinó que fuera una semana proletaria, de trabajo, sin feriados y expresó, 1965, " la haremos coincidir con esa fecha tradicional de la Semana Santa, así que cambiara de fecha según las disposiciones del Santo Padre de Roma".

Las Navidades eran otro enemigo clave del proyecto. En otra perorata, diciembre de 1969, dispuso que terminaran esas fiestas porque afectaba la economía nacional, el mismo pretexto usado para la ya desaparecida Semana Santa.

Celebrarlas no era políticamente correcto. No había sanción expresa para quien lo hiciera, pero el individuo y su familia incurría en el pecado de herejía al no respetar un fundamento de la secta en el poder. Siempre hubo personas que las respetaron y honraron, pero fue una honorable minoría, la población mayoritariamente se sumó a la multitud que "no quería buscarse problemas".

En la década del 60 las Navidades y la Semana Santa fueron expulsadas del calendario oficial. El miedo dejó de ser predio exclusivo del pensar y actuar político, para apoderarse también de la fe, del espíritu y la esperanza del ciudadano y la sociedad.

Solo las mujeres y hombres libres encarcelados observaban sin temor los fundamentos de su fe. Celebraban por igual la Semana Santa y la Navidad. Cumplían con fervor las tradiciones religiosas, incluida el Día de la Caridad del Cobre.

En presidio las fechas religiosas eran observadas por los creyentes, la minoría de prisioneros sin convicciones religiosas admiraban la dedicación de aquellas personas que bajo una represión continua y una miseria material extrema, se procuraban los recursos necesarios para cumplir la liturgia de cada fecha.

Ángel de Fana, inspirador de este trabajo recuerda que tanto católicos como evangélicos siempre observaron las fechas religiosas. Señala que estas labores eran fundamentalmente organizadas, entre otras, por entidades como la Juventud Obrera Católica y la Acción Católica Universitaria, pero que las actividades religiosas cobraron una mayor relevancia cuando arribó a presidio el padre Miguel Ángel Loredo porque este trajo consigo una visión ecuménica, consecuencia del Concilio Vaticano II. Recuerda que se hacían misas cuando entre los presos había un sacerdote y de no ser, así se realizaba una paraliturgia.

Ana María Rojas, fue una de las presas que en Guanajay y en otras cárceles de mujeres conmemoraban las fechas santas, aunque la represión de los carceleros era una amenaza contante de la que había que protegerse. Entre todas conseguían objetos útiles para las ceremonias y destaca que Polita Grau organizaba el coro de las reclusas. Dice con fervor que lo que primaba en aquellas actividades era la fe, el amor y la perseverancia y que en su momento todos esos sentimientos traerán la libertad a los cubanos.

Alejandro Moreno Maya, "Mayita", otro de los organizadores, cuenta que en los diferentes presidios durante meses se recababan objetos para las celebraciones, que tenían que esconderlos de las requisas y que en muchas ocasiones las cosas que habían conseguido con grandes esfuerzos les eran decomisadas, y destruidas las imágenes o atributos religiosos que con tanto esfuerzo habían elaborado, pero que esas acciones represivas no los desanimaban y todos volvían con mayor fe y entusiasmo a trabajar para conmemorar las fechas religiosas.

Todos recuerdan los coros, el grupo de presas y presos que en cada prisión entonaban cánticos para honrar sus creencias, una actividad que a pesar de los años transcurridos ha sobrevivido, porque los ex prisioneros políticos cubanos todos los años, siempre con nueva ausencias, se reúnen en el exilio, en diferentes casas, para cantar villancicos, para honrar la fecha, y evocar los duros tiempos del presidio político con orgullo y amor. La tradición de fe y de compromiso con Cuba continua.

La tortura en la Cuba de los Castro

La situación de los derechos humanos en Cuba es tan critica que el Comité de Naciones Unidas contra la Tortura expresó preocupación por el aumento de las detenciones arbitrarias y otros actos de hostigamiento contra opositores políticos, defensores de los derechos humanos y periodistas independientes y es que la tortura es mucho más que el abuso físico a una persona.

La entidad manifestó preocupación por el uso discrecional de figuras penales como la "peligrosidad" para justificar restricciones a la libertad de movimiento, la vigilancia invasiva, y actos de repudio para intimidar y acosar.

La dictadura ha practicado de manera sistemática y permanente variadas formas de tortura contra los prisioneros políticos, y también contra un amplio sector de la ciudadanía, como deja apreciar el informe, durante estas cinco largas décadas de totalitarismo.

En el caso de los presos, donde permanentemente se viola la dignidad humana, estos abusos han ido desde el aislamiento indefinido, golpizas severas, aplicación de electrochoques, cambios drásticos de temperatura en las celdas de reclusión, inmersión del detenido en un estanque de agua, fusilamientos simulados junto a personas ejecutadas, trabajo forzado en condiciones inhumanas y la aplicación de pentotal sódico.

El gobierno niega esas violaciones a la dignidad humana, pero hay numerosos testimonios de hombres y mujeres que han padecido la crueldad extrema de la que son capaces de recurrir los sicarios del castrismo.

Hace varios años el realizador cubano Luis Guardia dirigió un documental, del que fui productor, en el que se hacía referencia a la variedad de métodos a los cuales recurre la dictadura para destruir las dignidad de los detenidos.

Por ejemplo Orestes Pérez, 28 años en prisión, campesino del Escambray, sufrió el submarino. Preso en Topes de Collantes le ataban a una soga con una piedra, lo lanzaban a una laguna cercana y cuando se estaba asfixiando lo sacaban del agua, esa operación la realizaron varias veces. Annete Escandón cuenta los numerosos electroshock a que fue sometida y como al igual que ella, lo sufrieron otros prisioneros políticos que no padecían trastornos mentales.

Aurelio Hernández describe como le aplicaron pentotal sódico para que confesara. Nelly Rojas cuenta sus más de sesenta días de aislamiento. Abel Nieve recuerda como fue sepultado en una gaveta de cemento en el Castillo de Atares por siete días, cuando solo tenía dieciséis años de edad.

El documental que contó con la coordinación general de Francisco Lorenzo, recoge muchos testimonios. Evelio Ancheta evoca las crueles "Cabañitas" o Punto X donde al aislamiento se sumaban a distintos tipos de torturas, incluida, temperatura al nivel de congelación o la "Piscina" a la que los prisioneros políticos eran lanzados en una bolsa de lonas hasta llevarlos al borde la asfixia.

Gloria Agudín, tenía menos de 20 años cuando partió para el Escambray para unirse a las guerrillas. Apresada maltratada físicamente, colgada al vacío del último piso del antiguo hospital de Topes de Collantes, la pararon frente a una fosa, designaron un pelotón de fusilamiento y le dispararon balas de salva. Otros tuvieron menos suerte y sus compañeros fueron ejecutados junto a ellos.

El testimonio de Oscar Elías Biscet en una entrevista confirma que la situación no ha cambiado : "Una de las torturas usadas en las cárceles cubanas son los solitarios en unos calabozos minúsculos, totalmente aislados y oscuros. Ahí me tuvieron una vez durante cinco meses ininterrumpidos, sin salir ni un segundo."

Yurinaris Hurtado la obligaron a desvestirse por completo en la Quinta Unidad de la Policía de Santa Clara en un área conocida como el "Soleador", un lugar sin techos y rodeado de oficinas donde solo trabajan hombre. Hurtado Pérez afirma que todas las La Dama de Blanco en la ciudad han padecido esa vejación.

Algunos de los métodos descritos han sido superados por la creciente habilidad de los torturadores y la malicia del sistema, pero el resultado es que la manipulación, intimidación y represión constante y sistemática es una forma muy sutil de tortura que supera los abusos físicos y mentales mas extremo, porque impide a muchas personas acceder al uso pleno de su soberanía individual.

Fernando Mariño miembro del Comité de Naciones Unidas contra la Tortura, dijo que el incremento de la detenciones por 24 a 48 horas sin control judicial, ni siquiera por parte de la fiscalía, es acoso, y otro de los miembros dijo considerar "que el gobierno de Cuba no distingue los crímenes de los que no lo son, sino que se enfoca en distinguir el campo amigo del enemigo, es una distinción que no se puede aplicar al tema de la tortura," afirmación que da margen para concluir que el castrismo considera que todo el que haga oposición puede ser objeto del trato que considere necesario por tal de conservar el poder.

La transición castrista

Sin dudas que el proceso de Sucesión en Cuba ha culminado exitosamente para el régimen y en consecuencia los Castro, los amos del juego, han determinado que es mandatorio iniciar un proceso de transición que les garantice a ellos y a toda la nomenclatura, la impunidad de sus crímenes y la conservación de las riquezas adquiridas.

La transición que procuran no está orientada a cambios políticos o ideológicos en el liderazgo del país, por lo que no es de esperar que conduzca al establecimiento de un gobierno democrático y respetuoso de los derechos humanos.

No hay semejanza con lo que ocurrió en España o bajo las dictaduras militares latinoamericanas de los ochenta, porque el propio Raúl Castro, la máxima representación del antiguo régimen, se ha auto conferido cinco años más de gobierno, tiempo suficiente para atar, al menos por unos años más, a los herederos designados, que inexorablemente se irán distanciando de las ideas y postulados de los mentores que los condujeron al gobierno.

La gerontocracia cubana intenta realizarse una cura en salud. Están conscientes que la biología se impone y desde hace cierto tiempo aspiran a blindarse dejando en el poder a dirigentes jóvenes en edad, pero caducos en pensamiento como sus mentores, aunque en realidad la práctica ha demostrado que los elegidos eran genuinos representantes de la obra más acabada del régimen, "individuos con doble moral".

La decisión en la última reunión de la ilegítima Asamblea Nacional de Cuba de designar un segundo jefe de gobierno muchos más joven que la cúpula en el poder, es una estrategia que está prevista desde hace cierto tiempo, porque desde hace muchos años los Castro vienen situando en lugares claves a potenciales herederos, que aunque inflexibles e intolerantes como sus jefes, ocultaban muy bien sus propias ambiciones y planes en lo que respecta al poder, y en consecuencia como conducir la nación cuando arribaran al poder real.

Hay que tener presente a funcionarios como Felipe Pérez Roque, del qué se dijo era quien mejor interpretaba el pensamiento del Comandante en Jefe.

Pérez Roque, como su par, Roberto Robaina y el más encumbrado Carlos Lage, entre otros defenestrado con anterioridad, llegaron a creerse que habían ascendido a las altas esferas por méritos propios, que tenían autoridad para tomar decisiones, hacer propuestas y pensar con independencia, ilusión que pagaron con creces.

La realidad es que la ingeniería social del castrismo ha sido otro fracaso más entre los muchos empeños de la dictadura.

La convicción de la nomenclatura de que las nuevas generaciones, en particular los que ocupan posiciones claves en las instituciones del estado compartan su visión e intereses, ha sido frustrada en numerosas ocasiones sin embargo no tienen otra alternativa que seguir procurando, en el marco del Gobierno y del Partido, encontrar el imprescindible relevo que les garantice en alguna medida la prolongación del proyecto.

En Cuba no se han producido cambios estructurales que permitan avizorar un proceso genuino de transición. El poder continúan en manos de los moncadistas, lo generales y doctores que asumieron la conducción de la República hace más de cinco décadas, siguen controlando de forma absoluta el poder.

El nombramiento de Miguel Mario Díaz-Canel Bermúdez, como primer vicepresidente del Consejo de Estado y de Ministro reviste importancia, pero la designación por sí misma no permite pensar que el país se orienta a un cambio genuino, porque la posición que ha pasado a ocupar es por su lealtad al Proyecto, no porque haya mostrado disposición a cambiar la situación del país.

Por otra parte el poder en Cuba esta centralizado en el Partido Comunista, una corporación mafiosa más que ideológica-política, que según la constitución "es la vanguardia organizada de la nación cubana", y en consecuencia la institución que determina el curso del gobierno y el estado, aunque en realidad las decisiones fundamentales no la toma el pleno de los lideres de esa institución, sino un pequeño círculo de altos dirigentes, en particular los que integran el Buro Político.

Hay que tener presente que Fidel Castro dejó la jefatura de gobierno antes de renunciar a la dirección del Partido y que el segundo secretario del Partido continua siendo José Ramón Machado Ventura.

Diaz-Canel es un alto funcionario gubernamental como lo fue Carlos Lage, pero su eventual acceso, sino se produce un imponderable a las primeras posiciones del país, solo puede ocurrir si junto al cargo gubernamental va escalando posiciones claves en el Buro Político del PCC al que pertenece.

Al menos en lo que al Poder respecta Raúl Castro ha copiado el modelo chino. Desde la década del 90 en el país asiático el liderazgo del Partido y del Gobierno, ambos bien atados, se relevan cada diez años como ha determinado para Cuba el Sucesor en Jefe.

Las alucinaciones de Fidel Castro

La visión mesiánica que Fidel Castro siempre mostró de sí mismo y que los moncadistas, el círculo más íntimo del poder, compartían, condujo a la destrucción de la nación cubana.

Lo más visible de aquellos delirios no fue la represión y el control que se ejercía sobre toda la sociedad con la consecuente pérdida de los derechos ciudadanos, tampoco la prisión o muerte que padecían "los otros", sino los interminables discursos de Castro en los que describía proyectos faraónicos y en los que prometía el paraíso en la tierra a quien estuviera dispuesto a seguirle ciegamente.

Lo importante es que el país nunca contó con bienes propios para planes que demandaban grandes recursos tecnológicos o económicos. Tampoco se realizaban los estudios apropiados para determinar si eran o no viables.

La voluntad del máximo líder era más que suficiente para que dirigentes y burócratas montaran el circo en el que se esfumaron ilusiones y riquezas, de Cuba y gobiernos extranjeros, que por diferentes motivos, subsidiaron el régimen.

Por otra parte, hay que admitir con vergüenza ajena que si los delirios y la capacidad de disponer el desarrollo de aquello proyectos solo correspondían a la autoridad del Comandante, toda la nomenclatura y un amplio sector de la población los " compró", porque creían ciegamente en las propuestas por muy fantasiosas que estas fueran.

En marzo de 1959, en un discurso en la Universidad Central de Las Villas, Castro dijo: "Estamos ya estudiando y preparando los proyectos para desecar la Ciénaga de Zapata, con una capacidad de 15, 000 caballerías de tierra, y que cuando esté en condiciones de cultivo, va a servir de sustento a decenas de miles de familias cubanas."

Esa, la desecación de la Ciénaga, sino fue el pionero de los delirios, estuvo entre los primeros, a los que siguieron muchos otros.

Recordemos la promesa de que con la expropiación de las tierras a los campesinos y el desarrollo de granjas estatales, se incrementaría la productividad en el campo. Cuba importa en la actualidad más del 60 por ciento de los alimentos que consume.

La mecanización de la agricultura fue otro cuento del Merlín caribeño. En el año 2012 se fundaron centros de entrenamiento para yuntas de bueyes en la provincia de Villa Clara para situar 3,000 yuntas en el campo que según un informativo cubano, disminuiría el consumo de petróleo y ayudaría al medio ambiente.

Castro con la impunidad que le concedía el poder absoluto, actuó como especialista en numerosas disciplinas, incluyendo agronomía, hidráulica y biología. Fue el principal educador del país, economista experimentado y el primer desarrollista en asuntos urbanos e industriales de la nación.

En su momento dispuso lo que se cultivaba y donde. En otra ocasión determinó construir embalses de agua para irrigar los cultivos y suministrar agua a la población sin los estudios de viabilidad necesarios, lo que causó daños ambientales irreparables.

Desmonte de bosques centenarios con buldócer encadenados y cuando el árbol era muy frondoso se derribaba con dinamita. Tomateras convertidas en cañaverales y cañaverales en zonas de pastoreo.

Simultáneamente encabezaba investigaciones genéticas. La inseminación artificial y el cruce de ciertas razas de ganado vacuno, convertiría el país en la lechera del mundo.

En la memoria colectiva de la nación están aquellos discursos sobre los cruces entre Holsteins y Cebú. Experimentos que producirían vacas lecheras como la condecorada Ubre Blanca, que cuenta con un monumento en la ciudad de Nueva Gerona.

El Cordón de La Habana fue otro experimento memorable por su fracaso. La intención era sembrar café Caturra, una variedad que según Castro convertiría al país en el principal exportador de ese producto. También determinó que era factible junto al café, cultivar gandul, cítricos, aguacate, mango, mamey, entre otros frutos.

Antes o después, fue tanta la capacidad creativa del Comandante, que es difícil ordenarla cronológicamente, empezó a traer búfalos de agua de Viet

Nan, porque producían más y mejor leche que las vacas y se alimentaban con menos pasto.

El pez Claria fue otro caso. Cuba importó este depredador para aumentar el consumo de proteínas de parte de la población, situación que continua sin resolverse, mientras el pez se convirtió en un peligro para el equilibrio ecológico de la isla.

Un tiempo después se empezó a trabajar en el proyecto de las vacas enanas. Cada familia podría criarlas en sus viviendas para tener la leche necesaria, y hasta propuso la cría intensiva de conejos para resolver el suministro de carnes.

A pesar de que todos los proyectos terminaron en fracaso no es de dudar que todavía surjan ideas deslumbrantes como la de la Moringa, aunque sin dudas ninguna será tan clamorosa como la zafra de los 10 millones que contó con todos los recursos de isla, pero que concluyó en un estruendoso fracaso como el propio régimen que la inspiró.

Las crisis migratorias del castrismo

Cada drama o tragedia humana tiene sus particularidades y dolientes. La intensidad de la pena es proporcional a los vínculos con las víctimas. Es evidente que todas estas situaciones afectan, pero conmueven mucho más cuando las ha padecido un familiar, un amigo o un simple coterráneo.

La emigración masiva hacia Europa y las imágenes de los que han perdido la vida en el intento, en particular los niños, es devastadora. Los ciudadanos del Medio Oriente y del norte de África que han decidido dejarlo todo o nada, porque solo tienen esperanzas, asumen grandes riesgos y enfrentan en la travesía serios peligros naturales, solo superados por la vesania y crueldad de los traficantes de personas.

Los migrantes sirio, libios o de cualquier otro país de esas regiones abandonan sus hogares como consecuencia de las guerras o las calamidades extremas que se ven obligados vivir a diario. Ellos sufren y padecen lo que es difícil imaginar, porque por largo tiempo han aprendido que el día siguiente es casi seguro peor que el anterior.

Paralelo a la crisis migratoria causada por las migraciones africanas y mediorientales en Europa, en América, en mucha menor escala, se está desarrollando una situación en la que miles de personas, aunque no viven en un estado en guerra o en conflictos religiosos, esa es la paradoja, deciden abandonar su país para recuperar la esperanza de tener una vida mejor.

Estas fugas no son nuevas. Es conocido que a la dictadura cubana le han servido las migraciones masivas como una válvula de escape de la presión constante que ejerce sobre la población. El castrismo, independiente al costo político que implique, ha demostrado que es partidario de una estrategia de migraciones masivas porque estas siempre le han redituado concesiones favorables de Estados Unidos

El gobierno de La Habana inició la crisis de Camarioca, presionando a Washington a iniciar los llamados Vuelos de la Libertad, por los que salieron 260, 000 cubanos. Castro inventó el Mariel abandonando el país 125,000 y fue el principal promotor de la crisis de los balseros de 1994, por la que dejaron la isla otras 32,000 personas.

Históricamente el flujo masivo de inmigrantes ilegales cubanos intenta llegar directamente a Estados Unidos, una situación que ha cambiado drásticamente.

En el pasado una minoría de los que huían del castrismo carenaban en alguna nación caribeña, menos en Centroamericana, lo que hacía que el éxodo fuera visto a distancia por el resto del continente.

En la actualidad realizan un maratón por ocho países, lo que debería obligar a más personas a preguntarse por qué los trabajadores abandonan su paraíso.

En septiembre del 2014 la Cepal informó que Cuba era el cuarto país del hemisferio en número de inmigrantes en términos absolutos, 1,293,000, a esa cifra hay que sumar que este año han ingresado solo a Estados Unidos más de 43,000 cubanos, un incremento del 77 por ciento en relación al 2014, sin incluir a los miles que se encuentran entre Ecuador y México.

Esta nueva oleada de inmigrantes tiene lugar en condiciones diferentes a las anteriores. Es el año que Washington y La Habana restablecieron relaciones diplomáticas.

Otra particularidad es que la inmensa mayoría de los que participan en la Gran Marcha lo hacen partiendo de Ecuador, un país aliado de la dictadura de Raúl Castro, que entrega visas a los cubanos con muy pocos requisitos y a sabiendas que el objetivo final de los viajeros es Estados Unidos.

Otro aspecto es que la reforma migratoria de La Habana, permite a los cubanos estar dos años residiendo fuera del país, mientras la Ley de Ajuste Cubano estadounidense solo demanda la residencia por un año de los naturales de la isla que masivamente se acogen a la misma, por los privilegios que esta les otorga.

Ante esta situación es válido cuestionar que motiva a la dictadura que siempre ha calificado la Ley de Ajuste de Ley Asesina, para no haber incluido en sus muchas exigencia a Washington, el fin de una legislación que rechazaba públicamente antes de que ambos países restablecieran relaciones diplomáticas.

También vale la pena preguntarse porque Rafael Correa permite la entrada sin restricciones de miles de cubanos consciente de que seguirán viaje a otro país. Por qué Nicaragua, otro aliado del castrismo, trancó la travesía si desde hace más de un año ese país es transitado ilegalmente por miles de cubanos que pretendían llegar a Estados Unidos.

Todo parece indicar que la dictadura está usando una vez más a los ciudadanos que abandonan el país como instrumento para gestar una nueva crisis migratoria. El objetivo sería obtener nuevas ventajas en sus negociaciones con Estados Unidos, un país al que siempre consideraran enemigo.

Las dos mitades de un cubano

Un libro muy en boga en Cuba por los años 60, *Las dos mitades del vizconde*, nos mostraba un aristócrata dividido por la mitad físicamente, lo que repercutía en la conducta contradictoria de los dos hemisferios del sujeto.

El vizconde, partido por una bala de cañón, sobrevive pero con el cuerpo escindido en dos y cada una de las partes actuando de manera diferente.

La situación de aquel vizconde era terrible, vivía una pugna atroz, porque cada parte de su cuerpo confrontaba con la otra. Conciencia, sentimientos, intereses, política e ideología, se enfrentaban en un debate constante al que nunca llegaba la conciliación.

Compleja la situación que presentó Italo Calvino en su novela, porque obliga a reflexionar profundamente en el debate que cada individuo enfrenta cuando debe tomar una decisión que lo sitúa en la disyuntiva de hacer lo que cree correcto y lo que le dictan sus sentimientos.

Por supuesto que aquellos que están iluminados por una verdad única que les permite superar las consecuencias de sus acciones y los remordimientos que puedan derivarse de estas, no tienen problemas con sus mitades, ellos son un todo y como ariete se conducen sin sufrir las consecuencias.

Pero muchos cubanos padecen lo que libremente se pudiera identificar como el síndrome del vizconde, y es que sin haber sido impactado por una bala de cañón, el sistema que impera en Cuba es tan absorbente e incluyente que por mucho que se esfuerce el individuo no puede sustraerse de la influencia del sistema, salvo que rompa de manera absoluta con sus raíces y de lo que de ellas derivan.

El totalitarismo castrista no deja espacio sin cubrir y obliga a un debate constante entre los sentimientos y lo que la conciencia social y política puede o no considerar justo, por lo que las dos mitades de un cubano, sino de todos, de un número importante de ellos, se enfrentan para intentar conciliar las diferencias que les atormentan.

Esta percepción en alguna medida también se fundamenta en que el mesianismo totalitario, más allá de la voluntad y hacer de cada ciudadano, inculcó durante décadas la certeza de que la Patria y Fidel Castro eran una única entidad, absolutismo que condujo a la creencia de que cualquier decisión individual repercutiría en alguna medida en los valores y convicciones del sujeto.

Numerosos ejemplos del debate interno que subyace en la conciencia y los sentimientos, está vinculado a las actividades públicas que desempeñan muchos compatriotas y hasta en los progresos que en la isla se alcancen.

Las medallas que obtienen los deportistas son producto de sus esfuerzos, pero el gobierno las capitaliza e instrumenta una campaña de propaganda que contribuye a la desinformación y a la dependencia del atleta. Algo similar ocurre con los avances científicos o de cualquier tipo que se puedan producir en el país, hacen creer, difunden los resultados como progresos genuinos del sistema y no de los individuos que con su talento y dedicación alcanzaron el éxito.

Un premio o reconocimiento a un cubano que vive en la isla, en cierta medida, por la condición totalitaria del sistema, se refleja en el haber del régimen y conduce a un sector de los que son contrarios al sistema, a no sentir el triunfo como nacional, como un suceso que pertenece a todos.

Un aspecto más común es el envió de paquetes y remesas a Cuba.

Quizás la mayoría de los cubanos cumplen estos menesteres pensando exclusivamente en la ayuda que prestan a sus allegados, otros aunque lo cumplen por el deber que se tiene con los seres queridos, están convencidos de que esos envíos de dineros o bienes ayudan a la familia, pero también en alguna medida favorecen la dictadura que repudian.

Una situación que enfrenta con particular angustia las dos mitades, es cuando se envía ayuda a los opositores a la dictadura. Dinero, alimentos, cámaras fotográficas, teléfonos, llamadas, cualquier artículo es esencial para actuar contra el régimen, pero no se puede obviar que directa o indirectamente, en alguna medida, la dictadura se beneficia de lo que recibe el opositor.

Todo esto genera un verdadero enfrentamiento entre las dos mitades que linda con el Ser o no Ser. Se quiere que el régimen termine, pero también se está consciente que cualquier envió repercute favorablemente en la economía de la dictadura, lo que le confiere una mayor habilidad para reprimir y conservar el poder.

¿Pero qué hacer? El totalitarismo es una sucia trampa que lo corroe todo, en la que todo está secuestrado, incluso nuestros seres querido, y ¿ puede haber Patria, sin familia?

Las mutaciones del castrismo

La forma como se desenrollan las relaciones entre Estados Unidos y Cuba, el único país que cuestionaba el totalitarismo insular, permite percibir la posibilidad de que en la isla se produzcan cambios en el gobierno sin que participe el pueblo.

El control que ha ejercido la nomenclatura sobre los poderes del estado es el resultado de la conjunción de muchos factores, entre ellos la habilidad de satisfacer los intereses y ambiciones de sus testaferros, mientras, dispensa a la población en general, garrote y zanahoria, privilegiando el garrote por supuesto.

La sobrevivencia de la dictadura por 57 años, a pesar de la quiebra de la ideología marxista, su puntal teórico, confirman la tesis de que Fidel y Raúl Castro se asociaron con la doctrina comunista por conveniencia y no por convicción. La práctica soviética y el marxismo, fueron una especie de primera frontera para la oligarquía revolucionaria, una línea de contención y arropamiento teórico que tendía a justificar las disensiones y la represión con las promesas de un mundo mejor.

El fin del imperio soviético logró alterar la forma haciendo prácticamente imposible la ya precaria aplicación de la teoría marxista. Sin embargo, la esencia del régimen cubano no fue afectada, porque su naturaleza verdadera no reconoce valores inmutables, salvo en la dimensión en que puedan ser afectados los que detentan el poder.

En el presente se aprecia con mayor exactitud que el régimen cubano posee y mantiene una estructura de poder mafiosa, condición que no le ha obstaculizado colaborar con gobiernos extranjeros y otros factores económicos y políticos que las más de las veces le han favorecido en las relaciones.

Si hacemos una retrospectiva del régimen se puede apreciar desde sus inicios una capacidad cambios y renovaciones que no afecta la esencia del gobierno. Los cambios qué solo se producen cuando son imprescindibles, tienden a afirmar en el poder a la plutocracia gobernante, mientras, la nueva fase, conserva características esenciales de etapas anteriores del régimen.

El Castrismo —un nombre a la práctica de conservar el poder— dista mucho de ser un sistema de ideas singulares con proyecciones propias sobre el hombre y la sociedad. El castrismo no tiene pretensiones, no aspira a ser una doctrina porque sus herramientas claves son, la intimidación, la desconfianza, la represión, el premio al envilecimiento y el castigo al contestatario.

Es un método de sobrevivencia, de mutación y transformación donde cualquier acción es válida por desquiciante y desestabilizadora que parezca, es un patrón que tiende a nutrirse de las fuerzas que le adversan y de las contradicciones y debilidades que éstas presenten, más la interpretación de las quebraduras y coyunturas políticas que concurran.

El método exige un conocimiento verdadero de la realidad, un inventario efectivo de los recursos, y una capacidad de acción que pueda establecer y conformar, "verdades no verdaderas" que combinan con una voluntad de acción que no conoce prejuicios.

Sin embargo, a pesar de habilidades, depredaciones y encantamiento, es evidente que el régimen está en su primera frontera, tal y como sucedió en 1959, con el agravante de que la magia de aquel año se agotó con el tiempo y los fracasos.

La dictadura reedita su mimetismo. Se prepara para prostituir y dignificar según el caso. Su práctica de alquimia política, de magia de yunque y martillo está lista para una nueva forma en el mismo e imperturbable espíritu.

Las divinidades menores del Olimpo se renuevan, pero los dioses superiores siguen en control mientras respiren. La liturgia cambia, pero el primer apellido en su omnipresencia y sapiencia revolucionaria, velará porque el reajuste de la selección natural de los tiempos no afecte esencia, presencia y la conservación del poder y bienes, de quienes han gobernado un país transformado en cuartel.

Ese es el plan del régimen. Una sobrevivencia que no está garantizada porque la situación es bien diferente a la de la primera beatificación ya que el sistema y sus líderes están acabados. El pueblo frustrado y sin esperanzas de una vida mejor, porque sus posibilidades de acceder a la soberanía ciudadana continúan siendo negadas.

La esperanza del cambio reside que entre el ciudadano y el poder no sea posible un nuevo concordato, que las fricciones y choques del presente no sean amortiguados por parachoques teóricos o platos de lentejas que ayuden a la mala memoria, pero en caso de que se produjera un "milagro" y de nuevo la dictadura se auto transformé sin quebrar la continuidad del liderazgo y su discurso, sería de exclusiva responsabilidad de quienes dentro y fuera de la isla siguen oxigenando una autocracia que solo cambia para seguir igual.

Los crímenes transnacionales del castrismo

Los intereses políticos-económicos de ciertos sectores y la memoria selectiva de otros, han favorecido que la subversión y el terrorismo que la dictadura cubana auspició por años en todo el hemisferio haya ido perdiendo relieve en las relaciones internacionales, sin embargo la visita de Raúl Castro a Chile, permitió evocar los tiempos en los que el castrismo quiso imponerse en el continente a sangre y fuego, y para lograrlo, respaldó con todos los recursos a su alcance, a grupos que practicaban la violencia mas indiscriminada.

Una de estas organizaciones fue el Frente Patriótico Manuel Rodríguez, cuyos dirigentes fueron entrenados militarmente en Cuba, y que posteriormente se sumaron al Frente Sandinista para luchar contra la dictadura de los Somoza, partiendo un tiempo después para el país austral, donde realizaron numerosos actos de violencia durante y después de la dictadura de Pinochet.

El castrismo consecuente con su proyecto desestabilizador, incrementó su apoyo al grupo insurgente enviando de manera clandestina a Chile, armas de fabricación norteamericana ocupadas en Viet Nam.

En 1986, por la localidad costera de Carrizal, las autoridades chilenas ocuparon aproximadamente 50 toneladas de armas, entre las que había 3500 fusiles M16 y tres toneladas de explosivos plásticos.

Otro de los trágicos resultados que propiciaron las armas y explosivos enviados por Fidel y Raúl Castro fue la muerte del senador chileno Jaime Guzmán, profesor, abogado constitucionalista y colaborador de la dictadura de Augusto Pinochet, asesinado por el FPMR

Hasta hace muy poco tiempo un número importante de personas ignoraban que el castrismo había estado involucrado en este crimen. También se desconocía que la mayoría de los que participaron directamente en el asesinato estaban refugiados en la isla y que uno de estos, Juan Gutiérrez Fitchman, se había casado con Mariela Castro, una hija de Raúl, el dictador designado.

Gutiérrez fue el responsable nacional militar del FPMR y autor intelectual y logístico de varias operaciones, como la muerte de Guzmán. "El Chele", como apodan a Gutiérrez, recibió entrenamiento guerrillero en Cuba y según Patricio Melero, presidente de la Unión Democrática Independiente "El nieto de Raúl Castro es hijo del autor intelectual del crimen de Jaime Guzmán".

Se ignoraba que otros individuos que participaron en el atentado, Raúl Escobar Poblete, Marcela Mardones, y Alexis Soto, alias el 'Rambo', se encontraban bajo la protección del gobierno de los hermanos cubano, y que las autoridades chilenas habían reclamado al menos a uno de estos individuos a las autoridades de la isla, recibiendo el silencio por respuesta, lo que determinó que el presidente chileno Sebastían Piñera, abordara el tema con Castro durante su estancia en Santiago.

Sin dudas que los sempiternos defensores de la dictadura de los hermanos Castro aducirán que Guzmán era una importante personalidad política del gobierno militar y que eso era motivo más que suficiente para el atentado que cobró su vida, obviando convenientemente que el senador fue asesinado después que el país había retornado a la democracia y ejercía constitucionalmente la presidencia Patricio Alwyn.

Bajo el gobierno de Alwyn, primer mandatario chileno electo desde el derrocamiento y muerte de Salvador Allende, se constituyó la Comisión de la Verdad y Reconciliación, responsable de investigar las violaciones a los derechos humanos durante la dictadura de Pinochet, por lo que era de esperar que las personas involucradas en tales actos fueran procesadas, por lo que si Guzmán tenía alguna responsabilidad, sin duda alguna hubiera sido sometido a un proceso judicial.

Es importante destacar que la violencia que Fidel Castro y en consecuencia su hermanos Raúl, patrocinó por décadas, nunca reparó que los gobiernos que aspiraban derrocar hubieran sido elegidos democráticamente, o fueran dictaduras, su propósito era situar a sus aliados al frente de cada país de América Latina para imponer el totalitarismo en cada punto del continente.

El asesinato del senador Guzmán no fue el único auspiciado por Cuba contra un gobierno democrático, como tampoco desembarcos de armas como el de Carrizales estaban exclusivamente orientados a derrocar las dictaduras.

Venezuela, la hoy aliada del castrismo, fue objeto, a pesar de la democracia vigente en ese país, de múltiples agresiones de la dictadura cubana.

Por la playa de Tucacas el fusilado general cubano Arnaldo Ochoa, desembarcó con armas y hombres. Por Machurucuto hizo otro tanto el general Ulises Rosales del Toro y fue en La Habana en declaraciones al periódico Granma donde Elías Manuit Camero, jefe de la Comandancia FLN-FALN, admitió ser responsables del asesinato del doctor Julio Irarren Borges, hermano del canciller venezolano.

También en Venezuela, 1963, las FALN, estrechos aliados del castrismo, cometieron el horrendo crimen del Tren del Encanto, un acto terrorista que fue repudiado hasta por los partidarios de los insurgentes.

Los cubanos entre la hegemonia y la dependencia

La historia de la Cuba republicana se caracterizó por la inestabilidad y las ambiciones de poder de grupos políticos que las más de las veces respondían a designios propios, y no a proyectos en los que el país fuera la prioridad, aunque es justo afirmar que Cuba no era una excepción en el hemisferio.

Los países del continente en su recorrer republicano han sufrido severas convulsiones de carácter social y político, y la mayor de las Antillas era una más entre sus iguales.

El país, al igual que el resto de América, proyectó mucho de su hacer alrededor de figuras notables que en muchas ocasiones eran caudillos que confundían sus agendas personales con las nacionales, como fueron los casos entre otros, de José Miguel Gómez, Mario García Menocal, Fulgencio Batista, y otros, pero tampoco faltaron a la nación verdaderos patriotas que hicieron todo lo posible por concretar una sociedad justa y democrática

Líderes políticos de la oposición y gobiernos, fueron en ocasiones promotores de intervenciones o mediaciones de parte de Estados Unidos en la política cubana.

El primer presidente, Don Tomas Estrada Palma propició una intervención de Estados Unidos, otros mandatarios siguieron sus pasos, por lo que es probable que las mediaciones e intervenciones estadounidenses generaran en algunos sectores políticos del pasado y del presente, la placentera convicción de que siempre sería posible recurrir a un factor extranjero para que le sacaran las castañas del fuego.

A pesar de la actitud de ciertos políticos la mayoría del pueblo cubano era nacionalista, convicción que se acentuó durante el segundo gobierno de Gerardo Machado, particularmente en el sector estudiantil, protagonista clave en el fin del mandato del general de la independencia.

A principios de los años 30, se agudizó la espiral de violencia que vivía el país y el régimen de Machado, que había disfrutado del apoyo y simpatías de Washington, empezó a convertirse en un aliado no deseado para este.

En el mes de marzo de 1933 el presidente de Estados Unidos, Franklin D. Roosvelt, designó a Summer Welles, embajador en Cuba y enviado especial, iniciándose la conocida "Mediación", que fue respaldada por un amplio sector de la oposición, sin embargo la caída del General inicio en el país un proceso nacionalista sin precedentes.

Es indiscutible que estas mediaciones e intervenciones de Estados Unidos crearon en ciertos sectores políticos una relativa dependencia.

Para estos sectores el apoyo externo posibilitaba, según el caso, evadir compromisos, catapultarse en la lucha por el poder o en la conservación del mismo. Aparentemente consideraban posible conjugar los intereses foráneos con los nacionales y personales.

Fulgencio Batista, después de concluido el gobierno de Ramón Grau San Martín, se convirtió en el verdadero poder en la isla y en 1940, por medio de unas elecciones, legitimó su poder en el marco de una nueva constitución.

Batista retornó al gobierno en 1952 por medio de un golpe militar. Las relaciones con Estados Unidos fueron excelentes, hasta que Washington decidió retirarle su confianza.

En 1959, Fidel Castro instaura en la isla la dictadura más cruenta que haya padecido el hemisferio, internacionalizándola al subvertir el orden político en el continente e iniciar una política hostil contra Estados Unidos.

El padrinazgo de la Unión Soviética a Castro fue un factor determinante para que sectores de la oposición procuraran la ayuda de Estados Unidos, que afectado en sus intereses económicos y políticos, no dudó en prestar su apoyo.

Cuba se transformó en satélite de la URSS y en su plataforma política y militar en el continente. Bases de submarinos y espionaje electrónico y de cohetes balísticos con capacidad nuclear. Más de cincuenta mil militares soviéticos estuvieron desplazados en suelo cubano.

No obstante la dependencia de La Habana de Moscú sirvió al castrismo para adquirir una clientela política propia, y desarrollar un proyecto hegemónico, que aunque dependiente del soviético, tuvo sus propios perfiles, factor que posibilitó entre otros componentes, la sobrevivencia del castrismo después de la caída del Kremlin, la creación del Foro de Sao Paulo y el apoyo logístico para el surgimiento y desarrollo de las dictaduras institucionales del inexplicable socialismo del Siglo XXI.

Pero si el castrismo continua atentando contra las democracias del hemisferios, quienes se le oponen no han cesado en su compromiso de combatirlo más allá de los resultados.

En la isla, a pesar de más de cinco décadas, la confrontación de los hombres libres contra la voluntad esclavista de régimen persiste y en el exterior, los exiliados continúan dando muestras de su compromiso con la democracia, y como si fuera poco, en numerosas ocasiones han logrado vincular la causa que les inspira con los intereses nacionales e internacionales del país que les acoge.

Nunca más, 26

El golpe militar del 10 de marzo de 1952, desencadenó en Cuba una serie de acontecimientos que derivaron en un proceso insurreccional, que culminó con el establecimiento de un sistema político que situó al país en pleno escenario de la Guerra Fría.

El golpe, de una manera u otra, afectó la vida de todos los ciudadanos al extremo que es posible que si Fulgencio Batista y sus acólitos no hubiesen producido el "cuartelazo", Fidel Castro no habría tenido las oportunidades que le brindó un régimen que interrumpió un proceso constitucional, en el que hubieran sido elegidos democráticamente cuatro presidentes de manera consecutiva.

Pero Fidel Castro, que desde sus tiempos de pandillero, contó con una pequeña corte de incondicionales, nunca disfrutó de la confianza popular para lograr una de las muchas posiciones electas a las que siempre aspiró, presidente de la Federación Estudiantil Universitaria, presidencia de la Facultad de Leyes o Representante a la Cámara, esta última se vio truncada por la acción que protagonizó el hombre del 4 de septiembre de 1933, nunca se vio respaldado por el voto popular.

Es de suponer que Castro recibió con agrado el golpe militar. Sus muchos fracasos en las lides electorales le convencieron que era más fácil luchar con las armas que participar en una contienda electoral en la que el perdedor desaparecía sin gloria y el ganador, tenía que someterse periódicamente a la voluntad popular.

Las nuevas condiciones políticas del país fueron el caldo de cultivo para que Castro se proyectara a dimensiones qué ni sus asociados más íntimos, eran capaces de imaginar. Su ambición desmedida, un aguzado sentido de la oportunidad, la audacia que le caracterizaba, una absoluta falta de lealtad a los compromisos contraídos, su tenacidad y talento político, maduraron y fortalecieron en la medida que demandó el liderazgo que él mismo se impuso y que logró gracias a su naturaleza cruel y despiadada.

Evaluando el ataque y la personalidad del individuo que lo gestó y condujo, se puede concluir que fue una jugada arriesgada de todo ó nada, un escalón más en procura de una imagen de héroe que todo lo podía y a todo vencía y a quien la derrota solo servía como trampolín para otro combate.

Castro, que se había fogueado entre gánsters, actuaba como "guapo de pandilla", peleaba, corría riesgos pero estaba listo para salvar la vida, su audacia era complementada con un aguzado sentido para cambiar de bando en el momento oportuno, que nunca le falló en las traiciones que le infligió a grupos como el MSR o a la UIR.

Le protegió el obispo de Santiago de Cuba, Enrique Pérez Serante y más tarde el teniente del ejército, Pedro M. Sarriá Tartabull. El proceso judicial al que fue sometido le fue favorable, habló todo lo que quiso, acusó al régimen y dictó un documento de compromisos políticos que le igualaban de un golpe, con los líderes políticos de la nación.

A pesar que el ataque al Cuartel Moncada fue un rotundo fracaso por lo mal planeada y organizada que estuvo la operación por quien después se auto titularía Comandante en Jefe, y a quien sus sicarios han gustado presentar a través de los años como un excepcional estratega militar, los sobreviviente del asalto han logrado imponer un régimen que ha llevado a Cuba a la destrucción moral y material.

La crisis política que padecía la nación fue la coyuntura ideal para que en el país se estableciera una dictadura carismática-ideológica, al extremo que sería irracional negar que el primero de enero de 1959 y los meses siguientes, fueron jornadas luminosas para la mayoría de la población, mientras las minorías eran victimizadas.

Pero el terror y sus consecuencias, el miedo y la parálisis social, no tardaron en difundirse. El país se fue hundiendo económicamente. Se escindieron amistades y familias. La miseria, cárcel, exilio y la muerte, fueron derivaciones que afectaron a toda la sociedad.

Sesenta años después del Moncada y a cincuenta y cuatro del triunfo de la revolución, hay muy poco de lo que se pueda enorgullecer el castrismo.

En la isla se ha establecido una nomenclatura que ha disfrutado sin interrupción del poder absoluto, que ha degradado tanto a la nación que el propio Raúl Castro, el otro arquitecto de la dictadura, no tuvo otra alternativa que criticar públicamente.

Raúl, el hermano de Fidel, el hombre que ponía más argamasa en cada ladrillo sobre el que se sostiene la estructura del totalitarismo, dijo: "Hemos percibido con dolor, a lo largo de los más de 20 años de período especial, el acrecentado deterioro de valores morales y cívicos, como la honestidad, la decencia, la vergüenza, el decoro, la honradez y la sensibilidad ante los problemas de los demás".

La realidad es que la vagancia, irresponsabilidad, la vulgarización del lenguaje, las costumbres y la masificación, exterminaron al ciudadano. La corrupción, el abuso de poder y el cisma provocado por el sectarismo moral e ideológico impulsado por el castrismo, han alcanzado niveles nunca imaginados.

El totalitarismo es el principal responsable de la casi generalizada corrosión moral de la nación, en consecuencia no se puede confiar que un proceso de Sucesión comandado por el dictador designado pueda conducir al país a la libertad y la democracia.

No hay cambios posibles bajo la férula de Raúl Castro, porque han construido una sociedad que salvo excepciones, ha perdido las esperanzas.

Raúl Castro. La sombra y el crimen

Recientemente el escritor Jose Antonio Albertini en una reunión de amigos se refirió a una película basada en la vida de un asesino a sueldo titulada *El hombre de hielo*, pero de inmediato y sin asociación previa, se comentó un informe de Archivo Cuba, entidad comprometida en divulgar los crímenes del totalitarismo insular.

La información señala que desde que Raúl Castro asumió la jefatura del estado cubano, hace siete años, han perecido en la isla al menos 200 personas por causas imputables a su gobierno, lo que demuestra que el dictador designado sigue siendo un hombre cruel y despiadado.

Las primeras fotos de ejecuciones en la Sierra Maestra tienen como protagonista a Raúl Castro, no es que fuera el único asesino, entre otros estaban Ernesto Guevara y Ramiro Valdés, pero al parecer el actual dictador gustaba fotografiarse con sus víctimas tal y como hicieron sus pares nazis en el pasado.

El desaparecido comandante del ejército rebelde Lucas Moran Arce, señala en *La Revolución Cubana. Una versión Rebelde* que Raúl es el autócrata por excelencia, una persona desconfiada por naturaleza, y un trabajador incansable, que solo se rodea de incondicionales y que "el Segundo Frente Oriental era un pequeño estado totalitario en el cual la disciplina se fundaba en el terrible drama de la muerte por fusilamiento".

El periodista y también escritor Luis González Lalondry, está investigando los fusilamientos masivos del campo de tiro de la Loma de San Juan ordenados por Raúl Castro en la madrugada del 12 de enero de 1959, cerca del monumento donde se firmó el armisticio entre Estados Unidos y España en 1898.

Según declaraciones de sobrevivientes que posee González, de la galera 8 del vivac de Santiago de Cuba fueron sacados 84 presos, que fueron sometidos a una parodia de juicio en la que los jueces eran comandantes de la revolución triunfante.

El proceso duró cuatro horas, todos fueron condenados y ejecutados en masa. Fueron sepultados en fosas comunes que habían abierto un buldócer. Inexplicablemente contaron con asistencia religiosa antes de morir, uno de esos sacerdotes vive en Miami, el padre Jorge Bez Chabebe, que dijo a González," fue un espectáculo dantesco que provocaba náuseas".

Esta masacre fue comentada por uno de los biógrafos de Ernesto Guevara, Jon Lee Anderson, señala, "Pese a su reputación de hombre cálido, puede ser impulsivo, dogmático y a veces brutal, en 1959, durante la rendición de Santiago, la segunda ciudad del país, Raúl presidió la ejecución de más de 70 soldados y oficiales que fueron ametrallados y sus cadáveres lanzados a un foso".

El doctor Armando Lago, un distinguido investigador de los crímenes del castrismo y autor del "El Costo humano de la revolución social", refiere que investigaciones parciales demuestran que Raúl Castro fue responsable de 550 ejecuciones en 1959.

Dariel "Benigno" Alarcón, oficial del ejército rebelde que combatió junto a Guevara en el Congo y Bolivia dice que en una ocasión Fidel Castro le envió un mensaje a Raúl para que cesaran los fusilamientos porque habían quejas al respecto y que escuchó a Fidel comentarle a Celia Sánchez,la respuesta de Raúl: "Fidel, no te preocupes no correrá más sangre, de ahora en adelante ahorco a los enemigos".

Es tema para otra columna, pero hay una característica del dictador que es justo evocar.

Raúl Castro en todos los procesos "judiciales" de gran relevancia del régimen totalitario, ha sido el principal acusador, al parecer el único papel principal que Fidel le dejó jugar mientras fue el máximo líder.

En 1959, durante el proceso contra el comandante Huber Matos, fue una especie de Robespierre. Amenazó y coaccionó a Matos hasta que éste se le enfrentó. También trató de injuriar y desacreditar al abogado defensor Francisco Loriet Bertot, pero no lo logró.

Hay otros procesos a tener en cuenta como el que se realizó contra la dirigencia del viejo Partido Socialista Popular, conocido como la "Micro fracción", 1968. Raúl fue quien ordenó a la Seguridad del Estado las medidas a tomar contra los supuestos complotados. Al final del proceso, cuando el terror "raulista" corría impetuosamente por el torrente sanguíneo de culpables e inocentes, y se esperaba un baño de sangre, apareció Fidel componiéndolo todo y enviando a los inculpados a cumplir sentencias de prisión.

Pero su momento estelar antes de asumir todos los poderes en la isla, fue durante el "Caso Ochoa", un proceso en el que fueron juzgados varios oficiales de alto rango, entre ellos generales, que resultó con la ejecución entre otros de Arnaldo Ochoa y Antonio de la Guardia, 1989, y una purga que llevó a prisión o destitución de otros muchos militares, que solo cumplieron las ordenes que les habían impartido los dos hermanos.

Raúl, el pacificador

Es muy difícil comprender el papel de pacificador en diferendos internacionales que pretende interpretar el dictador Raúl Castro, rol en el que cuenta con el respaldo de gobiernos y dignatarios extranjeros, cuando los ciudadanos de la isla viven bajo un clima de represión, inseguridad y miedo.

Recurrir a Cuba como sede para encuentros de paz y conciliación de partes en disputa es una profunda ironía, porque el gobierno le niega con violencia y encarcelamiento a sus opositores, el derecho a expresarse, manifestarse libremente, y organizarse en partidos políticos que puedan convertirse en alternativas de poder.

No obstante hay que reconocer que el gobierno de los hermanos Fidel y Raúl Castro han creado un ambiente muy especial para que encuentros internacionales que demandan extrema discreción, puedan realizarse en la isla en un marco de seguridad que quizás solo pueda ser superado por Corea del Norte.

En el mundo exterior se conoce la circunspección de los funcionarios cubanos, también que el país cuenta con un excelente servicio de inteligencia que muta a diplomático o publicista, según las necesidades y conveniencia.

Otro punto de atracción para los negociadores de conflicto es el control que ejerce el gobierno sobre la prensa nacional y extranjera al interior de la isla.

Los medios están censurados y los periodistas nacionales y extranjeros están sometidos a una fiscalización extrema que incluye el contenido de las informaciones que trasmiten, pero también, el acceso a los recursos técnicos que hacen posible la divulgación de los debates y posibles acuerdos.

Las entradas y salidas del país están estrictamente controladas, condición que significa un sin número de limitaciones para los que rechazan el encuentro de partes en conflicto.

En lo que respecta a los habitantes de la isla el control es aún más estricto. La curiosidad en la isla puede ser considerado un delito, al extremo, que el ciudadano está habituado a no preguntar el por qué un área está cercada y qué ha motivado un despliegue policial. Tampoco se acerca a la residencia de los funcionarios y evita acercarse a las embajadas.

Al individuo se le ha inoculado por décadas la idea de que lo que no está expresamente permitido está prohibido. La inseguridad es un sentimiento compartido en toda la sociedad, al igual que la desconfianza y la desinformación.

El temor a las autoridades está ampliamente extendido, el sujeto no sabe cuándo un funcionario policial va a recurrir a la sacrosanta acusación de que "Ud. está atentando contra la seguridad del estado", lo que puede acarrear prisión, con el riesgo de que al carcelero se le olvide donde dejó la llave.

El miedo está en todas partes, en cada esquina y rincón del país. La incertidumbre es una certeza que angustia. El sujeto es capaz de reprimir sus pensamientos para evitar la indiscreción de la palabra.

La primera evidencia de que Cuba podía ser un remanso de paz para los extranjeros, no para los nacionales, fue la decisión del gobierno de Colombia de dialogar en La Habana con las Fuerzas Armadas Revolucionarias de Colombia, un viejo aliado de la dictadura que recibió por años el respaldo militar y logístico del régimen de la isla.

Por supuesto que sorprendió que el presidente Juan Manuel Santos no considerara que su delegación podía ser espiada, tomando como referencia las estrechas relaciones entre el anfitrión y su contraparte, pero es posible que los encuentros fueran simplemente la crónica de un entendimiento previamente acordado.

Posteriormente, en el 2014, se celebró en La Habana la II Cumbre de la Comunidad de Estados Latinoamericanos y Caribeños, Celac, todos los mandatarios que participaron habían sido elegidos en comicios secretos y plurales, pero ninguno puso reparos a que la cita fuera presidido por un dictador dinástico, que había heredado el gobierno por designación de su hermano, sin que la voluntad popular hubiera podido manifestarse al respecto.

Por último, la cita en la capital cubana entre el papa Francisco y el Patriarca de la Iglesia Ortodoxa Rusa, Kiril, aparte de atentar contra la memoria de los numerosos jóvenes que murieron frente al paredón gritando "Viva Cristo Rey", el honor de los que se encuentran en prisión y la golpiza que reciben religiosamente las Damas de Blanco todos los fines de semana, permite considerar que La Habana puede convertirse en una seria rival de la ciudad de Ginebra en Suiza, en eso de servir a los usos de la diplomacia a favor de la Pax a lo cubano.

Sinopsis criminal de Fidel Castro

Su muerte no debe significar olvido, todo lo contrario, un firme y exultante jamás dejaremos de ser ciudadanos debemos clamar uno y todos los cubanos.

Su legado, del que no puede excluirse a su hermano Raúl porque sus aportes fueron esenciales para la sobrevivencia del régimen, es un prontuario delictivo que empequeñece al de cualquier otro dictador del hemisferio.

Castro irrumpió en la política a través del pandillerismo universitario. No pudo acceder al liderazgo de la Federación Estudiantil Universitaria, y se asoció con los dos grupos más violentos que operaban en la década del 40 en la Universidad de La Habana.

Su capacidad para sobrevivir se desarrolló entre aquellas familias mafiosas. Allí aprendió a mezclar el asesinato con la adulación. Audaz, inteligente y manipulador, se rodeó de un grupo de incondicionales que le han sido fieles por décadas.

Más tarde, un enemigo sin convicciones lastrado por la corrupción, le permitió convertir unas escaramuzas rurales en una epopeya digna de Homero. La clase dirigente cubana y la prensa nacional, salvo honrosas excepciones, hicieron dejación de su soberanía. El populacho fue consumido por un nuevo César que desde el principio les dio circo y poco a poco les robó el pan.

El Totalitarismo se dio nuevas leyes. Las parodias de procesos legales permitían asesinatos públicos. Se fusiló en parques, cementerios y detrás de las escuelas. Se militarizó la sociedad. Se implantó el terror. Se impuso un paradigma que promovía el odio y el tableteo de las ametralladoras para resolver las diferencias. Las bases culturales y morales de la nación, como parte de un Plan Nacional que pretendía recrear la conciencia ciudadana, fueron quebradas para introducir nuevos valores y dogmas

La escuela fue cuartel y centro de adoctrinamiento, las generaciones emergentes crecieron en un ambiente de triunfalismo en el que la frontera la definía la frase "con la Revolución todo, contra la Revolución nada".

Decenas de miles de personas fueron a prisión. Miles más partieron al exilio. La libertad intelectual desapareció. Se estableció un estricto control de los medios informativos. Las religiones fueron enclaustradas en sus templos. Una especie de nueva devoción impuso sus propias tradiciones, cultos, lutos y fiestas

Paradójicamente el chauvinismo que impulsó el oficialismo de que Cuba y lo cubano era mejor y superior, fue transformándose en un profundo sentimiento de frustración, según el individuo fue viviendo los fracasos y padeciendo las contradicciones del régimen.

El "compañero" se quedó de pronto sin los sostenes teóricos que por décadas le habían sido insuflados. Se percató que se había formado en un ambiente en el que las consignas sustituían los pensamientos y la mentira se convertía en verdad y en poco tiempo volvía a ser mentira, que el fraude procedía desde las más altas esferas y que la igualdad era otra gran estafa.

El miedo y la conveniencia sustituyeron al concepto del derecho personal. Un amplio sector del país se conduce con feroz individualismo, practica el cinismo más ramplón y conforma una masa coloidal que se adapta a la situación que menos esfuerzo demande.

Los promovidos progresos cubanos, deporte, educación y salud, fueron otra decepción. Se acabaron las contribuciones extranjeras y el milagro social se desplomó.

En la isla se ha establecido una nomenclatura que ha disfrutado sin interrupción del poder absoluto. Se instituyó una aristocracia artística, deportiva e intelectual, supeditadas al compromiso político. Las Fuerzas Armadas sirvieron como ejércitos mercenarios, y hoy son generadora de fortunas para sus generales. El movimiento obrero es otra empresa del estado.

La estafa, la vulgarización del lenguaje y las costumbres, la masificación del ciudadano hicieron desaparecer al individuo y por consiguiente la privacidad.

El pudor se escabulló en la promiscuidad y la prostitución, presentes en toda sociedad, pero siempre cuestionadas, se reconciliaron con la comunidad para ser aceptadas como prácticas comunes, porque lo primero era "resolver" sin importar cómo.

La corrupción, el abuso de poder y el cisma provocado por la sectarización moral e ideológica de la nación, han alcanzado niveles nunca imaginados. Décadas de *castrismo* han esparcido una dolorosa sombra en el presente, y prometen un angustioso alumbramiento de futuro.

El *castrismo* es el principal responsable de la corrosión moral que amenaza extenderse a toda la nación.

En la actualidad la economía es parásita, mendiga, dependiente de la generosidad de otros países como Venezuela y China. Se habla de reformas económicas, pero no se puede obviar que el régimen ha reprimido por décadas el desarrollo de una economía independiente.

Fidel dejan una penosa herencia. Los números están en rojo, no solo porque la economía esté destruida, sino por la frustración de millones de personas que compraron el sueño que les fue robado, por la amargura de los que enfrentaron el sistema sin éxitos y por una sociedad que salvo excepciones, ha perdido las esperanzas.

UMAP

En el propio año 1959 la dictadura de los hermanos Castro creo y desarrolló instrumentos de represión que podían ser aplicados en diferentes condiciones y a todos los sectores de la sociedad.

Los primeros y permanentes objetivos fueron la iglesia y la oposición política, incluida la prensa y las actividades económicas independientes. Otros enemigos irreconciliables fueron los sindicatos y colegios profesionales, partes de una extensa lista que no es el objetivo de esta columna.

En 1960 y 61, Ernesto Guevara y Raúl Castro iniciaron una persecución oficial contra las prostitutas, proxenetas y homosexuales, pero también contra todo individuo que no ocultara su rechazo al nuevo orden. No había orden de arresto. Las normas judiciales no se respetaban en estos pogromos, que permitían rememorar las persecuciones contra los judíos.

Los apresados en las redadas fueron concentrados en la península de Guanahacabibes. Según la versión oficial estas personas tenían que ser rehabilitadas. Esta situación fue reseñada en un documento de la Comisión Interamericana de Derechos Humanos, 17 de mayo de 1963, que refiere "Y todo eso sin una sentencia escrita, hecho por un capitán de policía, sin procedimiento ni base legal y mucho menos constitucional, simplemente porque en un discurso el Sr. Castro dijo que los elementos "antisociales" tenían que ir a hacer su vida en aquellos campos de concentración. En Guanahacabibes hay cerca de 4,000 personas"

Mientras esto ocurría las cárceles se iban abarrotando de prisioneros políticos. El paredón funcionaba y el acoso contra los que decidían abandonar el país, dio oportunidad a los primeros y siempre presentes mítines de repudio.

En noviembre de 1963 se implantó en la isla el Servicio Militar Obligatorio, que dio paso a nuevas formas represivas. El SMO, fue otro instrumento de opresión e ideologización que en su momento debe ser considerado.

Entre sus objetivos estaba la militarización de la sociedad, el adoctrinamiento político, a la vez que se impregnaba a las nuevas generaciones de un sentido de obediencia que solo se adquiere en los cuarteles, en los que los comisarios políticos tienen más autoridad que el oficial de mayor graduación.

La capacidad creativa para reprimir y controlar no se agotaba y como una joya importante en la corona de opresión del régimen, surgieron las Unidades Militares de Ayuda a la Producción (UMAP).

Miles de jóvenes fueron literalmente secuestrados. Sacados de sus casas, centros de estudios y seminarios religiosos. Engañados unos y apresados por la policía otros, sin argumento que justificara arrestos y menos aun la deportación forzosa a la que fueron sometidos.

En su mayoría estaban en edad militar, pero no les llamaban al SMO porque la dictadura los consideraba "desechables". El régimen no los quería con armas. No eran confiables. Eran jóvenes desafectos que incurrían en el pecado original de no creer en el castrismo.

Fueron sacados de sus casas con engaños, otros apresados por la policía sin argumento que justificara el arresto. Nunca fueron acusados formalmente y menos juzgados por un tribunal por espurio que este fuera.

Les transportaron a la fuerza a campos de concentración alambrados. Vigilados por militares. Recluidos en condiciones inhumanas, fueron obligados a trabajo forzoso en la agricultura. Les controlaban las visitas. Eran castigados con frecuencia. Golpeados por esbirros uniformados que disfrutaban el dolor que causaban. Algunos cometieron suicidio, otros asesinados por los carceleros y también hubo fusilados como el joven Alberto de la Rosa.

La UMAP duró varios años. Se calcula que al menos pasaron por sus galeras 25,000 jóvenes. Raúl Castro, su arquitecto dijo: "en el primer grupo de compañeros que han ido a formar parte de las UMAP se incluyeron algunos jóvenes que no habían tenido la mejor conducta ante la vida, jóvenes que por la mala formación e influencia del medio habían tomado una senda equivocada ante la sociedad y han sido incorporados con el fin de ayudarlos para que puedan encontrar un camino acertado que les permita incorporarse a la sociedad plenamente".

El sucesor pretendía justificar el crimen, buscando desacreditar a las victimas de sus tropelías. La injusticia era acompañada con la mala fe de sus perpetradores.

La UMAP fue un instrumento sofisticado de represión política que en base a los prejuicios existentes pretendía desacreditar a las victimas. Decir que la UMAP se implementó para buscar la reeducación social de los reprimidos es falso, el único objetivo era destruirlos por ser contrarios al régimen, es tan absurdo e irracional como defender la dictadura de los hermanos Castro.

Creer que cuando desapareció la UMAP, terminó la represión a los jóvenes, es un error, en poco tiempo aparecieron las no menos crueles, Brigadas de la Juventud del Centenario.

Verdugos sin castigo

Las declaraciones de Alfredo Guevara a la Televisión Española obligan a reflexionar las causas que motivaron que un número importante de cubanos, casi todos con títulos universitarios y muchos procedentes de familias de clase media y alta, que eran los que más posibilidades tenían de disfrutar las libertades burguesas, así las denominaban, fueran los verdugos de los derechos de todos, y muy en particular los de las generaciones por venir.

Lo que dijo Guevara muy probablemente sea la conclusión a la que han arribado muchos de los que construyeron a sangre y fuego, arropados en la mentira y la difamación, el totalitarismo cubano, pero el caso de Guevara es muy especial, porque aunque no haya estado en la línea del frente, dirigido un centro de represión o un pelotón de fusilamiento, integraba la más alta cúpula del poder y era amigo personal de Fidel Castro, por lo que aquí cabe lo que dice el novelista José Antonio Albertini, "con la tinta también se mata".

Mientras Ernesto Guevara, Ramiro Valdés, José Abrahantes, Sergio del Valle y otros mas, dedicaron todo su esfuerzo y voluntad a destruir a la oposición conduciendo al paredón a miles de personas, a la cárcel a decenas de miles y a campo de concentración como los de la UMAP a miles de jóvenes; Manuel Piñeiro, Víctor Dreke y Ernesto Guevara entrenaban a miles de jóvenes del continente, inculcándoles la certeza de que la violencia era la única solución a los males de sus respectivos países, lo que llevó el luto y la pena a cientos de hogares de América Latina.

Por su parte, Arnaldo Ochoa, Ulises Rosales del Toro, Raúl Menéndez Tomasevich, Leopoldo Cintas Frías y otros entorchados cubanos, cumplían los sueños imperiales de Fidel Castro en África y América Latina, en la isla Armando Hart Dávalos instrumentaba el control absoluto de la educación e intentaban crear y promover nuevos valores sobre los que se desarrollaría el nuevo orden, entre tanto, Luis Felipe Carneado organizaba la represión a las iglesias y sus fieles, instrumentaba la infiltración en las diferentes religiones y logias fraternales, para asumir en el momento preciso su control.

Simultáneamente los medios de comunicación pasaron al control del estado. Se estableció un absoluto control en la información y el derecho de expresión, varios fueron los artífices de esta misión tan destructiva.

Aceleradamente el estado cubano se enfiló a la quiebra económica. Las industrias y los comercios fueron confiscados. La construcción paso al control del estado. Los bienes de consumo empezaron a desaparecer.

Raúl Roa García se prestó como instrumento principal para que Cuba se convirtiera en un país dependiente de la Unión Soviética. La política exterior cubana fue un reflejo de la soviética a excepción de aquellos puntos en los que el máximo líder tenía un interés especial.

Por su parte Nicolás Guillen no fue menos, aceptó dirigir la UNEAC un engendro castrista para controlar a los escritores y artistas, mientras Alfredo Guevara, uno de los más influyente colaboradores de Fidel Castro, cumplía lo suyo, fundando el Instituto Cubano de Arte e Industria Cinematográfica.

Se instauraron otros engendros culturales para atar a los intelectuales, uno de ellos fue el Consejo Nacional de Cultura y la Casa de las Américas, dos piezas claves para impedir una actividad intelectual independiente.

De hecho y por encima de los demás cancerberos de la creación Guevara asumió el control del mundo intelectual cubano. Impidió que los creadores se expresaran con libertad imponiendo en todas las instancias la ortodoxia fidelocastrista de "con la revolución todo, contra la revolución nada".

Se asalarió la creación intelectual y aquellos que fueron y son todavía hoy capaces de negarse, a pesar del mea culpa de Guevara, sufren, en el mejor de los casos el exilio interno o externo.

Guevara dice asumir como propios los errores de la Revolución y que en su opinión lo que está sucediendo en Cuba, aludiendo a las supuestas reformas de Raúl Castro, es una apertura para que retorne la libertad, las libertades que nunca debieron ser mal vistas, frase con la que sigue escondiendo su complicidad con los dos grandes responsables de la destrucción moral y material del país, Fidel y Raúl Castro, porque en Cuba las libertades nunca fueron mal vistas, los que lucharon y luchan por ella sufren persecución, cárcel, exilio o encuentran la muerte como Porfirio Ramírez, Laura Pollan, Orlando Zapata Tamayo, Osvaldo Paya Sardiñas y Harold Cepero.

Violencia y no violencia en Cuba

Las estrategias utilizadas por la oposición contra el régimen cubano han sufrido una severa metamorfosis durante estas cinco largas décadas; no obstante, a pesar de los cambios, los rumbos originales del accionar político se mantienen.

Los descontentos con el derrotero que tomaba la Revolución, que en su mayoría provenían de esas mismas filas, intentaron por medios políticos no violentos impedir el establecimiento de una nueva dictadura.

La protesta del presidente Manuel Urrutia Lleo, las denuncias del comandante Pedro Luis Díaz Lanz y la carta denuncia del comandante Húber Matos son hitos entre los muchos esfuerzos no violentos y cívicos por impedir el control totalitario, que concluyeron públicamente ese año con el rechazo de los dirigentes de la CTC a la titulada candidatura unitaria que otorgaba una representación inmerecida a la minoría marxista.

Los centros universitarios fueron escenarios de protestas pacíficas contra el comunismo. Pedro Luis Boitel intentó mantener la independencia de la Federación Estudiantil Universitaria (FEU); otro tanto hizo en Las Villas Porfirio Ramírez, hasta que no tuvo otra alternativa que partir a las montañas para más tarde ser fusilado. Los estudiantes que protestaron pacíficamente en el Parque Central, dirigidos por Alberto Muller y Manuel Salvat, lo hicieron contra el comunismo y no contra la Revolución.

Las credenciales cívicas, entre otros, de José Ignacio Rasco, Antonio José Varona, Roberto Agramonte, Luis Conte Agüero y José Miró Cardona, los primeros dirigentes de la oposición en 1959, son indiscutibles, y si en un momento decidieron asumir otro método de lucha fue consecuencia de que el espacio para el tipo de confrontación que preferían, la electoral, había sido eliminado.

La Iglesia Católica cubana emitió numerosas pastorales que criticaban el rumbo del gobierno. Monseñor Eduardo Boza Masvidal fue particularmente firme en la defensa de la libertad religiosa. La respuesta gubernamental fue la deportación de más de 100 sacerdotes y la persecución abierta o encubierta de los fieles.

El régimen, según transcurría el tiempo, estableció un control sobre toda la sociedad que impidió cualquier acción política y social independiente. La violencia ejercida por el Estado impulsó a la oposición a la violencia. La sociedad se asfixiaba y como supremo derecho, señalado en el preámbulo de la Declaración Universal de los Derechos Humanos, "Considerando esencial que los derechos humanos sean protegidos por un régimen de Derecho, a fin de que el hombre no se vea compelido al supremo recurso de la rebelión contra la tiranía y la opresión".

Un aspecto marginal, pero a tener en cuenta, era que entre las tradiciones cubanas más lamentables estaba la lucha armada. La primera reacción de la oposición, incluyendo la de los partidos políticos al golpe militar del general Fulgencio Batista, fueron los atentados personales, sabotajes y la lucha guerrillera y terrorista que dirigió Fidel Castro. Un epítome de esa tradición.

La lucha fue dura y cruenta. Murieron cubanos de ambas vertientes ideológicas. Montañas y llanos conocieron, como nunca antes en nuestra historia republicana, la confrontación armada. La lucha en la clandestinidad fue dolorosa. El paredón, los atentados personales, muertos en combate, desaparecidos, la cárcel y el exilio.

El régimen logró imponer su voluntad a sangre y fuego. El país se dividió. El ciudadano se convenció de que el nuevo orden era inmutable. La percepción de un estado omnipotente y omnipresente impregnó la conciencia individual y colectiva. El fatalismo de que todo estaba preescrito y diseñado caló muchas mentes.

La intensidad de la confrontación disminuyó y aunque la pax castrista extendió su sombra por todo el país, nunca pudo extirpar de raíz la voluntad de cambio de un grupo de irredentos, que dentro o fuera de la isla, continuó luchando de diferentes formas, aunque siempre primó la violenta, particularmente desde el exterior.

A partir de finales de la década de los 70 en Cuba surgió y se fortaleció con los años un activismo que en principio se identificó con el respeto a los derechos humanos pero que ha evolucionado hasta reclamar reivindicaciones políticas que se fueron radicalizando en el marco de la no violencia.

Por otra parte en el exterior, aunque hay organizaciones que favorecen la confrontación armada, siempre han operado otras agrupaciones que rechazan la violencia y creen en otras vías para resolver el drama nacional.

Por todo lo antes expuesto se puede afirmar que la oposición al castrismo es plural ideológica y políticamente, diversa en sus orígenes, diferentes las estrategias y distinta la historia personal de cada uno de sus actores que aunque genera muchas contradicciones coinciden en el más importante objetivo: derrocar el totalitarismo.

Votando con los pies

Es paradójico pero tanto en Cuba como en el extranjero han provocado más reacciones las recientes disposiciones del gobierno cubano en relación a la salida de sus ciudadanos al exterior, que ninguna otra tímida regulación "liberadora" anunciada por el régimen en el pasado reciente.

Al parecer un número importante de cubanos y también de no cubanos, consideran que los problemas que existen en la isla se resuelven con que el gobierno reconozca parcialmente un derecho que le ha sido conculcado a los ciudadanos por más de cinco décadas y aunque sin dudas es importante, otros derechos fundamentales continúan siendo negados de forma sistemática y permanente.

En realidad la dictadura cubana sigue manipulando todos los recursos del poder. Aparenta cambios para que sus aliados en el exterior puedan argüir que el régimen se está reformando y así con cierto fundamento, para los que lo quieran ver, propongan que es preciso incrementar las relaciones ya que la solidaridad es necesaria para incentivar disposiciones gubernamentales más audaces

El régimen no ha cedido ni una pizca de su autoridad y lo demuestra el hecho de que a la vez que elimina un injusto y arbitrario permiso de salida, declara que conserva la facultad de negarle ese derecho a un ciudadano, potestad que en Cuba no estará sujeta a la decisión de un poder judicial independiente, como ocurre en países que respetan los derechos ciudadanos.

En definitiva los disidentes o personas de interés para el gobierno, continuaran siendo rehenes de la voluntad de la nomenclatura.

El fin de la carta blanca, una acción gubernamental que no merece gratitud porque era un flagrante abuso de autoridad y los derechos naturales no son concesiones, sino derechos, que aunque modifica la situación migratoria de los cubanos, el resultado no es dramático.

Aunque se elimine un impuesto ilegal la realidad es que para viajar hace falta una visa que en muchas ocasiones hay que pagar al país huésped, comprar el pasaje, demostrar solvencia económica para residir y es harto conocido que los cubanos no tienen esos recursos porque la economía parasita de la isla, apenas les permite devengar lo suficiente para vivir.

Seguirá siendo la familia en el extranjero la que continuará pagando por la reunificación familiar y como hasta ahora, como está expuesto con anterioridad, los viajeros serán aquellos a los que el gobierno conceda el permiso, pero ese derecho no le será reconocido a todos los ciudadanos como han apuntado algunos disidentes desde el interior de la isla.

Es interesante apreciar que hasta entre las personas que tienden en el exterior a justificar las disposiciones de la dictadura, hay quienes han reaccionado con satisfacción al anuncio del gobierno de eliminar la carta blanca, un abuso que, paradójicamente, nunca fueron capaces de criticar.

Estos individuos han dicho que la resolución de la dictadura pone en una situación difícil a los gobierno que criticaban al régimen por el obligatorio permiso de salida, y por tanto deben concederle a los cubanos visas para viajar, obviando que es en Cuba donde se violan los derechos ciudadanos y que es potestativo de cualquier gobierno otorgar o negar visas a los ciudadanos extranjeros independientemente de sus actuaciones.

Otro dato curioso es que estas personas no aluden a la decisión de la dictadura de reservarse el derecho de permitir la entrada o salida de cualquier nativo de la isla. Otra violación flagrante. Hay otros aspectos en estas disposiciones que están orientadas en particular contra Estados Unidos.

Por ejemplo extender el permiso de permanencia fuera de Cuba de 11 a 24 meses, como ya han apuntado algunos expertos, permite a los viajeros que hayan viajado por un tercer país e ingresen a Estados Unidos, acogerse a la Ley de Ajuste Cubano lo que generaría una situación nueva y muy complicada, por lo que no es de dudar que algunos legisladores se enfoquen en la abolición de la Ley o su reforma.

Por último los problemas que se han generado en la sociedad cubana, es indiscutible que solo se pueden resolver en la isla y no votando con los pies como hemos hecho tantos y como afirmó Guillermo Fariñas desde Santa Clara, "Es una ley oportunista para tratar de sacar un poco de presión de este caldero social en la que ellos mismos han convertido a la sociedad cubana."

Washington y La Habana

La visita del presidente Barack Obama a Cuba obliga a un análisis apresurado de la forma en que ambos gobiernos han tratado sus diferencias de más de medio siglo.

Estas dos capitales representan modelos ideológicos, políticos y sociales antagónicos, sin embargo, no significa que sus respectivos pueblos sean enemigos, como han sido sus líderes por décadas, a pesar que desde La Habana se instrumentó una política de estado contra Estados Unidos y lo que representa.

La enemistad entre ambos gobiernos estuvo signada por la violencia. La Casa Blanca se empeñó en destronar a la dinastía de los Castro pero el Clan de Biran, aun antes de llegar al poder, había manifestado que su verdadero enemigo sería Estados Unidos, en cuanto triunfara la insurrección.

Si Washington instruyó, armó y financió operaciones militares contra la dictadura castrista, sus enemigos de Cuba apoyaron de diferentes maneras a todos los grupos anti sistema que operaron en ese país, entre ellos, los Panteras Negras, Los Macheteros y los Weatherman, por solo mencionar unos pocos de una larga lista.

Washington también fomentó formulas para contener el expansionismo castrista. Decretó un embargo como política de contención y dictó leyes con el objetivo de reducir la capacidad de acción de la dictadura insular.

Aunque a algunos no les gusta rememorar el pasado, Cuba fue la plataforma militar soviética mas importante en el exterior, base de submarinos, de espionaje y varias instalaciones de misiles con capacidad nuclear para destruir ciudades estadounidense.

Los Castro a consonó con sus intereses y en el marco de sus planes de ser uno de los protagonistas de la Guerra Fría, auspició una política de subversión en todo el hemisferio con el objetivo de dañar los intereses de Estados Unidos y el establecimiento de gobiernos aliados que también confrontaran con la nación del norte.

Los proyecto subversivos castristas se implementaron en diferentes lugares del mundo, África y Asia en particular. Ejércitos mercenarios cubanos ocuparon países africanos. Cuba fue taller para entrenar terroristas de la ETA y del IRA irlandés, pero también a Tupamaros y narcoterroristas de las FARC.

Es evidente que entre ambos gobiernos hubo grandes diferencias, intenciones de mutua destrucción, se espiaron y conspiraron abiertamente el uno contra el otro, mientras, en foros internacionales aireaban ácidamente sus diferencias

Sin embargo, desde el principio del diferendo hubo un notable contraste entre la actuación de Washington y La Habana.

El ejecutivo estadounidense no gestó en su pueblo una política de odio contra Cuba. No orquestó campañas en contra de la música de la isla, tampoco contra otras expresiones de arte y la cultura, ni organizaban marchas, protestas y conferencias para desacreditar los valores de la sociedad insular.

Por parte de La Habana, como dijera Ernesto Guevara, "el odio como factor de lucha, el odio intransigente al enemigo, que impulsa mas allá de las limitaciones naturales del ser humano y lo convierte en una eficaz violenta, selectiva y fría máquina de matar, nuestros soldados deben ser así, un pueblo sin odio no puede triunfar sobre un enemigo brutal", fue la consigna y la actuación oficial.

Fue el gobierno cubano quien ordenó el derribo del monumento al acorazado Maine, y una intensa campaña contra los productos y marcas conocidas que se fabricaran en Estados Unidos, quien acusó a todos los que se enfrentaban al régimen de agente de CIA, una manera de responsabilizar ante el pueblo, al vecino del norte porque hubieran conflictos en el isla.

El slogan, "Cuba sí Yanquis no", repercutió por décadas en todo el país. Correspondencia con allegados en Estados Unidos era un delito no codificado, pero si factor para ser discriminado en la sociedad castrista. Fue el régimen quien inventó las Marchas del Pueblo Combatiente y la Tribuna Antiimperialista frente a la sede diplomática estadounidense.

El individuo que tenía un familiar en el extranjero, en particular, Estados Unidos, no era de fiar. Al respecto una colega comentaba hace unos días que por los ochenta una tía visitó Cuba y que esta le preguntó por qué no conversaba con ella, a lo que respondió, "tía a nosotros nos enseñan en la escuela que todos los que viven en su país, son nuestros enemigos"

El régimen nunca cejó en su aspiración de destruir a Estados Unidos, solo que su ineficiencia absoluta en la gestión económica, la creciente frustración de la población en el modelo de gobierno que le impusieron, sumado al fin de los subsidios de la Unión Soviética y el riesgo de perder las regalías del chavismo, ha determinado que el enemigo de ayer sea el amigo del presente, con el fin de hacer los cambios que necesarios, para que lo importante siga igual.